中小学教育智慧丛书

小脚印 大未来

深圳市福田区东海实验小学
脚印课程开发与实践

徐永红 著

·广州·

图书在版编目（CIP）数据

小脚印，大未来：深圳市福田区东海实验小学脚印课程开发与实践/徐永红著. -- 广州：华南理工大学出版社，2024.12. -- ISBN 978-7-5623-7821-1

Ⅰ. G622.3

中国国家版本馆CIP数据核字第2024XP5345号

Xiaojiaoyin Daweilai: Shenzhenshi Futianqu Donghai Shiyan Xiaoxue Jiaoyin Kecheng Kaifa Yu Shijian

小脚印，大未来：深圳市福田区东海实验小学脚印课程开发与实践

徐永红　著

出 版 人：房俊东
出版发行：华南理工大学出版社
　　　　　（广州五山华南理工大学17号楼，邮编510640）
　　　　　http://hg.cb.scut.edu.cn　E-mail: scutc13@scut.edu.cn
　　　　　营销部电话：020-87113487　87111048（传真）
策划编辑：吴翠微
责任编辑：宗　艺　张晓婷
责任校对：洪婉婷
印 刷 者：广州小明数码印刷有限公司
开　　本：787mm×960mm　1/16　印张：12.5　字数：252千
版　　次：2024年12月第1版　印次：2024年12月第1次印刷
定　　价：50.00元

版权所有　盗版必究　印装差错　负责调换

序 言

"小脚印,大未来":徐永红学校发展的辩证法

成尚荣

1973年,著名的经济学家舒马赫写了本书,书名是《小的是美好的》。在舒马赫看来,作为自然之子的人类,应该将健康、美好与未来作为土地管理的主要目标。为了达成这三个目标,就得在巨无霸机器大生产和以简单工具求个体饱足之间,走出一条适应生态学规律的中间新路来。这条新路,既小又美,如鸟之两翼,车之两轮,缺一不可。

舒马赫谈论的是土地管理,论述了生态学的规律。我认为,他讲的是经济、社会发展的普遍规律,尤其是他的著名观点"小的是美好的",更具有典型性和普遍意义,将其迁移到教育上来,用来解释学校高质量发展,是恰如其分的。的确,学校高质量发展,应该开辟出新路来。

说了以上两段话,我的意思是要营造新生态,建立学校新的发展观,并站在这个视角,来观察审视一所小学,并以此考察一位小学校长。这所学校叫深圳市福田区东海实验小学,校长叫徐永红。在深圳,一般将东海实验小学简称东实。在徐校长领导下,东实走出了"小即美"的学校发展之路,而徐校长在"大"和"小"之间寻找到了发展张力,这是改革的张力、创造的张力、思想的张力。徐校长正在建立学校改革、发展的辩证法。如今,徐校长将他的办学经历写成了一本书,书名是《小脚印,大未来》。全书满溢着办学的理想、教育的理念和育人的智慧,值得好好一读。

走进东实校园,映入眼帘的是学校的校训:"脚印丈量世界,阅读绽放未来"。站在校训面前,我们往往驻足沉思良久,回味无穷。不禁要问:大、小的张力在哪里?就在小脚印与大未来之间。别看脚印小,正是这样

的小,才会积跬致远,才会"跬步未来"。理论与实践已用无数的事实证明了这"小"与"大"的辩证力量:未来不是自然到来的,而是用脚走出来的、创造出来的。在东实,孩子们都深知,现在他们还小,走出的每一步留下的虽是小脚印,但一个个小脚印,却一步紧跟一步,走出未来之路,链接出未来图景。看来,小的是美好的,是因为"小"里面蕴藏了无数个"大","小"可以转化为"大"。东实的老师和学生是面向未来的有理想的行走者,奉行的是学校行动主义哲学。小的是美好的,其实质是审美哲学,是未来创造学。

徐永红校长对此的思考更为深刻:"小"与"大"张力的思想源头在哪里?徐校长回到了原点。回到原点,就是寻找不断生长而又有可能"消失"的儿童。他和学校老师都有这样的核心理念:"生命的起点是儿童,教育的原点是成长"。这正是必须坚守的未来教育的本源与规律。读到这,我想起"原子儿童"概念。"原子儿童"是由约瑟夫·皮尔斯提出来的,他认为,儿童天生具备巨大的潜力和创造力。正因如此,他创作了名为《原子儿童:人类潜能的未来》的著作。一个不争的事实是,落后的教育,尤其是不肯退出时代教育世界的应试教育,正在抑制儿童潜能的发挥,以至让儿童"不在场",让儿童悄然离席,甚至消逝。而在东实,儿童始终是存活着的,而且是鲜活的、蓬勃生长的,充满着创造力。我所到处,看到的都是儿童健康快乐的表情、无极的活力,这种活力,从那特殊的作业——"人工智能+"上,不可阻挡地投射出来。

可贵的还在于,找回并坚守原点后,徐校长又将儿童与未来人才成长自然联系起来。他明确地指出:"培养适应未来的人才,是学校教育的'必答题',也是一道'开放题'。"并且说,这是萦绕在每一位教育者心头的时代之问。这是未来意识,更是对现实困境的诘问,显现出徐校长和东实的远见,是对教育本质、核心任务的时代之答。假若,处在新时代,不把教育目标与核心任务凝聚于未来人才培养质量提高上,那就意味着我们落后于时代了。徐校长和他的团队心中有大格局,眼前有大气象。此时的"小脚印"之美,是为党育人、为国育才之大美、壮美。

理念不能真正、彻底地解决实际问题,这是马克思的观点。"小"与

"大"要落实在教育改革实践中。徐永红的大格局体现在他带领团队构建起来的学校发展大框架:"横轴——世界向度的时势与视野;纵轴——学校品牌锚定与策略"。这是学校发展的坐标体系,如果说,原点是魂,那么坐标则是体,东实的发展是魂与体相融合相支撑的,是一体化的。东实的七大支柱课程,打造了学校课程新样态;其游戏思维、审辩思维、跨学科思维则彰显了课程教学改革的深度。东实是"实在"的、"扎实"的、"充实"的,而孟子认为"充实谓之美"。

不可忽略的是东实的阅读。东实的阅读是无界的,与世界融为一体。在东实,阅读世界便是整个世界,从阅读可以走遍世界,阅读可以绽放未来。小书本,大世界,阅读绽放未来,阅读是经典之美。

是啊,"小"与"大"、"小脚印"与"大未来"之间的张力,实质是学校活力的源泉,也是学校活力的具体体现。我对好多人说,东实是小学,但小学不小;东实是让公平进入学校课程、课堂和活动的学校,她很大又极深刻;东实建在美丽的香蜜湖畔,她是美的又极有深度。东实有香蜜湖之美,又有东海之宏阔。东实,这所极具活力的学校,正在构建小学教育高地,而且耸立在高地之上。

最后想说的是,徐永红,这位中年男子,他的大追求、大胸襟、大格局正形成学校发展大气象。相信,东实将永远红火,永远走在高质量发展之路上;东实的儿童永远走在通往世界和未来之路上。"小与大"的辩证法,将会发出独特的审美之光。

目 录

第一章 儿童立场，厚植理念根基 ··· 1
第一节 积跬致远，小脚印丈量大世界 ······································ 1
一、原点：未来教育的本源与规律 ·· 1
二、横轴：世界向度的时势与视野 ·· 5
三、纵向：学校品牌锚定与策略 ··· 9
第二节 行成于思，一步步筑建未来学校 ·································· 12
一、顶层设计 ··· 12
二、系统规划 ··· 17

第二章 素养导向，定义课程治理 ··· 21
第一节 重建生态，从课程管理到课程治理 ······························ 21
一、重塑课程理念 ·· 21
二、推动课程治理 ·· 22
三、研究课程开发 ·· 26
四、改进实施方式 ·· 27
五、改革课程评价 ·· 28
六、开发课程资源 ·· 29
第二节 儿童友好，打造无边界教育环境 ·································· 30
一、做"小主人"，以"童化"铺就文化底色 ······························ 30
二、以书为媒，打造一座"我们的"图书馆 ······························ 34
三、打破边界，让学习随时发生 ··· 41
第三节 "头雁"引领，烧旺团队心中的"火炉" ···························· 42
一、"旺火炉"文化打造"涌现"生态 ·· 43
二、名师引领形成"雁阵"效应 ··· 46
第四节 五育并举，创建"脚印"课程 ··· 50
一、体系构建，连接贯通 ··· 51

二、支柱课程，共同发力　　　　　　　　　　　　56
　　三、全纳评价，有效有序　　　　　　　　　　　　58

第三章　支柱课程，打造校本新样态　　　　　　　　61
第一节　树立"红孩子"榜样，播撒红色的种子　　　61
　　一、目标：让孩子成为"红孩子"　　　　　　　　62
　　二、内容：从播种到发芽再到生长　　　　　　　　63
　　三、评价：多元、多维、系统为特点　　　　　　　70
　　四、案例："我爱红领巾"入队课程　　　　　　　70
第二节　数据赋能，从图书馆到整个世界　　　　　75
　　一、基于大数据的图书馆变革　　　　　　　　　　76
　　二、打造无边界的图书馆课程　　　　　　　　　　79
　　三、实施多元、多维的评价方式　　　　　　　　　86
　　四、案例："小脚印"图书馆家长阅读课程　　　88
第三节　趣味思辨，游戏中探索数学奥妙　　　　　92
　　一、基础：以学生为中心　　　　　　　　　　　　93
　　二、体系：国家课程+校本课程　　　　　　　　　96
　　三、实施：逐层逐步纵深发展　　　　　　　　　　98
第四节　扎实根基，培养全球胜任力　　　　　　　103
　　一、课程基础　　　　　　　　　　　　　　　　　105
　　二、课程目标　　　　　　　　　　　　　　　　　106
　　三、课程体系　　　　　　　　　　　　　　　　　106
　　四、特色活动　　　　　　　　　　　　　　　　　110
第五节　科创STEAM，踮起脚尖摘星辰　　　　　　115
　　一、环境打造：创客教育空间　　　　　　　　　　116
　　二、课程活动：放飞科创梦想　　　　　　　　　　118
第六节　"印·艺"课程，让每一颗童心向美而生　125
　　一、课程构建：既面向全体也彰显特色　　　　　　125
　　二、文化引领：让每一颗童心向美而生　　　　　　137
　　三、案例：我的展览我做主　　　　　　　　　　　138
第七节　阳光体育，让世界成为学子的运动场　　143
　　一、学生体质健康现状调查　　　　　　　　　　　144
　　二、"1+N"体育模式构建　　　　　　　　　　　146

三、体育文化特色品牌打造·······················148
　　四、案例：小学AI跳绳课程·······················150

第四章　学为中心，争当教改排头兵·······················156
第一节　游戏思维：重塑小学语文合作学习·······················156
　　一、解决合作学习中的真实问题·······················157
　　二、"双主"并行，游戏即学习·······················158
　　三、"一核四法三资源"体系·······················160
　　四、系列游戏化合作学习方法·······················163
　　五、研发小学语文游戏化学具·······················166
　　六、开展教师游戏化教学培训·······················166
　　七、游戏化教学模式达成效果·······················167
第二节　审辩思维：在对话中闪光·······················168
　　一、课程背景：聚焦核心素养，发展关键能力·······················168
　　二、课程理念：为每一个孩子的幸福和发展奠基·······················169
　　三、课程设置：五大核心覆盖学习全过程·······················169
　　四、课程实施：三个维度实现课程的有效性·······················172
　　五、课堂评价：教师与学生双本位·······················177
　　六、课程成果：实践推进，理论检验·······················179
第三节　跨学科思维：指向学科核心素养·······················180
　　一、课程载体：以KB教材为校本·······················181
　　二、课程实施：三大策略齐施，活用KB教材·······················184
　　三、课程成效：师生共同成长，形成学科特色·······················187

第一章

儿童立场，厚植理念根基

> 语文特级教师李竹平认为："所有致力于促进儿童生命成长的教育，都必然在行动中隐含着对儿童立场的理解、呼应和践行。"教育要以儿童立场为原点，尊重儿童生命成长的基本逻辑，始终与儿童的成长相应和。唯有如此才能更好地满足儿童的需求，促进他们的全面发展，为他们未来的成长打下坚实的基础。

第一节 积跬致远，小脚印丈量大世界

杜威曾说道："今天的老师不生活在未来，未来的学生将生活在过去。"时隔百年，这句话依然振聋发聩。未来不仅仅是我们要去的地方，更是我们要去创造的地方。要培养未来的学生，学校教育就不能停留在过去的余晖中，而是要先行半步，迎着星辰去追逐未来。这是当代学校教育的新使命。

如何追寻未来，创造未来教育？我们以儿童立场作为教育原点，以世界教育发展趋势为横轴，以深圳市福田区东海实验小学（以下简称"东实"）自身发展需求为纵轴，绘制了具有东实印记的坐标系，在中国波澜壮阔的教育改革进程中踩出属于自己的一串串脚印。

一、原点：未来教育的本源与规律

未来已来，站在"现在"这一时间节点上，我们能感受到以ChatGPT为代表的人工智能正引领着科技进步甚至是颠覆着我们的社会生活。它将以一种前所未有的方式，颠覆我们对于未来教育的认知和想象。

在传统学校之外，各种"未来学校（School of the Future）"模式在国际上频繁出现，标志着全球教育向4.0过渡。在国内，VR（虚拟现实）课堂、数字校园等"科技+"教育的新样态方兴未艾，各种AI课程、虚拟机器人课程出现

在学生的课表上,在中小学刮起"人工智能教育"的旋风。然而,正如上海科技馆馆长倪闽景所指出的:"科学教育不是高科技教育。"教育不仅仅是让学生学习掌握人工智能技术,教育的未来更不仅仅是科学,而是要应对人工智能快速发展带来的挑战。

2020年世界经济论坛发布的《未来学校:为第四次工业革命定义新的教育模式》中提出,不仅要利用新技术构建全新、动态的未来学校形态,更重要的是构建创新学习范式、教育场域、教学方法和学习方式,培养具有创新创造、技术技能、人际交往和全球公民意识四维能力的人才,以适应未来世界的发展。

"培养适应未来的人才"是当下学校教育的"必答题",也是一道"开放题"。究竟未来教育真正将走向何方?未来学校会是怎样的?未来新课程要教什么?如何开发?这些都将成为萦绕在每一位教育者心头的时代之问。

而一切关于教育问题的答案,只有尝试回归原点、重新出发,才可能有解。朱永新教授在《回到教育的原点》一书中提到,应该让教师与学生过一种幸福而完整的教育生活。他说,美好的人生应该从童年开始,把童年和童心还给孩子,这是教育的基本。去发现每一个孩子的世界,给孩子多样化的教育,帮孩子获得多样化的发展,这才是教育的原点——找回原本属于孩子的学习幸福。

(一)为何以儿童为中心

"你如何开端,你就将如何保持。"德国诗人荷尔德林如是说。德国哲学家海德格尔认为,那开端的东西自始至终是事物发展的统治者。在数十年的教育生涯中,笔者一直坚定地认为:生命的起点是儿童,教育的原点是成长。

首先,从生命个体的发展来看,生命的起点是儿童,这一点是不言而喻的。从教育发展史来看,回望教育的原点,教育也发生在漫长的童年中,可能是在代代相传的捕猎和劳作中,也可能是在口耳相传的传说与歌谣中。对于个体来说,没有童年,教育便无从发生。对于整个人类社会来说,没有童年,文明就不可能诞生。

其次,从教育学的逻辑来说,学习的目的是儿童的成长,学习实际上是儿童成长的工具。20世纪80年代中期,我国教育学界曾展开了关于教育学逻辑起点的讨论。然而,遗憾的是,受批判杜威儿童中心论的影响,学习取代了儿童成为教育学的逻辑起点。这本质上是因为没有正确辨析教育学的三对基本关系——自然与社会的关系、天性与文化的关系、儿童与教育的关系。当我们将教育还原为学习,就忘记了教育的本质和初心是儿童的内在发展与自然成长。

而违背儿童年龄特征的学习活动和课程建设有违儿童的天性,将破坏儿童的成长,背离教育的目的与使命,走向教育的反面。当我们从偏离中回归教育的本身,从对传统教育的批判到对未来学校的无限想象,从教师本位到儿童立场,从学习取向转为成长取向,我们就回归到教育的原点——以儿童为中心,以儿童的成长为教育的起点。

(二)什么是儿童中心论

以儿童为中心的认知,不是现代教育学的发明。事实上,现代教育的儿童立场是可以在古代中国和西方思想中找到支撑的。中国先秦儒学文献《中庸》开篇即云:"天命之谓性,率性之谓道,修道之谓教。"这句话道出了千百年后卢梭等人的自然教育理论的深刻内涵,甚至可以被视为西方现代教育学话语体系的总纲或提要。相关思想还有孔子的"因材施教"与孟子的"仁者爱人"、墨家的"兼爱"以及张载的"民,吾同胞;物,吾与也"等,宋明理学将古代哲学中对人的关注与仁爱思想一脉相承。明代的阳明心学,尤其是泰州学派中李贽的"童心说"理论体系,尊崇人自身天性、发现人自身天性的观念可谓如风逐浪,一波高过一波。而在道家思想中,老子对"婴儿""赤子"的关注溢于文辞,《道德经》第二十八章有言:"常德不离,复归于婴儿。"第十章写道:"专气致柔,能如婴儿乎?"第五十五章有云:"含德之厚,比于赤子。"人自身的自然是人发展的依据、起点、目的和归宿。可见,不管是道家还是儒家,都尊崇赤子、童心。这些都是中国古代对儿童的发现。南宋陆九渊的胞兄陆九龄甚至将中国古代思想史归纳为孩提之心的薪火相继:"孩提知爱长知钦,古圣相传只此心。"《陆九渊集》卷三十四《语录上》中将中国古代思想史总括为儿童主义,这眼光不可不谓之独到。

再说说西方的教育思想。早在古希腊时期,苏格拉底便说,知识每个人都有,只需要唤醒;柏拉图认为,教育应从幼年开始,一切事物都是开头最为重要,特别是生物。在幼小柔嫩的阶段,最容易接受陶冶。到文艺复兴时期,对生命的尊重、对人性的尊崇再次掀起教育的浪潮。卢梭等人大力推崇自然教育,法国思想家蒙田大呼:"教育不是培养驮着书本的蠢材。"德国哲学家康德提出,教育是为了发展人的各种自然禀赋,是为了让儿童适合于人类理想与人生的全部目的。雅思贝尔斯说:"教育就是引导'回头'即顿悟的艺术","全部教育的关键在于选择完美的教育内容和尽可能使学生之'思'不误入歧路,而是导向事物的本原。教育活动关注的是:人的潜力如何最大限度地调动起来并加以实现,以及人的内部灵性与可能性如何充分生成。通过教育使具有天资的人,自己选择决定成为什么样的人以及自己把握安身立命之根"。近现

代教育学中,捷克教育家夸美纽斯说:"只有受过恰当教育之后,人才能成为一个人。"美国教育家杜威更是一语破的:"教育即生长。"教育的本质和作用就是促进儿童本能生长的过程。学校教育的价值,就看它创造继续生长的愿望到什么程度;看它为实现这种愿望提供方法到什么程度。就是说,学校教育的中心任务就在于促进儿童的生长,一切都从学生的需要出发,以促进儿童的生长为重心。

中国近代教育家陶行知吸纳并发展了杜威的教育理念,形成其儿童观。他认为,儿童是有天性的,他们天生就有好奇心、求知欲、创造力和自我表达的欲望。因此,教育者应该尊重儿童的天性,不要强加自己的意志和观念,而是要引导儿童自主学习、自我发展。"教育者应该像园丁一样,给予儿童适当的阳光、水分和肥料,让他们自由生长""教育者应该像舵手一样,给予儿童适当的指引和支持,让他们自由航行""教育者应该像医生一样,根据儿童的身体和心理状况,给予他们个性化的治疗和关爱"。

在谈论儿童中心论时,前述的这些思想箴言始终未过时,至今仍值得我们一再咀嚼、思考,从中得到新的启示。

(三)如何贯彻儿童立场

教育就像时钟上的钟摆,无论时代如何变迁,不管各种思潮如何左右摆动,教育的核心价值和目标始终在时钟的正中央,那就是生命个体的成长。

教育应当将儿童置于中心,始终与儿童的成长相结合。既然儿童的成长有一个发生发展的自然轨迹,那么教育便应当遵循儿童自然的、内在的成长轨迹。

面向未来,我们的教育依然坚持以儿童为中心,以儿童个体生命的成长为教育的原点:关注儿童的成长需求和发展特点,为他们提供个性化的教育方案和支持;通过构建适应儿童立场的教育环境、设计符合儿童立场的教育课程、改革儿童本位的教育评价,为儿童的生命成长提供强大的助力。

首先,要尊重儿童的主体性、差异性和独特性,做儿童的研究者。关注和了解儿童的特点和成长需求,并据此提供个性化的教育方案,为儿童提供足够的支持和引导,帮助他们发现自己的潜能,培养他们的创造力和解决问题的能力。

其次,构建与儿童立场相适应的教育空间与环境。从儿童的视角出发,深入了解他们的需求和发展特点,为他们创造一个安全、舒适、富有启发性的学习和生活环境。将教育理念和目标融入教育空间的设计中,确保环境能够支持儿童的学习和发展。

再次，要敢于和善于突破教室和课堂，设计符合儿童立场的教育课程。课程的设计和实施要围绕儿童的特点和需求展开，尊重儿童的主体性和自主性，贴近儿童的生活经验，与儿童的发展相适应。

最后，我们需要改革儿童本位的教育评价，采用多种评价方式，尊重儿童的个体差异，注重儿童在教育过程中的表现和发展变化。评价需要始终围绕儿童的需求、兴趣和发展水平展开，确保评价内容、方法和标准与儿童的实际情况相符。

作为教育者，我们需要时刻牢记教育的原点，将儿童立场贯穿于教育实践的始终。正如语文特级教师李竹平所说："所有致力于促进儿童生命成长的教育，都必然在行动中隐含着对儿童立场的理解、呼应和践行。"[1]

二、横轴：世界向度的时势与视野

"每个人都知道，谁赢得了年轻人，谁就拥有了未来。"德国哲学家雅思贝尔斯在《什么是教育》中说道："教育决定未来的人的存在。"纵观人类文明史，世界强国无一不把教育视为对未来的战略投资和持久繁荣的根基。在全球化背景下，人才成为各国竞相争夺的战略资源。拥有高素质人才的国家，更容易在科技、经济、文化等领域取得领先地位。毋庸置疑，"培养适应未来发展需要的人"已经成为世界各国基础教育改革的出发点和归宿。

（一）国际教育趋势

文明就是教育和技术的赛跑。北京第一实验学校校长李希贵指出，教育走在技术的前面，人们会比较淡定和从容；但如果教育跟不上技术的步伐，就容易产生焦虑。

随着全球化进程的不断推进和信息技术的迅猛发展，教育领域正在经历前所未有的变革与挑战。世界各国都试图跳出教育本身，对教育进行新的审视。纵观全球教育，其发展正呈现一些共同的趋势。

一是培养学生的创新意识和创新能力已成为国际共识。许多国家和地区通过改革教育管理体制，增强学校的自主权和独立权，实现创新发展和特色发展，提高教育的选择性和多样性，以培养创新型人才。如日本立足于"自立、协作、创造"三大理念，驱动教育改革，以求最大限度发挥每一个人的潜力，培养创造型尖端人才和活跃于世界舞台的国际化人才。

二是学前教育和基础教育全面转向关注促进儿童的发展，侧重于全人教

---

[1] 李竹平.教育需要科学的儿童立场[J].湖北教育，2018(12)：1.

育。以新加坡为例，自2011年以来，新加坡致力于向"以学生为中心，以价值为导向"来培养学生21世纪技能的"全人教育"的新范式转化。2016年，新加坡教育部明确提出基础教育的重点为"培养儿童为未来做准备，全面转向全人教育"。

三是核心素养成为世界各国教育改革的重点，各国家与地区均提出了核心素养的框架或结构。2016年，我国教育部发布的《中国学生发展核心素养研究报告》中选取了15个具有代表性的国家、地区及国际组织关于核心素养的研究进行分析。其中，高度重视和强调的传统基本素养指标有：语言能力、数学素养、学习能力、问题解决能力。高度重视和强调的现代关键素养指标有：沟通与交流、团队合作、国际视野、信息素养、自我规划与管理、创新与创造力、社会参与与贡献。尽管各核心素养的价值取向和构成不尽相同，但最终均指向培养"全面发展的人"。这为我国构建学生核心素养提供了重要启示与参考。

四是各国日益重视技术在教育中的作用，数字化成为学校教育变革、重塑教学方式的重要路径。如法国于2015年启动的"学校数字化"计划，围绕教师培训、数字资源、数字设备和教学创新四个核心内容，力求将数字工具融入课堂教学。而人工智能时代的到来，更加速了国际教育的变革与重塑。首先，个性化教学成为国际教育的重要趋势。借助人工智能技术，教育者能够更精准地分析学生的学习特点和需求，为每个学生提供定制化的学习计划和资源。这种个性化的教学方式不仅提高了学生的学习效率，还培养了他们的自主学习能力和创新精神。其次，数字素养成为个体适应社会发展的关键能力。学校和教育机构纷纷加强信息技术课程的设置，提升学生的信息获取、处理和应用能力。再次，远程教育和在线学习在人工智能时代得到了快速发展。人工智能技术和网络平台打破了地域和时间的限制，为学生提供了更加丰富多样的学习体验，让学生可以随时随地进行学习。最后，在人工智能技术的推动下，各国之间的教育互联互通变得更加紧密。通过参与国际交流项目、留学等方式，学生可以拓宽视野、增强跨文化交流能力，成为具备全球竞争力的人才。

五是跨学科学习等新课程形式和教学方式成为重要手段。通过整合不同学科的知识和方法，跨学科学习能够帮助学生形成更加全面和深入的认识与理解。学校和教育机构开始鼓励学生参加跨学科的项目和研究，并提供相关的课程和资源支持。以在教育上享有"全球第一"美誉的芬兰为例，2016年起，芬兰实施新的国家核心课程，重在培养学生的横向（通用）能力与跨学科学习能力，并在课程大纲中增加"基于现象（主题）的教学"，即围绕学生感兴趣的某一现象或主题设计教学活动，以培养学生的综合能力。除了项目式学习（PBL），还有STEM教育也被许多国家和地区积极推进，甚至被提升到国家战略层面，如2015年美国生效的《STEM教育法（2015年）》（*STEM Education Act of 2015*）。

此外，新呈现出的推进职业生涯教育、重视社会情感能力、培养全球化能力等多种发展方向，共同构成新时代国际教育的重要内涵和整体趋势，且具有多元化、综合化和个性化的特点。然而，在人工智能时代国际教育也面临着一些挑战。例如，如何平衡人工智能技术与传统教育方式的关系，如何确保教育公平性和质量等，这些问题都需要教育者和社会各界共同努力解决。

当我们看到这些变化在每日的教育现场中真实发生，作为学校领导者，我们就需要不断更新教育理念和方法，推动学校的教育创新和发展，为培养具有全球视野和创新能力的新型人才贡献力量。

（二）国家教育战略

1. 新时代对学校教育改革创新提出了新要求

在2024年的全国两会上，"新质生产力"首次被写入政府工作报告，发展新质生产力被列为各级政府全年十大工作任务之首。"新质生产力"的核心动力是创新，关键在质优，其本质是先进生产力。而教育对新质生产力的发展有着重要作用，教育是人才成长的沃土，是创新的策源地。正如全国人大代表、福建社会科学院副院长黄茂兴所说："没有教育的高质量发展，就没有科技水平的提高，很难实现高科技、提高资源配置效率、加快发展新质生产力。"[①]

面对百年未有之大变局，面向2035年更高水平的育人目标，时代呼唤中国教育大规模孵化"新质学校"，推动工业文明向智能文明转型，实现从教育大国到教育强国的系统性跃升和质变——这一时不我待的课题，正在上升为自上而下的全民共识，成为基础教育的"必答题"，而不再是"选做题"。面对这道前无古人的全新课题，我们必须打破思维定式，实现思想大解放、思路大创新。

当前，我国深化教育领域综合改革、实现教育治理体系和治理能力现代化的进程进一步加快。深圳市教育综合改革方案已获国家通过，并开始实施，福田区教育工作者以当好全市教育改革创新领跑者为己任，力争率先构建系统完备、开放有序、高效公平的区域现代教育治理体系。东实作为福田区的一所优质学校，要进一步扩大品牌影响力，就必须牢固树立"培养适应未来发展需要的人"的育人意识，着力创新管理体系、优化课程结构、充分激活发展潜力。

[①] 林焕新，梁丹. 因地制宜发展新质生产力，教育何为——代表委员热议教育赋能新质生产力［N/OL］. 中国教育报，2024-03-08［2024-06-04］. http://www.moe.gov.cn/jyb_xwfb/xw_zt/moe_357/2024/2024_zt03/jysy/jysy_lhry/202403/t20240308_1119123.html.

2. 素养时代为学校教育改革创新提供了新的机遇

"培养什么人、怎样培养人、为谁培养人是教育的根本问题,也是建设教育强国的核心课题。"2014年3月,《教育部关于全面深化课程改革 落实立德树人根本任务的意见》提出了"核心素养"这一概念,首次明确提出研究和制订学生发展核心素养体系和学业质量标准,更突出强调要使学生具有中华文化底蕴、中国特色社会主义共同理想和国际视野,力求使立德树人的方向性、民族性和时代性更加鲜明。2016年,《中国学生发展核心素养》出台,强调以培养"全面发展的人"为核心,着力从文化基础、自主发展、社会参与三个方面,注重培养青少年的人文底蕴、科学精神、学会学习、健康生活、责任担当、实践创新六大素养。2022年《义务教育课程方案和课程标准(2022年版)》的颁布,以及2023年5月《基础教育课程教学改革深化行动方案》的印发,引导着我们将育人蓝图转化为自觉的改革行动。此外,2017年深圳市教育局印发的《关于进一步提升中小学生综合素养的指导意见》明确要求,围绕学生品德、身心、学习、创新、国际、审美、信息、生活八大素养,改革研究课程与评价方式。这些文件的颁布,为东实的发展指明了行动方向、提供了未来发展的机遇。

(三)区域教育举措

1. 福田区"十四五"发展战略赋予学校教育优质发展新使命

2019年,中央深改委第九次会议审议通过《中共中央 国务院关于支持深圳建设中国特色社会主义先行示范区的意见》,要求深圳发挥先行者的优势和示范引领作用,"深圳教育先行示范"也随之启动。在此背景下,福田区于2020年召开基础教育改革发展大会,明确提出要加快打造"首善之区、首善教育"基础教育品牌,打造特区教育事业发展最亮丽的一面旗帜。基于此,东实旗帜鲜明地提出打造区域品牌标杆学校的发展定位,顺应了全区、全市教育发展的大趋势,适应了区域社会经济发展新常态,满足了服务片区人民群众对优质、均衡、现代化、国际化教育的日益增长的需求。

2. 区域教育智能化发展布局补齐学校信息化建设短板

2019年起,福田区启动"AI赋能教育发展示范区"建设,探索福田教育信息化迈向3.0体系的路径。相关计划表示,将用3年左右的时间基本建成具有国际水准的智能化教育体系,率先实现国内AI赋能教育典范,促进区域教育水平整体跃升。东实可以借助"AI赋能教育发展示范区"建设的重大机遇,充分发挥后发优势,以技术与课堂教学深度融合聚焦提高教育效能,补齐信息化发展短板,促进学校教育整体跨越式发展。

3. 区域教育国际化深度推进提供了学校教育改革新可能

《国家中长期教育改革和发展规划纲要（2010—2020年）》指出："坚持以开放促改革、促发展。开展多层次、宽领域的教育交流与合作，提高我国教育国际化水平。"当前，经济全球化和国家"一带一路"倡议的实施推动了改革开放前沿城市深度教育国际化，国际理解教育、国际教育协同与共享、国际教育交流与合作等已经是福田区学校教育改革创新的潮流。东实积极推进"缔结姊妹校"行动，与俄罗斯、美国、英国、澳大利亚等国家的学校建立了良好的合作关系。东实所在区域的高度国际化的学习环境，为培养从小具有国际视野、了解国际规则的学生提供了新的可能。

极目四望，我们真切感受到肩上之重任，学校需聚焦国家重大战略需求，顺应区域教育发展策略，以教育理念、体系、制度、治理现代化为基本路径，培养新时代下的新型人才。

三、纵向：学校品牌锚定与策略

2004年9月，美丽的香蜜湖畔诞生了一所崭新的学校——荔轩小学。在13年的办学历程中，在周绍贞、刘泽和两任校长的带领下，学校从无到有，从开基创办到快速发展，取得了令人瞩目的办学成绩。

2017年9月，基于深圳市福田区教育的整体规划和学校自身发展的需求，荔轩小学正式更名为"深圳市福田区东海实验小学"（图1-1为学校更名揭牌庆典启动仪式），学校又一次站在新的历史起点上。为了绘制好课程体系建设的蓝图，学校领导班子做了大量前期工作，用SWOT分析法对学校的各个方面进行考察，在传承学校办学历史的基础上对办学理念进行梳理和完善。

图1-1　深圳市福田区东海实验小学隆重举行更名揭牌庆典

（一）破局提质迎挑战

1. 片区名校林立，提升学校品牌期望值迎来了新挑战

学校地处深圳市著名的高端社区——东海片区，该社区建设起步早、档次高，环境优美，居民素质普遍较高，家长对孩子的成长成才有着多样化的需求和更高的期待。目前，整个片区拥有深圳市红岭中学、深圳市高级中学、福田实验教育集团、明德实验学校、深圳市外国语小学、福田区教科院附属小学、第二附属小学、荔园外国语小学等多所实力不俗的教育机构。显而易见，在这样的大环境中，东实面临着巨大的生存压力和挑战。尤其是更名以来，随着各项教育教学改革实施，东实已然成为一所内涵丰富、品质优良的品牌学校，获得了各级教育部门、家长及社会的广泛好评，各界对学校教育品牌的期望值也水涨船高。这使得学校在教育改革的新形势下必须升级发展，在办学各个方面要求更高的品质。我们认为，打造品牌标杆学校，引领区域品牌学校发展，赢得学生、家长和社会各界更为广泛的认可，将是学校未来数年内坚定不移的战略目标。

2. 优秀的师资团队为打造品牌标杆学校提供了内生性优势

学校的管理团队是一支由优秀教师组成的精英管理团队，具有强烈的事业心和责任感，团结务实，具有较强的执行力，在学校高质量发展中呈现出一种干事创业的变革精神，为打造品牌标杆学校提供了强大的中坚力量。学校聚集众多志同道合的名师，并且招聘了一批来自美国哥伦比亚大学、英国爱丁堡大学、北京师范大学等国内外顶级名校的优秀毕业生，形成强大的师资队伍，为打造品牌标杆学校提供了内生性优势。

（二）探索发展新空间

学校坐落于香蜜湖高端国际化住宅区，辖区的居民对学校课程品质有着更高的期待和需求。从知识到素养、从整体到零碎、从现在到未来，我们要超越单一课程的价值定位，以更加综合、指向长远的学习活动为中心，形成系列化的学习任务，引导和支持个体素养的生成和多元化教育目标的实现。

1. 学校文化仍需进一步提升

学校的长远发展，最终将深深植根于文化的深厚土壤，以文化的力量为支撑，实现向更高层次的跨越。近年来，学校从精神文化、制度文化、行为文化、物质文化等角度进行校园文化建设，且取得了一定的成果。尤其是精神文化建设，学校办学理念体系基本完善，学校师生、家长对学校办学理念已有深入的了解并能践行在日常的教育教学中。在团队建设、常规管理、制度建设、教学研究等方面，学校做了很多探索和尝试，取得了很好的成绩。但是，学校文化建设不是一朝一夕的事，这需要几代人的共同努力和积淀。未来学校要进一步加强校园文化建设，凝聚全校师生共同的价值观、共同的信念、共同的愿景、共同的努力方向，让优良的校园文化统领、规范、激励全体师生。

2. 办学条件仍需进一步提升

近年来，学校无论是硬件还是软件都得到了进一步提升。但由于学校规模较小，周边均为成熟楼盘和社区，可拓展开发的面积不是很大，因而在实体建设空间上受到很大的限制。并且，随着生源的日益增加，校舍、功能室的拓展空间也相对不足（在全区学位供给压力不断增大的情况下，功能室被改为教室，但扩招的风险依然存在）。另外，学校信息化建设相对比较滞后，教师的信息技术应用水平整体不高，导致"智慧校园"建设、"未来教师"培养存在一定的局限性。

3. 课程体系仍需进一步升级

近年来，学校在课程建设上投入了大量的人力和物力，开发了很多深受学生欢迎的好课程，取得了很好的成效。学校针对课程建设，在"为每一个孩子的幸福和发展奠基"的核心理念引领下进行了长远和整体规划，形成较为科学完整的"脚印"课程体系。但是，学校课程体系的七大课程模块虽各具特色，但相互之间的联通性和融合度不足，在倡导"融合发展"（《中国教育现代化2035》八大基本理念之一）的当下，"脚印"课程仍需进一步升级以更好地发挥整体育人功能，培养适应未来社会发展所需的新型人才。

4. 精细管理仍需进一步推进

"精心是态度，精细是过程，精品是成绩"，精细管理就是用精心的态度实施细致的管理，以获取精品成果。学校制定了教学常规、后勤保障、奖教奖学等一系列规章制度，将管理责任具体化、明确化，实现"人人都管理，处处有管理，事事见管理"。一系列精细管理举措得到了社会各界、学校师生的共同认可，促进学校美誉度提升。但是，精细管理永无止境，未来学校仍要进一步推进精细管理，加强对一些关键环节和薄弱环节的落实、跟踪、监控、评价、反思、改进等，让精细化成为每一个教育者内在的品行，成为学校实实在在的行动文化。

5. 教学改革仍需进一步深化

学校在教与学方式的改革路上跨出了一大步，由重传授向重发展转变，由统一化教育向差异化教育转变，由重"教"向重"学"转变，由重结果向重过程转变，由教学模式化向教学个性化转变，项目式学习、跨学科学习、研究性学习等深度学习范式逐渐成为东实学子的最爱。但是，面向未来的教育需要超越时代的思考，承载未来的教育需要超越当下的建设。因此，需要建设能够抵

达未来的"新形态学校",需要构建迎接未来的新学习空间和新学习方式,教学改革仍需进一步深化。

第二节　行成于思,一步步筑建未来学校

作为学校领导者,笔者常常思考:今天的学校转型为什么难?这是因为学校教育是一个系统性问题,牵一发而动全身。如果缺乏高水平且环环相扣的文化、认知、结构、机制、评价和生态,学校创新就难以获得长期主义的成功。

创建"新形态学校",让学校转型成功,需要从冰山上的顶层设计走向冰山下的系统规划,重置一套重涌现、能嵌套、懂人性、智慧生长的系统。如果要重置系统,就要把更高的教育目标自洽于办学实践,生成解决复杂问题的方案,把学校管理自觉投射在时代激变的大浪潮中。

一、顶层设计

顶层设计是一所学校优质、可持续发展的保障,作为一个系统性的工程,它需要统筹考虑学校各层次和各要素,全面规划学校发展,在最高层次上寻求学校问题的解决之道。

(一)重塑价值系统

李希贵认为,育人模式一般包含三个系统:一是以学生为中心的治理体系;二是以学生成长为导向的课程体系;三是以办学准则为基础的价值系统。[①]其中,首要的便是建立价值系统。

1. 教育观

育人是教育的根本使命。我们一直秉持这样的信念,所有教育活动的根本宗旨是:基于育人,为了育人,通向育人。在育人实践之中,深化对育人价值的认知与理解,并将其创造性地转化为具体可行的育人方案设计能力,是当前学校与教师亟需把握的核心挑战与宝贵机遇。

北京市十一学校把"发现"作为学校使命中的关键词,以尊重每一位学生个性成长的可能性,提出了"发现天生不同,成就与众不同""一个就是全部""找到孩子何以伟大的地方"等办学口号。李希贵以他曾经所在的北京市十一学校的学生为例,深入浅出地分析出每个孩子"天生不同",只有当学生

---

① 2024年5月,李希贵在四川举行的第一届学校文化创新问对活动上进行"从价值系统中获取领导力"主题讲座的内容。

从事擅长的、热爱的事情时才会迸发无限力量，所以学校教育必须承担的责任是帮助学生发现并发展个人优势。

我们以儿童立场作为教育原点，让儿童站在教育的中央，学校教育的一切都是向着教育原点而展开。什么是学校价值系统里的愿景？可以说，"为每一个孩子的幸福和发展奠基"是东实的办学理念，更是东实人的愿景和使命。这句话成为学校的文字"Logo"，出现在我们的每一份工作规划和活动方案中。每当教师提出新的想法，我就会问，这会为我们的学生带来什么？是否有助于东实学子的发展？只要答案是肯定的，我就会通过，学校会全力支持教师的想法。于是有了各种教师工作室、画坊，午间活动课程等创新点也在不断涌现。

2. 学生观

我们认为，儿童是一种可能性，教育就是要发现这种可能性，并将"可能"变为现实。儿童立场的教育，需从关注学生现实性走向开发可能性。当下的教育停留在现实性上，遮蔽了可能性的光辉。因此，我们更应着眼于可能性，着力于现实性，构建以开发可能性为中心的教育。首先，给学生以人的尊重，让可能性在尊重与鼓舞中被激活；其次，给学生以梦想的机会和权利，让可能性在理想中被激活；再次，给学生以时间，等待学生的可能性被唤醒；最后，给学生以自由，让可能性在选择中得以被开发。

在教育一线上，我们发现，教育今天遇到的最大挑战，是出现了越来越多学习无动力、对真实世界无兴趣、社交无能力、生命无价值感的青少年。物质层面充分满足，但精神上的供养却不足，导致他们的心灵枯竭感过早到来。

因此，我们必须思考三个问题：支撑学生前进的动力到底是什么？现在的学生是否有这样的动力？应该如何激发他们的动力？

教育不是注满一桶水，而是要点燃一把火。我们要发现每一位学生的不同之处，发现每一位学生的潜能，适时地引导、点拨、唤醒，帮助他们成为有创造力的学习者、自信的个体以及负责任的公民。于是，学校以提升学习与成长的动力为目标，从关系动力、课堂动力、支持动力、评价动力、场景动力等方面着力，打造动力系统，重建学生活力。以动力为中心的学校生态是森林的样子，每个孩子都是一个"物种"，每个独立的"物种"都可以按照自己的节奏、尽自己最大的可能，蓬勃生长。

课程和学生社团是东海实验小学挖掘学生潜能的方式之一。学校创建的"脚印"课程开设了数十个学生社团，每一位学生都可以在课堂内外找到一个或数个感兴趣的点去参与、去"发光"。让学生"涌现"，让每个学生都能"发光"，这就是东实在儿童立场上的表达。

3. 教师观

学校的治理结构应该让教师成为学校的主体,课程改革的核心力量是教师。故此,我提出:"要让每一位教师过有尊严的教学教研生活","让每一节公开课成为老师的激励点"。这些都不只是口号,而是必须扎扎实实、真真切切地落实到学校的每一步行动、每一句话语中。

首先,要以课程创建和课题研究激发教师潜能,让教师"涌现",实现在课堂内外的价值绽放。东实教师喜欢做课题,经常主动申报立项。每年学校课程研究中心都会收到数十份教师们自主申报的课题和项目。

其次,校长李希贵说"教育学就是关系学",笔者颇为认同。"如果每一个孩子在人生的道路上都能遇到一个有爱并懂得如何提供高质量的爱的好老师,这个世界将会变得更加美好"。为此,我们以"建设和谐平等、充盈爱心的师生关系,打造爱心满溢的成长乐园"为目标,用润泽的环境为课程改革提供可扎根的土壤,让学校里的每一个人都成为正能量源,每一个人都能有尊严地快乐生活、快乐学习、快乐工作,从而建立一种基于平等师生关系的、能彰显学生个性的学校生态。

总的来说,只有把生活的真实和教育完全融合在一起时,才有可能去实现真正的超越,才能不再把学生的成长简单地定义为一场考试的成功、把教师的成长局限在狭小的课堂中,才会平和地看待并解决问题,形成新的教育经验和策略,静待新一轮的"涌现";让学校以更大的视野突破课本、突破焦虑;让教育以最真实的样态回归育人的初心;让思维活跃,让文化开阔,让人格独立,让人才"涌现"。

(二)重建理念文化

"真正意义上的改革,一定伴随着制度重建,一定冲击文化传统,一定触及人的心灵。"[①]学校文化是催生教师专业成长及学生生命发展的深厚土壤,是学校的性格记忆和独有的发展密码。新一轮课程改革启动,"育人为本、素养导向"看似容易,做起来却难。从知识本位到素养本位,超越一堂课的目标,观照学生的长远发展和精神成长,首先需要从学校文化建设着手,塑造共识,有共识才有生产力,有共识才能在各种不和谐的声音出现时自带"免疫力"。

我们在学校价值系统的基础上对办学理念进行了梳理和完善,把"为每一个孩子的幸福和发展奠基"作为核心理念,把"培养专注自己、关怀他人、理解世界的现代小公民"作为育人目标,把"脚印丈量世界,阅读绽放未来"作

---

① 褚清源. 课堂教学改革的"最后一公里"在哪里?[N/OL].(2016-01-10)[2024-06-04]. https://mp.weixin.qq.com/s/aS8FLyZAaUMyLl863VwkBw.

为校训。

1. 办学理念：为每一个孩子的幸福和发展奠基

基于对教育观、学生观、教师观的系统认知，我们提炼了办学的核心理念——"为每一个孩子的幸福和发展奠基"。这也是学校的愿景和使命，其内涵主要体现在"每一个""幸福和发展"以及"奠基"这三个关键词句上。

首先，强调"一个都不能少"。相信每一个孩子，不放弃每一个孩子，以生为本、面向全体，彰显教育的公平性。

其次，学校存在的意义和价值指向教育的终极目标——学生的幸福和发展。学校要把握幸福和发展的价值取向，培养学生幸福和发展应有的品质、态度以及能力。华东师范大学终身教授袁振国认为："我们的教育常常特别重视青少年学生的认知能力培养，但实际上非认知能力的养成，才是人生成功和幸福的基础性工程。前者决定学习成绩、升学，后者决定事业能否成功、生活能否幸福。"儿童和青少年学生在认知能力、社会与情感能力两方面获得平衡发展，才能更好地适应当今不断调整变化和难以预测的世界，才能灵活应对新时代社会发展所带来的各项挑战。而社会与情感能力的科学测评，使得基于证据的决策和实践改进更有依据，尤其在当前深化新时代教育评价改革和"双减"政策背景下，对学生的社会与情感能力的评估与培养应作为政策与实践的重要关切，成为落实评价改革和"双减"政策要求的重要内容和路径。

最后，小学教育强调夯实基础、面向未来、关注学生的可持续发展，体现小学教育的基础性、阶段性和终身教育的理念。近年来，在PISA（Programme for International Student Assessment）测评驱动下，国家基础教育呈现回归基础的趋势。习近平总书记非常明确地指出，建设教育强国，基点在基础教育。基础教育搞得越扎实，教育强国步伐就越稳、后劲就越足。我国现代教育专家成尚荣指出："培养拔尖创新人才的'基点'必然在基础教育，夯实'基点'是基础教育培养拔尖创新人才的战略定位和根本对策。"故此，坚守基础教育的基础性，是教育强国的国策，也是东实的立足点。

东实以儿童为中心，以核心素养发展为目标，为学生终身学习奠基，为学生终身发展奠基，为学生终身幸福奠基。

2. 校训：脚印丈量世界，阅读绽放未来

笔者将"脚印丈量世界，阅读绽放未来"作为东实的校训。其具体内涵大致有以下几层含义：一是要求学生不仅要读万卷书，更要行万里路，把世界当成一本打开的书，尽情领略其中精彩。二是要求学生做人、做事、学习必须一步一个脚印，脚踏实地；重视实践，踏踏实实做好身边的每一件小事，积累每一个成长的脚印，成就更美好的自己。三是要求学生要有国际视野，能放眼世界，具有全球胜任力。四是要求学生具有大胆尝试、积极体验、敢于探索的精神。五是要求学生养成阅读的良好习惯，重视阅读，读书、读人、读事。精彩人生从东实起步，相信每一位东实学子都能踩出一串美丽的脚印，拥有美好幸福的人生。

以校训为依据，我们提出了简单朴素的"三风"：校风和谐、向上，教风爱生、敬业，学风勤学、善思。

3. 培养目标：培养专注自己、关怀他人、理解世界的现代小公民

"专注自己"即具有符合实际的自信和良好的自理能力，热爱阅读和锻炼，即使遇到困难仍奋力向目标迈进。

"关怀他人"即具有同感心，善于沟通，乐于合作。

"理解世界"即理解大环境中的互动关系，从而了解自身所处的环境和所担任的角色，懂得发挥自身的重要性，训练出具有远见的眼光。有人问苏格拉底是哪里人，他不说"雅典人"，而回答"世界人"。他比我们有更丰富深湛的想象力，视宇宙为自己的故乡，把自己的知识投向整个人类，热爱全人类。①

我们希望，东实培养的每一位学生都能够具有符合实际的自信和良好的自理能力，热爱阅读和锻炼，即使遇到困难仍奋力向目标迈进；在为人处世上具有同感心，善于沟通，乐于合作；在社会生活中，理解大环境的互动关系，发挥自身特长，提升远见能力。

4. 办学目标："打造儿童友好型深圳品牌标杆学校"

在学校的发展规划中，我们曾提出"把学校建设成环境优美、理念先进、师资精良、课程丰富、充盈爱心的区域品牌标杆学校"的办学目标。随着学校的不断发展，我们进一步将其凝练为"打造儿童友好型深圳品牌标杆学校"。通过不断完善学校环境建设，以海艺楼重建、厕所革命、校园改扩建为契机，东实全面推进儿童友好型学校建设，从空间、环境、制度、文化等多方面打造一所具有浓厚中国情怀和国际元素、尊重儿童心声、满足儿童需求、保障儿童权利的儿童友好型深圳品牌标杆学校。

5. 校徽

东实的校徽（图1-2）整体以钢笔笔头作为设计原型，表达学校对知识和真理的无限追求以及百年育人的崇高理想。图案主体是一艘正乘风破浪、快速前行的由"东海"两字的拼音（DONGHAI）为底的帆船，代表学校充满活力，

---

① 米歇尔·德·蒙田. 蒙田随笔全集（第二卷）[M]. 潘丽珍、王论跃、丁步洲等，译. 北京：译林出版社，2022.

满怀教育梦想，扬帆起航。而帆船下方的海浪形似一本打开的书，学校将如同帆船般在教书育人的海浪中破浪前行，无可抵挡。

校徽色彩和谐、雅致，整体简洁大气，富有国际气息，深刻地诠释了"脚印丈量世界，阅读绽放未来"的校训以及"培养专注自己、关怀他人、理解世界的现代小公民"的办学使命。

图1-2　校徽

随着时代发展，学校理念及文化即便不会随意更改，但其内涵必然会随着时代的进步而注入新鲜血液，进而不断丰盈，不断生长。学校需要不断积极创新，探索文化创建的新路径，从而推动观念的水位上升，引领思想潮流的涨潮。

二、系统规划

结合SWOT分析，笔者和管理团队启动战略研讨，全员分组讨论，邀请教育前沿专家队伍深度参与学校变革进程，理解并整理当下国家乃至区域教育政策的总体目标、分类目标，理解分析未来趋势、社会需求的机会所在、问题所在、价值所在，从而将教育转型的"应然"需求与学校的现实可能与既有行动展开链接，推动学校升级。

2016年学校制定"十三五"规划，2021年制定"十四五"规划，学校用全局的视角和系统的思维，经不断调整和提升，对未来的发展做了整体规划。随着《义务教育课程方案和课程标准（2022年版）》的颁布，以及2023年5月《基础教育课程教学改革深化行动方案》的印发，学校又围绕"发展学生核心素养"这一目标追求，从"愿景共识""空间变革""团队赋能""课程重构"等方面大力推动课程改革。

（一）建设文化印记系统，凝聚可持续发展的"核心力"

一是学校要对原有办学理念体系进行升级和完善，赋予学校办学理念新的内涵，使学校办学理念表述更加精练、体系更加完善、逻辑关系更加清晰、发展定位更加精准。

二是实现让学校的文化"有痕"。学校通过物质印记传递学校的办学特色、办学成就、文化内涵；通过活动印记，加深师生对文化的理解，强化师生对文化的认识；通过行为印记，引导教师、学生和家长积极践行学校的办学理念，让核心文化的内容在师生言行中展现得更加清晰。

三是创设儿童友好型办学空间。空间可以帮助我们进行课程改革，如何使用好空间、和空间对话、让空间释放出能量，是未来课程行动最重要的课题之一。为创建与课程相呼应的空间，学校每一年进行课程改革的同时，都会重点选择一个学习空间进行改造。例如，2023年的重点是重构一年级课程。在时间上，每周用一天做跨学科整合学习；在空间上，贯通学校地上一层的空间，改造教室、构建非正式学习空间；在文化上，完善学校底层代码，通过观念变化引领行动变革等。而这一切都需要我们提升空间领导力，让空间变革释放出其应有的能量。

四是让"班级"成为课程改革的最小单位。要实现"育人为本、素养导向"的课程改革目标，不能忽视班级在课程改革中的力量，班级是综合育人理念落地的阵地。未来5年，学校将探索以"班级"为课程改革最小单位推动跨学科主题活动开展，以班主任为核心链接各学科教师、家长、社区等课程资源，并进行系统思维，提升整体构建。

（二）深入开展课程实验，持续升级"脚印"课程体系

课程是学生生命成长的通道，高质量课程体系建设是实现教育高质量发展的关键环节。课程建设作为学校发展的核心驱动力，更是学校的整体规划和发展中浓墨重彩的一笔。

一是构建并升级"脚印"课程体系。学校秉承办学核心理念，优化统整现有"脚印"课程体系七大支柱课程，注重通盘考虑，进一步拓宽和整合课程资源，强化不同课程模块间的横向联通和每个模块中国家、地方与校本课程的协调开展，探索"学科素养+优势素养"的课程目标模型，充分发挥课程整体育人功能，打造以素养为导向的"脚印"课程体系。

二是推进国家课程校本化。这一措施要从思维模型上改革，从教学论走向学习论，从知识结构转向认知结构，构建"素养—能力—方法—知识"的下沉通道，以最大限度让核心素养发展落实在每日课堂。例如，数学学科要聚焦课

堂教学游戏化，通过一分钟思维训练策略培养学生的审辩思维。

三是改进课程实施方式。学校以核心素养为导向重新制定课堂教学评价标准，大力推进教学方式的改善，由重传授向重发展转变，由统一化教育向差异化教育转变，由重"教"向重"学"转变，由重结果向重过程转变，由教学模式化向教学个性化转变。该举措要求我们彻底摒弃过去那种满堂讲、满堂问的"填鸭式"教学，让项目式学习、跨学科学习、研究性学习等成为东实学子的主流学习范式。

四是改革课程评价方式。学校继续对语文、数学、英语、科学等学科大胆进行创新，积极探索基于素养的学科教学评价方式改革，优化评价形式。如以"阅读币"为载体的阅读评价新方式、借鉴剑桥英语评价方式构建英语校本评价标准，并充分发挥大数据作用，建立学生电子成长档案袋。

此外，变革自上而下的课程管理模式。学校教师必须成为学校课程体系构建与实施的主体，全面参与课程体系构建的全过程，并注重更新教育观、教学观、课程观、知识观等，从而促进学生核心素养发展要求的落地、落实。

（三）推进教学精细管理，不断提高学校教学质量

新一轮课程改革启动，学校要落实精细管理，提高教育教学质量。学校质量监测中心协同课程研究中心、教师发展中心等部门多途径落实课程改革，尤其是在规范集体备课打造高效课堂、加强作业管理提高教学质量、深化评价改革推动学校发展等方面多维联动，协同推进。其中，学校借助区域质量监测数据，分析、运用数据驱动教学改革，加强培养学科核心素养，促进教学质量稳中有升。

（四）构建教师发展体系，打造高素养的教师队伍

一个专业素养高、富有创新精神和团队协作能力的教师团队，不仅是学校教育教学质量的保障，更是课程改革取得成功的坚实基石。东海实验小学持续探索如何建立起一个强大良顺、具有成长力的支持体系，营造一种积极向上、风清气正的干事环境，汇聚所有教职工的每一份火热，让"旺火炉"文化给予学校所有教职工以精神滋养。

一是优化学校管理团队，促使学校拥有一支高素养、有情怀、能战斗、善合作的管理团队。学校摒弃金字塔式的管理思维，转换为"贯通制矩阵式"扁平化管理方式。每做一件事，不仅要在技术层面和内容层面考虑"怎样做"和"做什么"，更要在价值层面考虑"为什么做"。

二是推进"名师工程"，发掘和培养一批具有卓越教学能力和教育影响力的名师。开展骨干教师提升计划，为已有教学经验的教师提供更高层次的专业

发展平台,助力他们成为教学领域的领军人物;构建青年教师成长课程,为青年教师提供系统的培训和指导,帮助青年教师掌握教学技巧,积累教学经验。通过这些措施的实施,教师团队形成"雁阵式"成长的良好局面。在这个"雁阵"中,名师和骨干教师发挥引领和带动作用,青年教师则积极跟进不断学习和进步。整个教师团队形成了一种相互学习、相互支持、共同成长的良好氛围,为课程改革的成功实施提供了强有力的保障。

关键处落笔,彼此相连成势,一幅振奋人心的教育品牌建设画卷徐徐展开。正是因为这些写在纸上、刻在心里的一条条目标,引领学校走向内涵发展之路,"脚印"特色教育才能一天更比一天丰富、精彩。一所"环境优美、设备先进、师资精良、课程丰富、充盈爱心、质量优异、学生向往"的高品位、有特色、现代化一流学校正在东实人的奋进下崛起。

第二章

素养导向，定义课程治理

> 理念定了，方向有了，接下来就是扎扎实实地付诸实践，确保这些理念和方向能够真正地落地生根、开花结果。在东实有一句话：要把办学理念渗透到学校教育教学的每一个毛孔里去。从管理到环境，从团队文化到课程文化，学校如同一片生机勃勃的森林，师生们相互促进、相互成就、教学相长的生动故事不断发生，活力、激情和创造力不断涌现。

第一节 重建生态，从课程管理到课程治理

课程是一面透视镜，其深度和广度能够洞察教育的内在规律和本质特征，"透析、透射出许多深刻的意蕴"。[1]一直以来，东实高度重视学校的课程建设，笔者坚信：只有课程改变了，学校才会改变，只有课程有特色，学校才会有特色。课程是学校教育活动的核心，它的变革与发展直接关联着学校的整体变化。

一、重塑课程理念

现阶段小学课程建设存在的共性问题：一是价值模糊，办学理念不清晰，课程建设没有围绕培育目标进行逆向设计，属于"两张皮"；二是结构离散，课程碎片化，各门课程之间缺乏有机的联系；三是要素偏失，整体与特色、优质与均衡关系处理不妥；四是课程教学评价重应试轻素养。

针对这些问题，笔者带领教师团队根据《教育部关于全面深化课程改革落实立德树人根本任务的意见》等文件精神，于2017年开始进行高质量小学课

---

[1] 成尚荣. 儿童立场[M]. 上海：华东师范大学出版社，2018.

程体系构建的探索与实践。

学校重塑课程理念，构建了"儿童立场、素养导向"的课程建设理念，并以此为课程建设的根本依据，定位课程目标、内容、实施策略和评价体系，通过横向联通、纵向贯通的课程，以更加综合、指向长远的学习活动、系列化的学习任务，引导和支持个体素养的生成和多元化教育目标的实现，为每一个孩子的幸福和发展奠基。

学校课程建设发展目标强调四个方面：

一是整体育人。"学生是有血有肉的人，教育的目的是激发和引导他们的自我发展之路"，课程建设的核心是"人"，课程体系的设计必须从"人"出发，弄清楚"培养什么人""怎样培养人"。"脚印"课程体系在建立之初就设立了"培养专注自己、关怀他人、理解世界的现代小公民"这一育人目标，"脚印"课程体系内所有课程都是围绕这个教学目标而建设和开发的。

二是文化内生。以"脚印"课程建设为核心和主线，在建设过程中逐步形成教师、学生、家长有共同的价值取向和追求，即勇于争先的人生信念，真诚相待的处世品格，健康良好的行为习惯，认真扎实的工作态度，不断进取的学习精神。

三是课程再造。围绕课程育人目标，建设学科"脚印"课程、拓展"脚印"课程、个性"脚印"课程，大力推进国家课程校本化，引进和开发一批高质量的特色课程，努力为学生提供多元的课程选择。

四是整体构建。在课程建设过程中探索课程管理运作规范，形成国家、地方、学校三级课程管理工作机制。首先，必须对国家课程进行校本化改造，使之更加贴合学生的需求，才能更好地提升学生的核心素养。其次，根据办学实际，在众多课程当中选择部分课程，加大投入，重点建设，将其打造成学校特色课程。再次，强化学校开发课程资源的能力，形成有特色的课程方案及管理机制。最后，改革教学评价与考试制度，形成学校建立课程管理的组织运行系统。

二、推动课程治理

课程构建需要整体规划、协调推进，将学校各项工作、各类人群卷进来，形成各部门之间统一部署、相互协作、互相联动的有效机制。因此，东实基于全局的视角和系统的思维推动课程治理。

学校的治理结构应该让教师成为学校的主体，形成教师、学生、家长等利益主体共同深度参与的"多中心""多元共治"机制。重组各部门，确保课程研究等五大中心各司其职；融合各主体，推动教师、家长、学生等成为课程创造者，通过协同研发满足学生个性化需求；构建多中心治理模式，以多主体协作、多资源统筹、多场域协同，弥补课程管理模式过度依赖单方面力量以及先天动力不足的缺陷，从而推动课程建设高质量发展。

（一）重组各部门，管理机制根本性变革

学校对管理架构进行了根本性变革（图2-1），撤掉了原有的教研室、教导处、德育处等部门，改设课程研究中心、质量监测中心、教师发展中心、学生成长中心、综合服务中心等。表面上看是只进行了名称变革，其实不然。以课程研究中心为例，原教研室的职责更多是进行教学研究，转型后其主要职责在于课程研发、实施、评价，以此弱化管理，强化服务、指导、引领和支持。原教研室仅有主任一人，负责全校所有学科的教学教研，而课程研究中心是一个团队，包含常驻的语文、数学、英语三个学科行政和挂职的音乐、体育、美术等学科行政，研发力量得到保障。可以说，管理架构改革后，多主体协作、多资源统整、多场域协同共同支持学校所有课程的系统规划，使学校建设动力更足，保障更充分，极大提高了管理架构的效能。

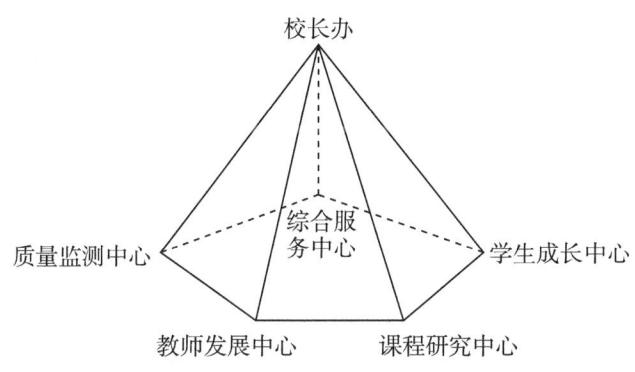

图2-1　东海实验小学管理架构

另外，这个管理架构并不是层级运行的，而是打破层级运行模式，形成支撑性的链接，协同共建，以此弱化管理，强化服务、指导、引领和支持。

具体来说，就是以学科主管行政、年级挂级行政、级组长、科组长为链接节点，将班集体、教研组、年级组、集备组等作为一个个独立运行的灵活性极强的小型组织。这种链接是一种支撑性的链接，源源不断地为各小型组织提供服务与支持。不同的教师能够迅速地选择和适应自己的角色，找到自己的生态定位。小团队齐心协力共同作战，大团队相互启发彼此借鉴，组织中任何一个人的缺席都会有其他人迅速补位。同时，任何人的懈怠都能够被组织中的其他人迅速察觉。这样，任何一个小组织都能灵活地链接到其他组织，为课程开发

与实施的全过程的稳定、灵活、高效提供保证，将课程组织管理上的"细胞"调整到最佳数量和最佳结构，通过立体化的构建链接各个散落的点，让管理架构成为一个充满活力的生态系统。

（二）三心联动，四级课程

治理是一个系统性概念，它强调在解决问题或实现目标时，需要全面、综合地考虑各种因素，不能头痛医头，脚痛医脚。因此，课程治理需要在课程建设的全过程关注各个关键要素。在重组各部门的基础上，学校一直坚持"课程建设引领课题研究，课题研究助力课程实施"的思路，联合课程研究中心、教师发展中心、质量监测中心，打造四级课程实施模式（图2-2）。

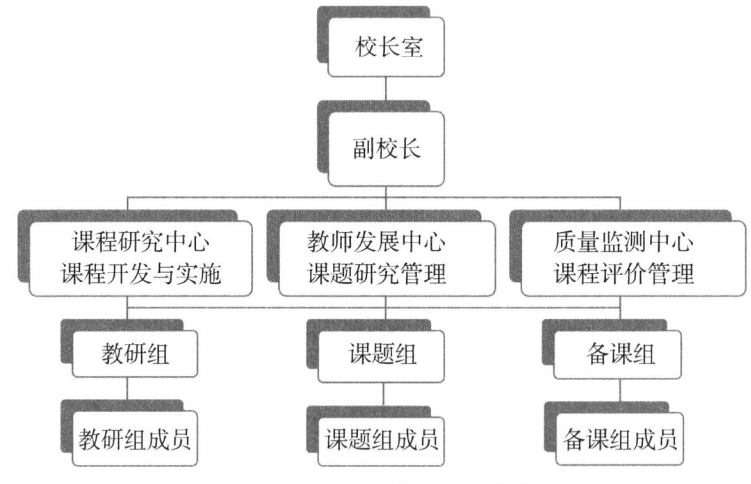

图2-2 "三心四级"课程实施模式

在这个四级课程实施模式中，校长室要明确三个部门在课程开发、实施、管理中的分工：课程研究中心主要进行课程体系构建以及课程的研发；教师发展中心管理教师的课题研究，引导教师围绕课程建设与实施过程中遇到的实际问题开展研究活动，培养一支科研氛围浓厚、实力雄厚的研究型教师队伍；质量监测中心主管课程的日常管理，根据学生学习和生活规律安排好学校的课程计划，严格控制周活动总量和学科教学课时，按照各年级课程计划，编制班级课表，根据师资情况进行合理分工等；校长室对课程进行及时监管，各部门负责人不定期向校长室进行课程执行情况汇报，以便校长室能及时了解课程执行过程中的问题和亮点。

（三）尽可能地消灭制度

学校转型必须以制度重建为保障，[①]校长李希贵认为，要用最少的制度撬动关键环节。[②]这要求我们精准把握管理制度设计的核心要素，并确保这些要素能够有效地促进组织目标的实现。

在东实，笔者常常和学校教师说："要消灭制度，让我们的学校成为一所没有制度的学校。"制度是外在的规范，学校应该做的是将这些外在的规范内化为师生的自觉行为。但行政人员和教师们则认为，对于新教师、新生，一定的制度约束能够使他们更加快速而明确地规范自己。于是，在与教师的不断磨合之下，学校对制度进行了极致的精简处理，只保留了大约5条基本制度：课程实施制度、常规管理制度、资源分享制度、教师培训制度、经费保障制度。每一项制度的出台均须经过全校教师参与投票，并获得一致通过，方得以正式实施。例如，学校特设了教师专业发展基金，出台并实施教师教育教学成果奖励办法等相关制度，主要用于奖教奖学、资助校本教科研和出访学习考察等；建立教师教科研考评制度，鼓励教师积极撰写论文、课例、随笔等，并给予相应的加分奖励。这一举措加大了对教师参与课程建设、课程变革和课题研究的激励力度，全面促进了教师团队专业能力的整体提升。

制度的删繁就简，为的是减少教师在日常工作中的烦琐流程，在保障教育质量和教师权益的前提下，激发教师的工作积极性和创造力，提高教师的工作效率和专业发展动力，让教师在相对自由的发展空间里"大展身手"。而且，不仅在制度上减负，在形式上也为教师"减负"。多年来，学校坚持每年只开展两次教师大会——一次在开学初，一次在学期末，其余的都以培训和分享替代。为此，学校搭建了各种教师分享平台。这些分享活动或是定期邀请专家，让教师了解教育界的天花板，为教师打开视野和格局；或是专题培训，配合每学年举行的基本功大赛的主题进行培训；或是青年教师的分享，有"线上+线下"分享，通过举荐、投票的形式选择每期的分享代表。由于每次活动都需要教师在背后做大量的准备工作，因此能使教师一改以往的被动、低效的状态，这就促进了教师的自发成长和提高。

---

① 李希贵.学校转型：北京十一学校创新育人模式的探索［M］.北京：教育科学出版社，2014.
② 李希贵.学校越是关键的工作，制度越少越好［EB/OL］.（2024-05-24）［2024-06-05］. https://mp.weixin.qq.com/s/PVt3Wq7fAhjXiWUDOcEALg.

三、研究课程开发

(一) 基于核心素养的课程开发

教育是为了谁？毋庸置疑是为了儿童，所有教育教学活动都应站在儿童立场，面向儿童未来发展，思考教育本质。让基于核心素养开发课程成为逻辑起点，将上位的核心素养与下位的学科核心素养结合在一起，并真正贯穿整个教学过程，才能让核心素养落到实处，走进学生的素养结构；将教师卷进课程开发建设中，从课例到课题再到课程，带来的是"以学生为中心"的思维转变，更多地从人的发展的角度思考如何拓展资源，为学生发展核心素养奠基。以数学游戏课程为例，国家课程游戏化实施，将"传统类游戏"等四类游戏融入小学数学"图形与几何"等四大数学领域中，将"桌面游戏"等八种游戏融入数感等十个核心概念中。

(二) 基于问题解决的课程开发

以学校的全球胜任力教育课程为例。学校培养目标中的"理解世界"，在教育现实中如何实现？这并不是简单开设一门国际理解课程，而是要将这一培养目标融入所有课程体系中，进行课程转化、年级细化与领域分解，形成立体式、可评价、可测量的目标体系，然后根据新目标体系对学校所有课程资源进行规划，统整形成一个高度结构化的内容体系，最后有目的、有针对性地构建评价体系。

基于以上理解，学校的国际理解课程建设构建了全球胜任力培养模型（图2-3）。整个模型就像一座大厦，底座是"中国根基"，中间六根柱子分别是代表硬实力的学科核心素养和代表软实力的通识素养，最终通过课程的实施培养具有全球视野、全球胜任力的东实学子。

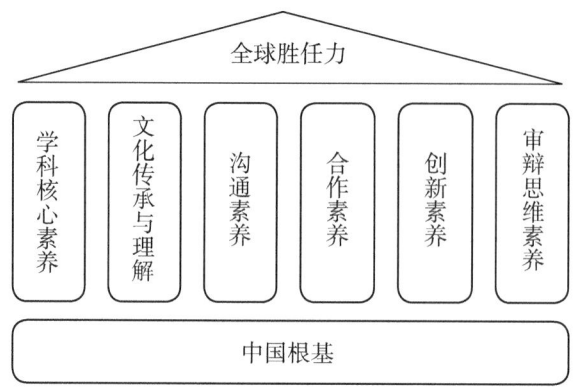

图2-3 全球胜任力培养模型

（三）合纵连横的课程结构连接

课程的深层改革需要文化建构与创生层次的课程变革，让各课程要素之间的关联度更高，让课程设计、实施与评价的"联结""贯通"性更强，从而更好地发挥整体育人的作用。

例如，学校将小作家培养课程的目标定为"让学生在创作中长大"，以终为始构建课程。一年级的学生重在"通识素养培训"，二、三年级的学生开始创作班级小报，四、五年级开始筹划班级文集，学生到五、六年级逐渐具备撰写个人文集的能力，大步向"小作家"迈进。

四、改进实施方式

（一）人人都是课程创造者

学生核心素养的培养离不开学科内部的整合和跨学科课程的构建，东实的课程开发从"单打独斗"走向团队合作，从闭门造车走向民主协商，从"多而全"走向"专而精"。一方面，学校协同专家团队和教师打造特色精品课程，同时成立"跨学科综合课程开发小组"，负责STEM课程、创新发明课程等综合实践活动课程的研发；另一方面，学校以"学科拓展课程"为依托，鼓励中青年教师参与具有学科特色的本土化选修课程，打造学科精品课程。一系列"组合拳"下来，学校课程建设硕果累累，仅省、市、区各级各类教学成果奖就获得9项，12门课程被评为省、市、区品牌课程。

然而，这并不能完全满足学生个性化需求。为此，学校开始卷入各主体，协同研发，推动课程建设高质量发展。

如今，学校里人人都是课程的创造者、参与者。家长义工课程让家长有机会为课程体系运作提供人力、物力以及专业支持；"东实小主人"让学生在课程体系建设中参与进来，表达自己的需求和愿景；教师品牌课程申报倡导教师对课程进行批判性理解、价值性构建和创造性转化；"东实大讲坛"则引入课程专家的力量，为课程建设提供知识服务和专业支持……一系列举措让各主体明晰自身的课程责任，遵循集体行动的逻辑，明确分工、协调配合，在责任共担中实现视域融合、集体智能的建设合力的最大化，进而打开高质量课程体系建设的"黑箱"。

（二）让学生站在学习中央

课堂教学是实现"脚印"课程目标、培养学生核心素养的主阵地，也是教师发挥创造性和展示教育教学艺术的舞台。学校以学生为中心，大力推进教学

方式的改进，彻底摒弃满堂讲、满堂问的"填鸭式"教学，突出学生的课堂主体地位，把课堂的时间和空间真正还给学生，激发学生的学习热情，使自主探究、合作学习、大胆质疑成为课堂教学的常态。

"学为中心"就是实施方式的变革，让学生站在学习中央。项目式学习、游戏化学习、跨学科学习、小课题研究等成为学校课程实施的重要方式，鼓励学生在真实情境下解决真问题，用以致学，推行"学科素养+优势素养"模式。以数学为例，学校围绕数感、量感等十一个核心素养，设计四类八种数学游戏，并将其嵌入国家课程中，开发"思""辩"趣味数学课程等校本课程，帮助学生强化审辩思维，发展学生数学学科素养。

学校针对课堂中"学生参与度"做了一系列追踪研究，以游戏化课堂为例，可明显看到课堂的显著变化：学生操作机会增加，"做中学，玩中悟"成为游戏化课堂标志，在游戏化教学课例中，100%的课堂通过游戏给学生提供操作机会，学生参与度大幅提升。游戏化教学课堂关注学生在每个环节中的学习状况。从课堂观察数据来看，进行游戏化教学，学生参与意愿高（举手人数、次数多）；学生课堂表达欲望强、质量高；操作、交流、互动、合作的机会多；教师发言频次减少、时间缩短，教师不再牢牢掌握课堂话语权。

为实现学生素养发展，我们践行"像学科专家一样思考与实践"的学科实践方式。游戏化学习、项目式学习、跨学科主题学习成为东实学子探索世界、认识他人与自我的重要形式，以"学"为中心，以大观念、大问题、大任务与大项目等为路径，综合以往知识授予、探究学习等多样化的课程实施方式，让学习在实践中真实且深刻地发生。

五、改革课程评价

有人问泽克斯达姆斯，斯巴达人为何不把授励敕令记录在案让年轻人阅读，他回答说："因为他们要让年轻人习惯于行动，而不是说话。"[①]斯巴达人相信，行动胜于言语。

课程评价是课程改进、变革和创新的导向矢量和动力。坚持立德树人、问题导向、科学有效、统筹兼顾是新时代教育评价改革的发展方向。学校应时刻不忘"教育质量"这一核心，在大胆对教育教学各项工作进行探索与创新的同时，强调建立多元、科学的质量监测体系，保证课程改革得以有效、有序进行。

一是坚持问题导向。以健康课程为例，如何在学校办学空间不足的情况下

---

① 米歇尔·德·蒙田. 蒙田随笔全集［M］.潘丽珍，王论跃，丁步洲等，译.北京：译林出版社，2022.

保证学生体质达标率？我们引进第三方机构对全校学生进行体质达标检测，每学年一次，对体质达标检测不合格的学生实施体质达标课程。这样就形成了"围绕学生素养结构的达成—科学收集评价数据—精准分析评价数据—正确使用评价数据"的闭环。学校凭借评价结果为个体发展提供诊断性信息、方向性信息和激励性信息，促使学生全面而有个性地发展，为高质量课程体系建设保驾护航。

二是坚持全纳评价。为优化学校课程经营，减少课程实施落差，提升学校整体育人治理效率，在大胆对教育教学各项工作进行探索与创新的同时，我们构建了科学的质量监测体系，组建课程评价委员会，将校长、专家、学校管理团队、家长、行政、教师、学生等全纳入课程评价体系，对学校课程决策、开发、实施、评价等基本环节进行检视、评估和指导，周而复始地循环，最终实现学校课程的可持续发展。

三是探索多元评价。学校对学生学业水平进行监测，除了纸笔测试外，还增加了素养导向的测试项目。例如，数学科目增加了数学游戏测试和数学能力测试，将逻辑思维、空间观念等核心素养培养项目列入单项考试；语文科目增加了朗读测试、项目式学习等，以更开放、多元的形式引导学生关注中华传统文化的传承、语文基础素养的培养；科学科目则增加了科学实验操作、项目式学习等。这些测试直指学生核心素养的培养，极大地激发了学生学习的兴趣。

六、开发课程资源

由于每个学生的兴趣爱好、学习风格、学习需求等方面都存在着差异，尽管学校不断开发新的课程资源，但还是难以满足所有学生的个性化需求。因此，在课程建设中，学校需要采取一系列措施来满足学生的个性化需求。例如，加强对课程资源的分类和整合，鼓励教师和学生积极参与课程资源的开发和利用，加强与其他学校和机构的合作共享资源等。

一是以课程研究中心为核心，成立课程建设领导小组，加强对课程建设的领导，开放办学，并围绕学生的核心素养不断引进家长优质课程资源、社区优质课程资源和民间办学机构优质课程资源，以丰富学校课程体系，满足学生的多元需求，培养学生的核心素养。

二是通过集体备课等形式，不断迭代升级精品课件、优质课例、特色作业等课程资源，构建覆盖全部学科的教学精品资源库，实现课程的可持续发展。

三是健全资源分享制度，创建科组资源库。在日常的教学中注意积累素材，每个学期末整理一次，把所有的素材收集起来进行分类、归档。这个资源库的建立，为我们实现电子备课提供了极大的便利，也真正体现了团队的集体

力量。整理的资料包括教案、课件、历年计划、历年总结、历年试题、微课资料、学生特色作业、游戏测评方案、作业检查总结等。

"行是知之始,知是行之成。"学校以学生为圆心,不断扩大课程改革的半径,从而重塑课程理念,推动课程治理,再造学校课程,改进实施方式,改革课程评价,开发课程资源,以更好地为学生健康完整成长提供均衡的营养。课程治理,只是通往理想教育的途径与方法,成就人、发展人,基于立德树人根本任务的育人才是目的。

第二节　儿童友好,打造无边界教育环境

陶行知认为,一种生机勃勃、稳定和谐、健康向上的环境氛围,本身就具有广泛的教育功能。环境是非常重要的教育资源,不仅是儿童生长的物理空间、心理空间、精神空间,也是学校课程创新的来源、实施的载体。切实体现儿童逻辑思考、满足儿童实际需求、符合儿童审美观念、促进儿童综合发展的环境,将对儿童成长和学校教育产生深远影响。

校园环境、课程环境的创设,离不开儿童视角。在我看来,以儿童视角创设环境,就是要让儿童"发声",让儿童的个性和天性在环境中得以呈现。只有儿童以主人翁的姿态,成为参与者和创设者,使环境充满他们的设计、发出他们的声音、呈现他们的想法,环境才能真正发挥出"润物细无声"的育人作用,学校才能够真正落实以人为本、以学生为主体的教育。

一、做"小主人",以"童化"铺就文化底色

校园文化是一所学校的特色体现,它深深植根于学校的人文精神,彰显着学校的文化底蕴和价值追求。在东实,学校的文化建设是以"脚印"为核心和主线的,形成了独具特色的"脚印"文化。在学校办学精神的引领下,教师、学生、家长有着共同的价值取向和追求,即"勇于争先的人生信念,真诚相待的处世品格,健康良好的行为习惯,认真扎实的工作态度,不断进取的学习精神",这种价值追求也体现在校园环境设计上。

笔者认为,学校环境的美应是生动的、热烈的。在东实,一草一木、一砖一石都有着浓郁的文化气息。在寸土寸金的深圳,我们竭尽全力地优化办学条件——架空层摇身一变,一座舒适典雅的图书馆便出现在学生面前;教学楼顶层合理改造,足球训练基地破空而出;功能室大胆翻新,油画工作室、创客俱乐部、数学游戏室等一个个极具特色的学习空间应运而生……

一进入校门,第一眼便能看见一座红色的雕塑(图2-4),远看似一艘正扬帆起航的帆船。红色"帆板"上展翅飞翔的海鸥像是一本本打开的书,底座勾勒着一张世界地图,伴随着海鸥,小船正向着远方扬帆起航。这座雕塑诠释了学校"脚印丈量世界,阅读绽放未来"的校训。学校要求学生不仅要读万卷书,更要行万里路,做人、做事、求学都必须一步一个脚印,脚踏实地,同时还要求学生要有国际视野,能够放眼世界。

图2-4 红色雕塑

穿过红色雕塑,阳光照耀在一面以一排排翻开的书籍为设计主题的展示墙(图2-5)上,这里不断地更新着关于校园和学生重要时刻的照片。而隐含在这些照片里的,是学校锐意创新、敢为人先、一步步踏实走向品牌标杆学校的"脚印"。

图2-5 书籍展示墙图

从侧门进入,最显眼的就是办公区域下的图书馆。几年前这里原本是一大片架空层,如今已成为堪称福田区小学中规模最大的图书馆之一。进入校园内部,一面巨大的校徽墙展现在眼前。值得一提的是,这面校徽墙上贴满了一个个"小脚丫"贴纸,上面不仅贴着新生的入学照片,还写着学生自己的名字和对未来的小心愿。"小脚丫"们一步一个脚印往前走,践行着"脚印丈量世界,阅读绽放未来"的校训。

基于"脚印"文化和办学精神,学校在建设校园环境时坚持"让儿童站在中央"的思想,把创作的主动权交给儿童,让校园回归儿童本位。为此,校园环境中大部分设计是由师生共同完成的,他们只管脑洞大开,学校来进行呈现。在教师的鼓励下,学生们积极地参与学习空间设计,如空间命名、Logo设计、展厅规划、物品选购……学生们逐渐成为学习空间的"小主人",并乐此不疲。例如,图书馆里挂着学生设计的图书馆Logo;主题阅读区根据学生的需求,定期更换书籍;双层阅读区中,一个个硕大的靠垫,让学生以最舒服的姿态徜徉在书海;数学游戏室里,学生参与设计数学游戏,这份成就感使其对学习的兴趣加倍;在油画工作室,学生们的美术作品令人眼前一亮……在点滴构筑的"以生为本"的校园文化里,学生的舒适感、荣誉感、归属感、价值感得到最大满足,让环境呈现学生的想法和活动过程,使主体实现从"被动的教师"到"主动的儿童"的转变。

在学校和师生共同的精心打造下,一座高雅、有品位、富有书香气、颇受师生们喜爱的校园就这样建成了。环顾整个校园,学生们奇思妙想的创意作品挂满了每一个可利用的空间,被"有心"的设计动态呈现着。让学生成为校园绝对的"主角",这正是东实打造特色校园文化的出发点。

学校的显性校园文化和隐性校园文化都是学生成长的重要环境因素。东实的环境美不仅呈现在显性环境上,更蕴藏在校歌这一隐性文化课程之中。学校校歌《吾辈少年幸同窗》(图2-6)的歌词是以学校地域、文化为基础而编写的,其内涵与学校的办学理念、办学目标、办学精神高度契合。校歌的第一段便唱出了东实环境之美:"幽雅学舍,寂寂花香;明净教室,清澈目光。天籁如许,不若书声琅琅;国色可期,愿用知识梳妆。莘莘学子地,盈盈育人堂。"第二段表达了东实学子的求学立志之梦:"悠悠六载,济济一堂;师生共渡,情深意长。岁月如梭,应是努力少壮;时光易逝,不做嬉戏儿郎。学业共此时,未来俱荣光。"最后一段则是温馨暖人的寄语:"吾辈少年幸同窗,爱携互助共雨霜。荔满枝头飘香日,轩轩身影遍四方。"整首歌将简洁明快、寓意深远的歌词与轻快如诗般叮咛的曲调相结合,以齐唱的艺术形式展现出东实特有的校园文化风貌。

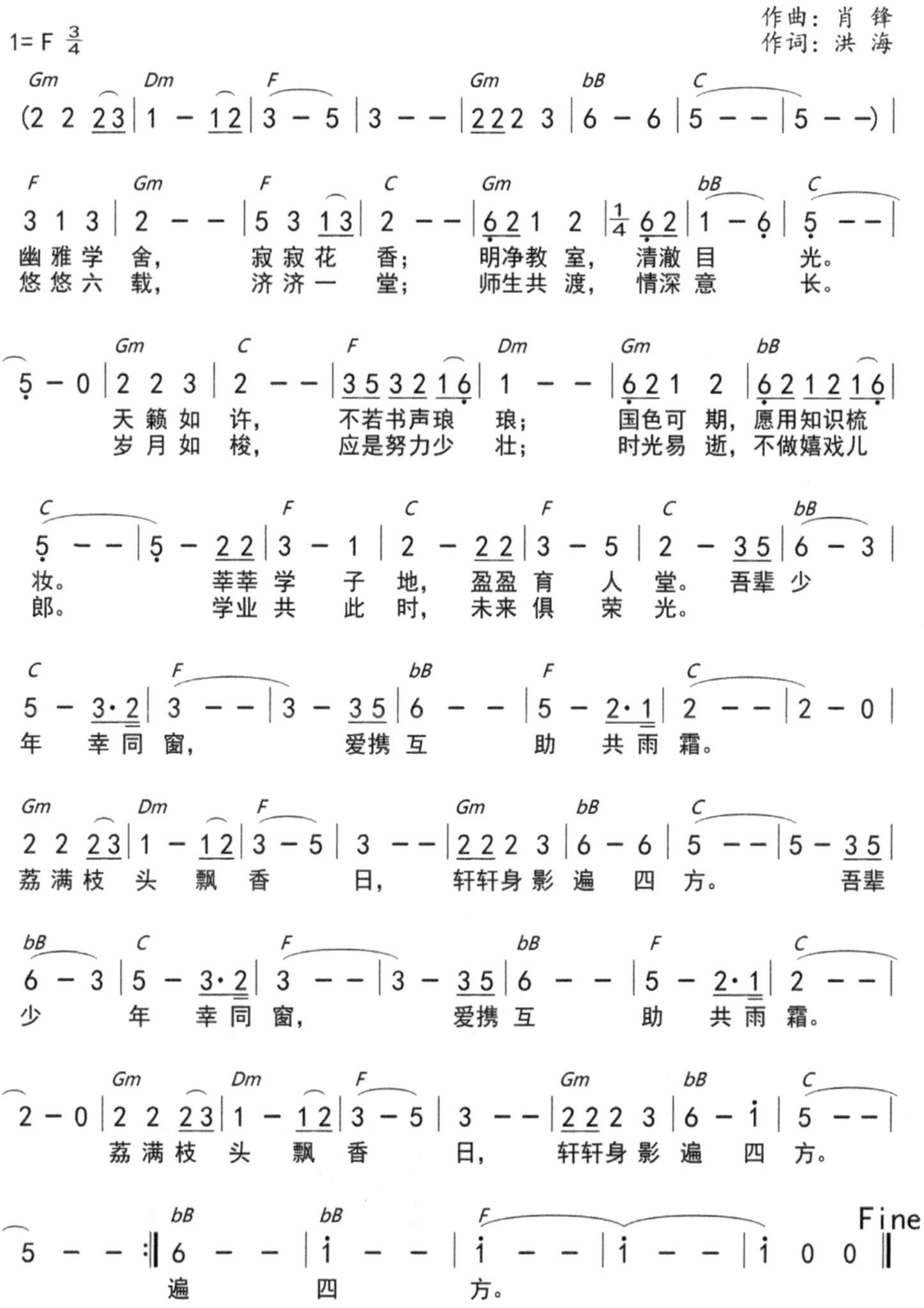

图 2-6　校歌《吾辈少年幸同窗》

二、以书为媒，打造一座"我们的"图书馆

图书馆是我们重点打造的拳头品牌。苏霍姆林斯基说："一个学校可以什么都没有，只要有了为教师和学生精神成长而提供的图书，那就是教育。"党的十八大以来，以习近平同志为核心的党中央高度重视全民阅读。2012年11月，党的十八大报告提出"开展全民阅读活动"。自2014年开始，"全民阅读"更是连续10次被写入政府工作报告。从2014—2016年"倡导全民阅读"，到2017年"大力推动全民阅读"，再到2022年"深化全民阅读活动"，从字面上的变化可以看出，"阅读"成为国民素质提升和经济社会可持续发展的重要推动力。在2023年全国教育工作会议上，教育部部长怀进鹏提出，"要把开展读书活动作为一件大事来抓，引导学生爱读书、读好书、善读书。"

早在2000年，深圳就已率先创立读书月，随后又在2003年率先确立"文化立市"战略。在麦肯锡发布的2016年中国城市可持续发展指数报告中，深圳位列全国第一。可以说，持久开展的全民阅读，为深圳的竞争能力、创新能力、可持续发展奠定了厚实的基石。东实坐落在深圳这座"以读书为荣""以读书为乐"的文化之城，自然而然地将阅读作为学校的重要教育方式，阅读区潜移默化地塑造着学校师生的精气神。我们始终认为，一个没有阅读的学校无法拥有真正的教育。

著名作家博尔赫斯曾说："如果这个世界上真的有天堂，天堂应该是图书馆的模样。"在深圳这座有着"全球全民阅读典范城市""图书馆之城"称号的城市，图书馆的美也绽放在校园里。对于学校而言，图书馆宛如一座璀璨的精神文化殿堂，它是校园文化繁荣的摇篮，也是学子们深入探索知识、践行阅读的宝贵场所。

在东实，图书馆是最受师生欢迎的地方之一。它有一个很可爱的名字，叫"小脚印阅读中心"（图2-7）。全校师生在此处享受读书的乐趣，从阅读中获得力量、汲取智慧。学校以"小脚印阅读中心"为依托，将阅读植入办学基因，让学生爱上阅读。从2018年4月建成至今，经过几年的建设发展，"小脚印阅读中心"于2021年被评为深圳市十大最美图书馆之一，2022年荣获广东省中小学"最美阅读空间"称号。在2023年全国青少年学生读书行动优秀案例和"书香校园"遴选活动中，东实被教育部评为"全国书香校园"，也是深圳市唯一获此殊荣的学校。如今，"小脚印阅读中心"真正做到了"让世界成为东实学子的图书馆"。除了打造校园图书馆外，学校还充分利用教室的空间，督促各个班自行建设图书角，打造小型的"班级图书馆"，形成"一班一世界，

室室皆美景"的教室风景线。

图2-7 小脚印阅读中心

（一）最美图书馆——小脚印阅读中心

在改造原有的校园图书馆前，学校调查了学生不愿意去图书馆的原因，结果显示大多数学生认为图书馆过于陈旧，图书数量少且更新慢。久而久之，学生就都不愿意去图书馆了。要提升图书馆使用率，最好的办法就是增强图书馆的吸引力，从儿童视角出发，以儿童的需求为根本，为学生提供符合需求的图书，让图书馆成为学生最喜欢去的地方，让他们只要有时间就想待在图书馆里阅读。

1. 环境舒适，藏书量高

2017年，学校根据学生心目中理想的图书馆的样子着手进行设计，建设新的图书馆。待图书馆装修完毕，学校又请学生为图书馆挑选软饰，为图书馆里的小脚丫文学社设计Logo。图书馆的命名充分尊重学生意见，学生们根据校训"脚印丈量世界，阅读绽放未来"，提出将图书馆命名为"小脚印图书馆"的想法。学校依据学生的想法，经综合考量后，最后定下一个很可爱的名字——"小脚印阅读中心"。"小脚印"代表的就是东实学子，因此，这座图书馆就是"小脚印"们自己的图书馆。

"小脚印阅读中心"于2018年4月建成，位于学校行政大楼海悦楼一楼（旧图书馆在二楼），占地350多平方米。图书馆新址选在最接近学生的地方，

如此一来,学生可以利用课间10分钟或放学后的时间去看一会儿书,充分利用闲暇时间。"小脚印阅读中心"是一座集大众化、研究型为一体的大型学校图书馆,其设计充分体现了"时尚、温馨、精致"的理念,环境整洁舒适,功能区域划分细致、合理,将以美育人、以美启智落实到无形中,是师生徜徉书海、汲取知识的好去处。

图书馆十分重视读者的阅读体验,设施完备:为便于查找,设有明显、准确的图书阅览指引;为节约时间,引进借书扫码机等先进设施;为了让读者舒适阅读,馆内重视环境的美化、绿化,具备良好的通风、换气、采光、照明、防火等条件,共设有6台中央空调,保证室内温度不高于26℃,并定时开窗通风,保证馆内空气流通。

"小脚印阅读中心"不仅有专属的图书管理员及家长义工,还有"红领巾小主人"。学生成为图书馆管理的主人后,体验到图书馆管理的不容易,责任感便会油然而生,从而主动学习并遵守图书馆的各种规章制度。在这里,学生能享受到惬意的自由,只要不违反规章制度里的硬性规定,学生可以在馆内进行自由活动,如睡觉、写作业、躺、坐、趴……不会有人去打扰、说教,学生们有积极的自由也有消极的自由,在这里能感到放松与自在。

"小脚印阅读中心"内部划分了3个既相对独立又相互补充的功能区,分别是会议区、阅读区、教师书吧。师生既能在此静读,也能交流自身阅读体验。第一个功能区是会议区(图2-8),该区域设备先进,环境舒适,设有液晶显示屏,并排摆着浅色的松木桌子和凳子,靠墙一边是舒适柔软的椅子,另一边则是摆满书籍的落地书架。此功能区承担了教师培训、学生主题阅读活动的重任,如青年教师读书会、教师培训、小脚丫文学社活动、科普读物推荐赛、班级主题阅读等都在此举办。第二个功能区是阅读区(图2-9),该区域两侧、中间摆满了琳琅满目的图书。这个区域的书架不高,视野开阔,适合学生拿取书籍且书架颜色以浅色为主,分布着许多颜色鲜艳、触感柔软的靠垫和布偶,学生在阅读时可随意倚靠,寻找到自己最舒服的阅读姿势,让阅读惬意起来。第三个功能区是教师书吧(图2-10),该区域位于阅读区上方的阁楼,不仅有厚重典雅的书法砚台、古典质朴的留声机,还有舒适柔软的沙发,更有成百上千本图书,供教师放松、休闲、学习、研讨。

该图书馆藏书丰富,总藏书量超4万册,位居深圳市同类学校图书馆前列。馆内书籍种类齐全,比例合理,依据《中国图书馆分类法》将图书馆藏书划分为26类(图2-11)。其中,文学类图书占总藏书量的比例已超40%,其他种类的藏书分布比较均匀,主要集中分布在"文化、科学、教育""语言、文字""历史、地理""自然科学总论"以及"综合性图书"中,可满足师生的

图2-8 "小脚印阅读中心"会议区

图2-9 "小脚印阅读中心"阅读区

图2-10 "小脚印阅读中心"教师书吧

多元化阅读需求，充分发挥教育文化功能和社区文化功能。

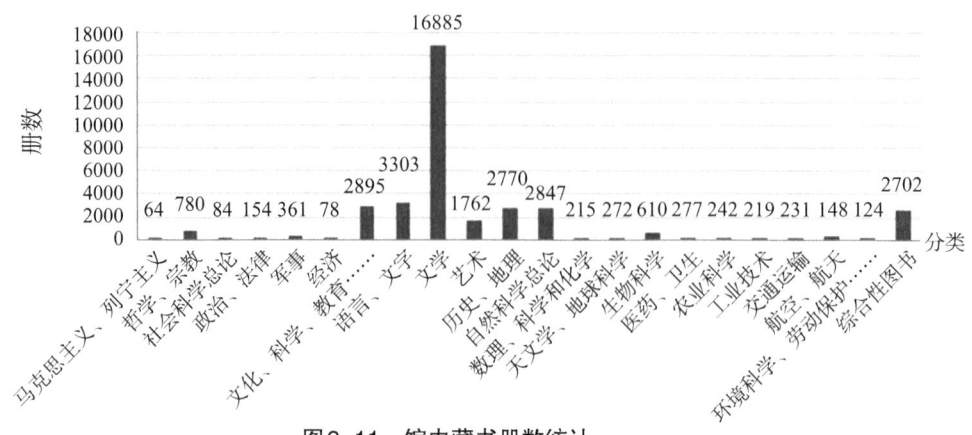

图2-11　馆内藏书册数统计

学校每年都会拨出一笔专项经费用于采购新书，定期更新书籍。部分书籍的挑选充分听取了学生们的意见，同时，教师还会带着部分学生去书城采购，让学生挑选自己喜欢的、适合自己阅读的书。"小脚印阅读中心"还得到了福田区图书馆的大力支持，成为福田区图书馆的校园分馆，并定期与福田区图书馆交流文质兼美的图书、开展阅读推广系列活动等。自"小脚印阅读中心"建成以来，师生借阅图书总数量逐年增加。根据统计，仅在2024年6月，图书馆总借阅数量达6130本，人均借阅3.1本书。

2. 课程活动，精彩纷呈

"小脚印阅读中心"还有一个专门作为展示的空间，学校将各种活动开展在该展示空间，给学生们打造一个专属的展示自我的平台。对于这一平台的创建，学校教师发展中心主任阅读课程负责人陶红松认为："阅读好书、交流分享，每一位同学都有机会成为讲堂上那颗耀眼的星星。在收获认可和表扬的同时，也让大家心中那颗爱阅读的种子萌芽、成长。"

依托图书馆，学校开设了活动型、研究型、实践型和创作型课程，激发学生的阅读动力。例如，创作型课程为学生提供"作文英雄争霸赛"、小脚丫文学社、《小脚印》校刊等平台，鼓励每位学生成为"小作家"，出版个人童书。

此外，以学生为创作主体，学校升级校本教材《我爱诵读》，每一首古诗词都配有一篇学生创编的古诗故事。每年10月是东实的"校园读书月"，这个月里学校会开展丰富的阅读活动，包括好书推荐巡讲、东实小讲坛、东实朗读者、诗词大会、故事大王等10余项活动。活动时间持续整整一个月，学生参与度为100%。

(二)最美教室——教室图书角

学校注重每一处空间的育人价值,秉承"脚印丈量世界,阅读绽放未来"的校训,致力于把每一间教室变成图书室的样子,让学生可以随时随地享受阅读。每个班充满书香韵味的小小图书角(图2-12),或简约大方,或装饰可爱,都散发着温暖与爱意。休息时间常常能看到学生们或在教室里,或在走廊上安静阅读。

图2-12 班级图书角

在班级文化环境创设中,一些教师由于嫌麻烦、觉得浪费时间,常常从自己的想法出发,搜集和展示具有"儿童元素"的材料,在装饰上堆砌"儿童素材",却没有得到很好的装饰效果,班级学生也对这些设计不感兴趣。因为这样的做法忽视了学生的想法和兴趣,在实际上也剥夺了学生选择的权利。学生是班级的主体,班级文化环境的创设应以学生为视角,要让他们不再是已有环境的享用者和体验者,让班级文化环境真正地服务于学生。当学生参与班级文化环境的创设,也就自然而然地进行着课程实践。在制作过程中,学生或许会遇到各种各样的困难,但他们想方设法地解决问题的过程,便是他们成长的过程。这一过程也有助于激发他们的潜能,从而发现一个个独特的、完整的、全新的自己。

在东实不同年级的教室里,卫生角、中队角、图书角、班务栏、信息栏、姓名墙等角落,目之所及,皆是学子的智慧与才华、班主任的独具匠心、家委们倾情配合的硕果。通过班级文化环境创设,学生、教师、家长同心合力,让每个学生都有了展示风采的平台,每个角落都折射出"班级家文化"的光芒,

呈现出富有生趣、生机勃勃的班级环境。

以书为媒，东实打造了属于"我们"的图书馆，属于每个班级的独特的"图书馆"。什么是教育？北京大学中文系资深教授钱理群先生在《教育改良从读书做起》一文中谈道："就是爱读书的校长和爱读书的老师，带领着学生一起读书。"在东实，无论是领导层还是教师，每一位教职工都以读书作为指引，带领学生遨游在书香的海洋。在图书馆开馆仪式上，笔者曾对学生们说道："小学生一定要交两个好朋友，一个是运动场，一个是图书馆。通过阅读，孩子们可以找到人类最优秀的老师，找到人生最幸福的源泉。"殷切的话语浸润着学生们的心田，也表达了学校以阅读作为教育中心的理念。

"小脚印阅读中心"的建设与发展，改变了东实学子的校园生活。正如2022届毕业生黄诗涵同学所说："走进阅读中心，温馨且书香弥漫，有随处可坐的软垫，有随手可取的各种图书，就像自己的家一样舒适方便。那柔和的阳光透过干净明亮的落地窗，洒了一地金光，照亮了一室书香。我和同学们都很爱阅读，觉得读书对我们来说非常重要，就如大作家雨果所说：'各种蠢事在每天阅读好书的影响下，仿佛烤在火上一样，渐渐地融化。'瞧，同学们三三两两，捧着书本读得津津有味、专心致志。有的托着腮，在静静思考；有的看到有趣的情节，嘴角上扬，露出淡淡的微笑；有的也许在同情可怜的主人公吧，满脸写着忧愁……宽敞的图书馆里，一片安静，只有'唰唰唰'的翻书声……我想，徐校长看到这样的情景，一定感到很欣慰，又会笑着说'读书的样子最美，爱读书的孩子最帅最美！'"

2022年，学校学子在经典诗词进校园、广东省暑期读一本好书、全国鲲鹏科幻文学创作大赛等多项活动中获得了区级、市级、省级乃至国家级的各类奖项。其中，学子林蔓殷的长篇科幻小说《守望未来》获得"鲲鹏"全国青少年科幻文学大赛优秀奖，进入前12名行列。学子家长感慨道："没有陶红松老师，我的孩子不可能成为写作达人。"这样的真情流露，正是对陶红松老师的一份恳切谢意。在学校"脚印"文化的引领下，陶红松老师努力让学子们踏入文学创作之路的"脚印"踩得更深、更实。

每一位优秀学子的成长都离不开教师在某些关键时刻的重要"点拨"，在东实，一个又一个如"林蔓殷"般的星星冉冉升起，在文学之路上踏出坚实的脚印，写作水平日益精进。不仅是一个林蔓殷，在陶红松老师的班级还有好多孩子正在积蓄力量，纷纷编写属于自己的个人童书。作为学校阅读课程负责人，陶红松老师在全校发起"东实小作家"这一项目，发动所有班级都加入到这个项目中，鼓励学生个人写书。笔者对这一举措大力支持，表示对于优秀的作品，学校予以资助印书。于是，令人惊喜的一幕发生了！2023年，学校首届小作家作品发布会上，共发布了23本书，其中包括3本主题板书，6本学生主创的校本教材，14本个人童书；2024年，"第二届东实小作家"继续开展，又有13本个人童书，6本（共18个故事）甲辰龙年绘本，2本跨学科绘本问世。这些作品均已"印制成书"，得到了东实最好的珍藏与留存。

三、打破边界，让学习随时发生

课程环境的建设，并不单纯指校园环境。学校的校训是"脚印丈量世界，阅读绽放未来"，其中已蕴含打破学校边界，让世界成为东实学子的学堂，让学习随处可以发生的思想。随着课程体系构建研究的深入，以课程为触手链接世界、链接生活的想法越来越明晰，笔者和学校教师团队一直在不停地思考如何更好地使用社区公园、周边体育场馆、艺术馆、科学馆、音乐厅等，让它们成为学校课程资源的一部分，让课程环境建设愈加多元、立体。

以我们的体育学科为例，与"让世界成为东实学子的图书馆"并行的是，学校坚持着"让世界成为东实学子的运动场"的体育教育理念。为此，学校开展了一系列丰富多彩的校本体育课程和拓展型体育锻炼课程，呈现出体育教学兴趣化、多样化、特色化的特点，让学生从小享受体育运动的快乐，培养体育运动竞技的精神。

《关于深化体教融合　促进青少年健康发展的实施意见》中提出了"中小学每天上午安排不少于30分钟的大课间体育活动"的要求，鼓励中小学每天开设一节体育课，当天没有体育课的，下午安排不少于40分钟的课外体育锻炼。这就要求学校要给学生足够的场地和时间进行体育锻炼。由于学校位于深圳寸土寸金的地段，体育教学场地不足的难题横亘在学校面前。然而，校园场地小的现实限制，并不能成为阻碍体育锻炼课程落实的理由。突破场地界限，不仅是为了体育课和训练，也是为了日常锻炼。为了解决当下的困境，让学生拥有更广阔的体育课程环境，学校决定启用校外运动场馆——"借鸡下蛋"。

学校的操场只能容纳一半的学生完成每天的跑操运动，那另外一半的学生怎么办呢？笔者考察了学校周边，和团队经历无数次头脑风暴后，制订了"人行道跑操计划"。校园围墙外的人行道上，每当早操音乐响起，学校师生、家长迎着朝阳奔跑，一圈又一圈，1600米的长度，每个人都跑出了精气神。这番景象成了一道校园围墙外独特的"风景线"。

这是"借"来的场地，在"自己"的场地里，学校也"地尽其用"。以学校天台为例，经专家和专业团队的考察与改造后，摇身一变成为足球基地，深受学生们的喜爱，类似的还有架空层改造、前后操场改造等。通过一个个改造项目，学校的各个场地都被赋予了运动功能，随时都可以成为运动区域，让学生们能适时开展喜爱的运动。

通过打破边界的方式，学校正在践行着"让世界成为东实学子的运动场"

的理想。校园内，学子们正在一个个经过改造的"运动场"上开展各类运动；校外，在生态环境宜人的香蜜公园里，可以看到学子们正在恣意奔跑、锻炼（图2-13）。在"借"来的训练场上，可以看到学子们在尽情挥洒汗水；在洒满暖阳的人行道上，可以看到学子们迎着阳光奔跑。向社区借香蜜公园，向周边的兄弟学校借用场地，与校外的击剑馆、足球场、游泳馆等专业场馆合作……不困于场地，不限于边界，充分调动周边一切可以利用的社会资源，学校的体育课程注入了新的活力，并逐渐拓展出越来越多学生感兴趣的、热爱的体育活动。

图2-13　在香蜜公园上体育课的学生

在东实，师生都能拥有属于自己张扬个性的空间。在这里，学习与创造同行，课堂与实践同行，每个师生都在主动、健康、和谐地发展。

第三节　"头雁"引领，烧旺团队心中的"火炉"

一只蚂蚁，没什么脑子，没有计划，但如果是很多蚂蚁聚集在一起，成了一个整体，它们就变得相当聪明了。一个蚁群可以组成一个复杂的结构，它们分工协作，各司其职。正如美国心理学者、涌现理论主要奠基人约翰·霍兰德所指出的，生活中，能遇到很多复杂适应系统的涌现现象，如蚂蚁社群、神经网络、免疫系统、互联网乃至世界经济等。在《涌现：从混沌到有序》一书中，他认为："但凡一个过程的整体的行为远比构成它的部分复杂，皆可称为'涌现'。"

一所深刻变革和成功转型的学校，往往是一个师生不断涌现的生态系统。真正的创新一定是涌现出来的，在立体饱满的学校生态细微处，自然显现着学校的高度。如何才能达到涌现的状态？涌现不是简单叠加，而是需要用一种机制来统领个体、重塑个体，从而让他们成为另一个"整体"，展现出全新的姿态。

一、"旺火炉"文化打造"涌现"生态

对于学校的教师团队建设，笔者时常说我们要创建"旺火炉"文化。所谓"旺火炉"是思想"沸腾"、创意"涌现"的教职工生态。教师的梦想与情怀被点燃，就会变成一束火苗，发出属于自己的光芒，团队建设将这些火苗凝聚到一起，使学校变成一盆熊熊燃烧的炉火。在这样一盆旺盛的炉火中，哪怕教师只是一块冰冷的煤块，也会被燃烧的同伴感染，随之燃烧起来，发出一样璀璨的火花。

管理团队冲锋在前，带头听课，带头参加教研，带头做课题，带头上公开课等，时时处处做教师们的表率；各学科名师辐射引领，教学教研勇攀高峰，带动整体师资水平的提升……在这样的生态系统中，所有教职员工就像火炉中的一个个煤块，不断地发光发热，让东实这盆炉火越烧越旺。

（一）基于文化基因的领导力

新时代下教师面临新问题与新挑战。比如，一些教师有经验，但缺乏意愿；一些教师有行动，但缺乏指导；一些教师有问题，但缺乏课题。尤其是青年教师，在这个快速变化、充满挑战的时代面临着很大的压力，倦怠感、无力感、无成就感成为他们的心灵迷障，容易使他们陷入无意义的精神困境。这样不仅影响了青年教师的教学热情和职业发展，还可能对他们的心理健康产生负面影响。

一位教师要成长为一位富有创见的教育者，需要非常大的自我突破，也需要被支持、被鼓励、被包容、被接纳。作为学校管理者，我们应该要让教师拥有安全感、幸福感和归属感，帮助他们实现自我的成就、成为更好的自己。"让每一个教师过有尊严的教学教研生活"，这是我校一直所追求的目标。

而安全感、幸福感和归属感的来源，是放权、赋能和视导。这是东实管理文化基因的三个关键词，也是名师"涌现"背后更深层的内核。

1. 放权：给足自由生长的空间

笔者认为，教师在学校里要退后一步，给予学生更大的空间，鼓励他们自下而上地自我成长；校长要退后一步，给予教师更大的空间，鼓励他们自下而

上地自我创新。学校给教师赋能，教师才能给学生赋能；学校把教师变成更好的教师，学校才能成为更好的学校。因此，在"旺火炉"文化中，学校管理层能够进退有度，教师才会有更多的自主创新之力。管理者给予教师足够的生长空间、给出足够的支持与服务，才是引领和赋能的关键。赋能的前提是，不要害怕"放手"。

"在这里工作，我忙碌而充实，很有成就感。"青年教师孙廷帅说道。他是一名来自北京师范大学的硕士研究生，在学校的支持下，入职不久便拥有了自己的油画工作室。同批加盟的华南师范大学研究生马宗兵则拥有了一间全新的创客实验室，羡煞了不少同届毕业生。学校现有5个美术工作室、6个音乐社团、8个体育社团、4个俱乐部（项目式学习、STEAM、创客、游戏教学），教师可以自由组合，形成一个个学习共同体，围绕课程建设与实施过程中遇到的实际问题展开研究。

2. 赋能：提供支撑的成长系统

在笔者看来，职业倦怠是一个伪命题，要相信，每一位教师都渴望得到认可。当教师感觉能力不足、缺乏信心，久而久之，他的双眼就会失去光芒，精神就会倦怠。学校需要为教师的专业成长提供强大的支持系统，给教师提供一根"拐杖"，帮助教师重拾信心，促进他们的持续成长和进步。在"旺火炉"文化之下，保持教师的职业热情，从"我"到"我们"的转变至关重要。一方面，我作为领头人，首先要做好带头"跑"的责任，如每天在学校巡查，只要有空就随机进入某位教师的课堂听课，给予教师支持，让教师感到支撑和温暖的力量。另一方面，通过薄弱班级调研、后期评课指导前置、公开课激励、师徒制度等多种途径，让每一位教师都能"跳一跳，够得着"。同伴的鼓励、指导、支持和互助，让每一位教师都有勇气面对新挑战、新问题，拥有积极学习和解决问题的能力。开放、包容、协作的团队氛围能够促进教师之间的和谐共处，提高教师群体的工作激情，焕发工作活力，使教师们持续地在教育工作中取得更大的成就。

3. 视导：以分级项目明确方向

在东实，每位教师都是课程开发者和课题研究员，同时也是项目设计者。一是卷入式——承担微项目。每位教师都可以根据自身的专业和兴趣，设计、指导学生做小项目，进行"做中学"的初体验。二是沉浸式——参与大项目，新手教师在"学中做"。学校结合培训项目让教师参与校级、年级大项目，比如学校每年举行的国际文化节，从策划到布展、实施、汇报都非常考验教师的能力。笔者和学校管理层从原则点把关、关键处赋能、细节处视导，促使教师在此过程中快速成长。三是探究式——牵头精品项目，骨干迭代创新。学校鼓励骨干教师自主开发经典项目，如语文学科陶红松老师的"东实小作家"项目，打通了学科边界，带领学生学以致用、对接生活。四是自主式——管理大项目，专家教师引领成长。学校通过四个层级的项目，让新教师、青年教师、骨干教师、名教师都进入各个项目活动中，在"做中学""学中做"，既扎牢了功底，又提升了能力。笔者在此过程中，通过有的放权、有效赋能、有度视导，实现了督之有方、导之有效。

（二）生态助燃的管理团队

学校管理团队对学校发展至关重要，东实致力于打造一支高素养、有情怀、能战斗、善合作的管理团队。

1. 三种组织形态

新型的优秀管理团队有三种形态：从学习型组织到共生型组织，再到生态型组织。

学习型组织：除了赋能引领之外，将教师推到台前。比如，学校的创客项目"和机器人玩耍"，亮点频出，深受学生喜爱，也取得不错的成果。学校管理层便将该项目作为学校的品牌特色之一，在区教育教研活动中向区内学校分享，并申报教育成果。

共生型组织：以"共生"的思路融合资源、推动合作、共创"涌现"。学校积极为教师提供资源"搭台子"，如各种工作室、工作坊等，学校都予以充分的资源支持，并通过各种渠道，建立学习成长共同体。

随着共创如滚雪球般地成为日复一日的行动习惯，生态型组织也就随之诞生了。在生态型组织系统里，无论个体还是组织，都具有自我生长和自我修复的能力。

2. 三个特点

一是从培训到培养。一般学校培训教师的渠道，不外乎是加强培训学习、注重引领指导、搭建工作平台等方式，而东实从培训到培养与一般的培养方式的区别在于目标、方式和评估。比如，对于新入职的教师，学校会量身定制一个成长目标、一份成长规划方案和评估标准。每位青年教师都要制订五年个人专业成长规划，同时教师成长中心启动青年教师成长诊断活动，做到全员全程培养。

二是从目标到指标。指标具有针对性，对名师、骨干教师、青年教师的培养都有着不同的明确指标，在名额、标准上科学制定，精确、细化到每一个环节。比如作业设计，在学校的高要求之下，教师迸发出无限创意。在设计2024年的数学寒假特色作业时，教师以"嗨，我的中国年"为主题，要求各

年级进行分级设计。学生可以用数学的眼光看、用数学的思维想、用数学的语言说,又或是在行走中找寻着数学的足迹,在探索中发展着数学核心素养。

三是从发现到涌现。这是一个从被动到主动的变化,从发现名师到名师的自然涌现,是生态型组织创建下的自然成果。

总而言之,学校管理应摒弃表面功夫,重视一线问题的真实解决,追求系统的深层次效能,关注微观现场的个体反应,以高效能管理策略全面赋能教师。只有破解教育工作者"忙、盲、茫"的困局,才能实现高质量、高效能的教育教学。

"不积跬步,无以至千里""勇于争先的人生信念、真诚相待的处世品格、认真扎实的工作态度、不断进取的学习精神"已成为我校全体教师的工作共识,一支实力雄厚的研究型教师队伍正蓬勃发展,从一支学习型、共生型的团队向生态型组织转变。

二、名师引领形成"雁阵"效应

东实以"雁行理念"构建教育自由生长的生态系统。作为校长,笔者是学校发展、师生成长过程中的精神领袖,因此始终注重发挥"头雁"的引领作用;名师作为学校建设发展最重要的人力资源,也充分发挥着在教学、课程、教研、科研等方面的引领作用,由此促成"百家争鸣、百花齐放"的多元、多维、多彩的"雁阵",并以打造优秀的"雁行教师团队",推动学习型组织的建设,形成别样的学习文化。学校通过突出微团队、学科组、学术团体、教师工作室等学习共同体的成长模式,推动教师协同创新中心、"名师讲堂"、学术论坛等建设,为教师营造脱颖而出的环境,实现"头雁引领,人人卓越"的教师队伍发展目标。

(一)全员化

"要想学生学好,必须先生好学。惟有学而不厌的先生,才能教出学而不厌的学生。"陶行知在《如何引导学生努力求学——给正之先生的信》中说道。教师通过自身的学习态度和习惯影响学生的学习动力和兴趣,只有不断学习、进取的教师,才能培养出同样具有持续学习欲望和学习能力的学生。

1. 大力实施名师建设工程

一是以工作室、工作坊等形式搭建平台。学校现有"陶红松未来教育专家工作室""麦惠梅未来教育名师工作室""谭春兰未来教育名师工作室""周燕未来教育名师工作室""王文娟道法名师工作室"共5个区级名师工作室和区"石鑫未来教育名班主任工作室"。学校以名师为引领,充分发挥工作室的辐射和带动作用，带动青年教师发展。同时，学校成立了刘平石、潘登、孙廷师老师主持的油画特色教学工作室以及罗珏老师主持的创美课堂工作坊、刘琴琴老师主持的儿童插画工作坊，并给予一定的财力和物力支持，以带动学校美术学科的进一步提升。

二是开放名师课堂，推行名师教学全天候开放挂牌活动。学校第一批教学全天候开放挂牌教师拟定为语文学科刘学金老师、黄剑锋老师、陶红松老师，英语学科麦惠梅老师，数学学科谭春兰老师。同时，成立数学游戏化教学俱乐部、PBL俱乐部、STEAM俱乐部、创客俱乐部，常态化开放探索功能室，发挥名师辐射作用，带动教师团队整体提升。

三是通过名师研课、教学改革名师沙龙和名师带徒等多种方式，聚焦教学技能、课程领导力和科研能力等专题，鼓励和支持名师凝练教学风格和著书立说活动，形成独特的教学风格和系统化的研究成果。

2. 开展骨干教师提升计划

一是通过教与学方式变革共同体、校级工作室、学术俱乐部和专家引领项目等工作机制，鼓励和支持骨干教师成长，培养一批课程领导力强的领军人才。

二是通过跟岗锻炼、跟班研修和高端培训等专项活动，鼓励和支持骨干教师攻读教育硕士、教育博士，加快推动研究型精英教师团队的成长。如"AI伴我成长"专题培训，从"为什么""是什么""怎么做"三个维度分享AI技术的前沿动态，演示了常用AI工具的操作范式；结合布鲁姆分类理论，阐述了人工智能时代的教与学应如何适应未来，高阶思维的培养是学生驾驭人工智能的关键突破口。这些AI培训或讲座也许并不能彻底改变现有的教育模式，但技术的生命力在每一个使用者的手中，哪怕只点燃了一簇思维的创新焰火，也能撬动东实教师开启教育变革的新机遇。

3. 构建青年教师成长课程

一是针对新入职的青年教师建立制度化成长基础目标，设计聚焦教学技能、班级管理和文化建设的成长项目。每一位新入职的青年教师均应制订一份五年个人专业成长规划，从班级管理、继续教育、课题研究、教学技能、论文撰写等方面设定成长目标，引领自己更快更好地成长。同时，启动青年教师成长诊断活动。

数学学科组组长李岚岚调入东实时，还是个懵懂的"小白"，现如今，她已经是福田区"大先生"培养计划、"远航工程"示范型骨干教师。为什么李岚岚能够在这么短的时间内迅速成长，完成从"萌新"到"骨干"的跃变？这是因为东实为教师的专业成长提供了强大的支持系统。针对青年教师的成长，我们有一套系统化、科学化、精细化的机制和体系，会根据青年教师的综合素养、个人潜能匹配相应的工作任务，在引导青年教师高质量胜任岗位工作的同时，把教师个人的长远生涯规划和学校的长远发展目标有机结合到一起，实现两者的"殊途同归"。例如，"双减"背景下如何高效开展数学教育，这是近年来教育工作者面对的全新课题。我校鼓励青年教师们在此时代背景下大胆去做。李岚岚积极推动课程创新，针对小学低年段数学学习特点，开发了"思""辩"趣味数学课程，并取得了良好的教学效果。后来，她又和数学学科组的同事们一起，梳理了东实数学作业系统，初步探索出一些案例和成果……短短数年间，李岚岚实现了个人职业生涯的迅速成长。这正是学校的培养机制在发挥作用，促使着一批批优秀青年教师在东实迎来个人教学教研能力和个人职业生涯的"双重蜕变"。

二是推进师徒结对，推广"青蓝工程"。我校组织教龄在五年左右的新教师扎实开展师徒结对活动，通过"给任务、压担子、送拐杖"等方式建立青年教师成长支持体系，促使他们尽快成长为学校发展的中坚力量。首先，对青年骨干教师或初任教师进行"传、帮、带"工作。其次，支持这些教师参与专业学习、培训、交流，促进他们和其他地区或学校的教师进行教学经验的交流与合作。最后，师徒间经常互相听课、评课，增加沟通交流，分享教育教学经验。通过这一系列的"传、帮、带"活动，青年教师教学水平得到长足的进步，也达到了教学相长、共同进步的目的。

三是开展青年教师读书活动。学校成立东海实验小学青年教师读书会，使读书会真正成为青年教师之家。读书会两周一次，活动主题系列化，分别为基本功培训和前沿书籍读书分享，旨在全面提升教师朗诵、书写、信息技术运用等能力，促进教师了解并应用前沿教学理论，形成互助、分享、共进的同辈文化。

四是开展赛课、教学基本功比武等多种活动。学校上半年组织赛课，下半年组织基本功大赛，包括论文、微视频等，秉承"赛什么就培训什么"的原则开展培训。培训内容一定是最接近教师面对的真实问题，能够对教师起到引导作用，协助他们开拓思路、提升境界。每个学期，学校会定期或不定期举办不同论坛、学术周、TED演讲等活动，督促教师进行自我回顾反思的同时，也将他们推向台前进行自我展示，以提升教师的综合素养。

此外，学校还成立硕博学术联盟，充分发挥高素质优秀硕士博士的效能，探索青年教师成长新路径。

（二）常态化

朱永新在《什么是真正的教育？》中写道："生命之花的绽放是绚丽的，生命之果的采摘是幸福的。但是，从种子之破土，它所穿越的一个个日夜、一个个四季，都是寂寞的，需要我们用忠诚、用信念、用爱去承受和担当。如果没有对教育的深刻理解和感悟，没有对教育艺术和教育智慧的深厚累积，我们如何可能把一个个幼小的生命，带到成功乃至卓越？"东实坚信，要"功在日常"，把常态化的教学教研做到极致。

1. 强化教师教育科研

一是完善教科研课题管理制度。从申报立项、开题研究、结题鉴定和成果应用等全过程的系列化制度，逐步提升课题立项的数量和级别。

二是实施教科研项目轮值制。基于"脚印"课程体系建设总课题，设立若干教师小课题和课程项目，实施教科研项目轮值制，确定项目负责人，精心筹备教科研例会，定主题、定形式、定人员、定时间、定地点，聚焦普遍性问题开展经验分享会，使教育科研工作规范、有序、高质量推进。

三是强化常规教研与课题研究结合。将学校常规教研活动与课题小组研究结合，每学期至少开展一次组内研讨课，每学年至少开展一次校内开放课。积极组织常规教研科研活动和集体备课活动，每个科组都要有自己的研究课题，确保每两个星期开展一次研究活动；每个科组要强化科研意识，积极开展学科小课题研究；每个科组要基于学科、课堂、班级管理中遇到的实际问题，制订切实可行的研究计划，扎实有效地开展探索和研究，提升自己的专业素养和育人能力。科组组长每次活动前要精心筹备，做到定主题、定形式、定人员、定时间、定地点。每个研究主题之间要有逻辑递进关系，避免活动流于形式，没有切实的效果。

2. 构建全方位教师发展体系

一是拓宽教师视野、提高其理论水平。不定期组织教师外出参加研修活动和名家科研讲座，引导教师了解学科教学前沿，提升教育理论水平。

二是搭建学术交流与展示平台。每学年开展一次教师学术论坛，为某个领域取得优异成绩的教师分享成功经验搭建平台，邀请专家学者进行专业点评、家长及社区代表与会欣赏。

三是多渠道宣传教师典型及教学成果。开设"每周一名师"栏目，通过橱窗、电子屏、校刊等方式宣传名师代表，激发教师荣誉感；在校刊《小脚印》中开设"东实名师"栏目，每期宣传1名青年教师或骨干教师。

在"雁阵"行列中，学校引导教师发现自我、找到自我，认识自身与学校发展的契合点，实现彼此的共同发展和最好发展，提高职业幸福感、自我效能感，将那些时代的困境变成教师自我超越的契机。多一份笃定，多一层意义，每一位教师的教育行动才会有信念之光追随，朝向心中最美的星辰大海。

"功不唐捐，玉汝于成。"东实打造的"旺火炉"文化，造就了一批名师，产生了良好的"雁阵"效果。目前，学校有高级教师3人，全国优秀教师、省市区级名教师、首席教师、学科带头人、骨干教师45人，占全校教师人数总量的36%；拥有19个省市区级名师工作室，其中省级2个、市级2个、区级15个，涵盖语、数、英、科、道法学科；在全国、省、市、区各类教学比赛中，获奖教师共有60余人；在全国、省、市、区各类教学活动中，执教示范课及讲学教师40余人；立项或结题的国家、省、市、区各级各类课题40余项。

第四节 五育并举，创建"脚印"课程

在新时期，要推进五育并举，即德育、智育、体育、美育和劳动教育并举，构建德智体美劳全面培养的育人体系。该举措对转变小学育人方式来说，具有重要的意义。这是实现为党育人、为国育才，全面落实立德树人根本任务的使命担当。

课程是培养目标和教育内容的主要载体，在学校人才培养中发挥着统领作用。为了将五育并举的教育方针转化为师生成长的内在理念与外在行为，我们提出了"立体化构建学校课程体系"的构想，以课程为抓手，链接管理、教学、评价以及一切可能的要素，通过文化内聚、实践落地，积极探寻五育并举的理想之路。学校从国家课程和校本课程两个维度，搭建了具有本校特色的课程体系框架（图2-14），确保学生既能够掌握基本知识和技能，又能在学校的个性化课程中发展兴趣、特长和综合素质。

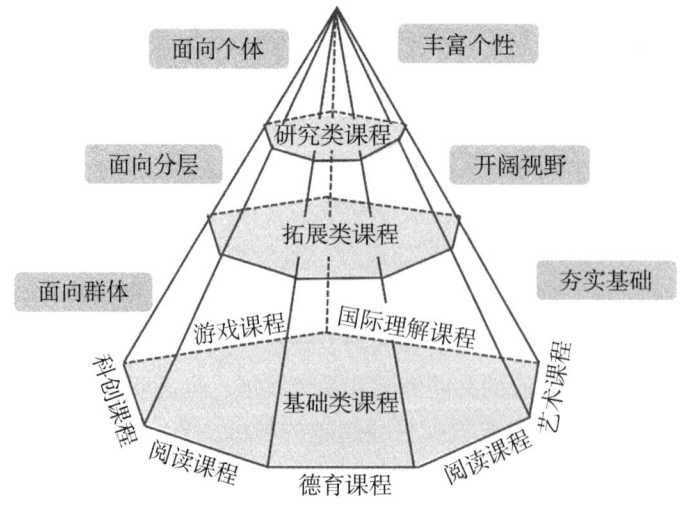

图2-14 学校课程体系框架

课程理念强调"每一个",即帮助每一个学生成为一名"专注自己、关怀他人、理解世界的现代小公民"。在课程内容的选择上强调以素养为导向,培养学生终身学习的能力与方法;在课程构建上以学习者为中心,主题鲜明、结构完整、内容丰富、学生参与度高。

一、体系构建,连接贯通

(一)寻求课程的逻辑起点

教育是为了儿童的全面发展而存在的。教育对儿童的影响是隐性的、滞后的,也是长期的。教育活动应当始终站在儿童的立场,充分考虑儿童的需求、兴趣、特点和发展阶段,面向儿童的未来发展,注重培养和树立他们的未来适应能力和终身学习的态度。而核心素养的提出,正是为了学生的全面发展,从终端层面回答立什么"德"、树什么"人"的问题。因此,基于核心素养开发五育并举的课程成为学校课程研究的逻辑起点。

(二)坚持课程开发的原则

五育并举要想成功撬动并促成全面培养体系的构建,达成高质量发展的目标,关键是要始终坚持从国家课程(含地方课程)和校本课程两个角度出发,系统、全面、结构、动态地构建与实施。这一要点是学校在课程体系构建过程中不变的原则。

在"脚印"课程体系设计过程(图2-15)中,学校基于国家教育方针、学生成长需求设定学校发展目标,继而确立育人目标。随后又在此基础上,制定课程目标、课程管理、课程评价等内容,开发"脚印"课程。

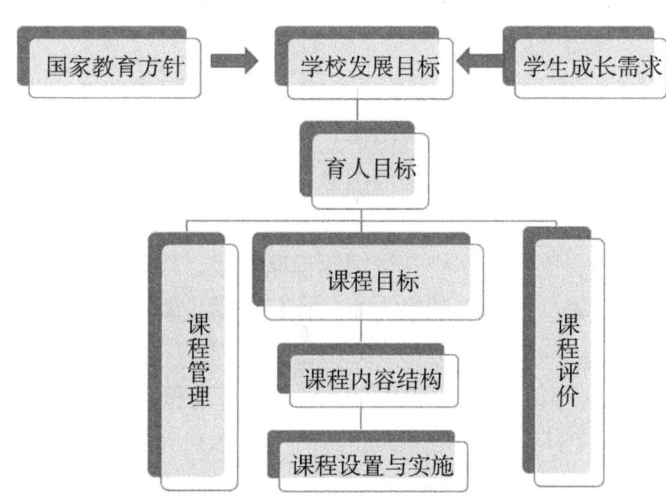

图2-15 "脚印"课程体系设计过程

（三）课程的体系结构

根据"脚印"课程体系的设计步骤，我校团队逐渐开发并完善了"脚印"课程体系（图2-16）。

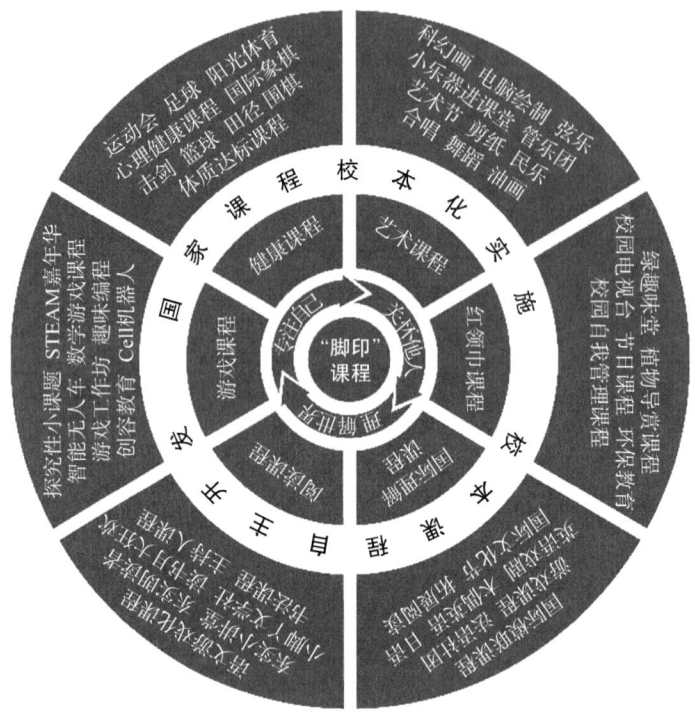

图2-16 "脚印"课程图谱

课程体系围绕国家课程校本化实施、校本课程自主开发的方向，突出"全、精、新"三大特征。

第一，"全"，即能覆盖全体学生的需求。以国际理解课程为例，有覆盖全学段全体学生的自然拼读、拓展阅读、国际文化课程等。这些课程的设置满足了全体学生英语学习的需求，是对国家课程的有力补充。另外，根据不同年龄段学生的需求特点，学校在一、二年级开设自然拼读课程，在三年级开设英语戏剧课程，在四、五、六年级开设国际模联课程、国际游学课程等。每个课程的设置都量体裁衣，一切以学生为本，让每个学生都能拥有英语学习的新平台，学有所获。

第二，"精"，即精品核心课程。以艺术教育为例，学校一直坚持"小乐器进课堂"，提高全体学生的艺术素养。对于艺术素养较高、有意愿在艺术方面发展的学生，学校创建了许多精品艺术团体，通过让有特长有爱好的学生找到"发声"的地方，成就其走向未来的本领。如小脚丫合唱团、小脚丫管乐团、小脚丫舞蹈队等,这些社团是学生心目中的金牌社团,也是区域范围内响当当的金牌社团,屡屡在国内外各种比赛中获奖,为提升学生的艺术素养贡献了力量。

第三,"新",即课程紧跟时代的发展变化,紧跟学生需求及发展变化,坚持一切为了"每一个孩子的幸福和发展奠基"。例如,数学游戏课程,以"儿童立场、生活视野、游戏表演"为开发理念,以提升学生数学核心素养为宗旨,从国家课程和校本课程两个维度进行构建,结合师生实际,其开发项目主要有项目游戏、学具游戏、编程加数学、游戏工作坊等。语文游戏化课程建设分为两大部分,一是基础游戏,二是阅读游戏。基础游戏主要包括拼音游戏、认字游戏、句式游戏;阅读游戏分为绘本游戏、国学游戏、文字书游戏等。将游戏的元素(如疑问、挑战、情境、自主、合作等)融入学习活动中,在游戏的过程中改变了传统的教学模式,调动了学生的积极性,开创了培养基础人才的新途径。

(四)课程的内容设计

1. 内容原则

课程内容是基于理念和目标设定的,是课程理念与目标实施的具体载体。"脚印"课程在内容设置上遵循三个原则。

第一,普惠——注重基础。课程理念强调"每一个",要帮助每一个学生成为一名"专注自己、关怀他人、理解世界的现代小公民"。在课程内容的选择(包括能达成这一目标所必备的基础知识和基础技能,以及后续终身学习的能力与方法)上,注重知识结构的广度与深度之间的平衡。

第二,适才——因材施教。每一个学生都是不一样的,课程应成为供学生成长的肥沃土壤,课程的设置要尽可能地给学生更多的选择,让学生在合适的土壤里自然成长。

第三,本真——不忘初心。"脚印"文化强调真和纯,充分尊重对每一个个体生命的教育,是贯彻民主、自由、平等价值观的教育。课程育人,在课程内容选择和课程实施过程中,要将学校办学理念入心、入脑、入行为。

2. 内容结构化

一是课程的纵向结构化。研究学生学习与发展规律及课程内在逻辑的纵向进阶,通过构建一个围绕核心概念、价值观或方法的课程体系,来逐步扩展并深化学生的学习体验,使他们沉浸于这一过程之中。

二是课程的横向结构化。关注德智体美劳的协同发展,开展劳动教育时,要考虑对德育有何推动、对智育有何促进、对美育有何影响、对体育有何发展，将五育并举内置于课程构建的核心之中。例如，国际理解课程体系（图2-17）意在培养学生的全球胜任力，但并不需要单独开设一门新课程，而是要将这个目标融入全校的所有课程中，以素养为导向，以培养人为终极目标，打破课程间的壁垒，实现各课程间的多元、多维、灵活的融通，形成整体育人的合力。

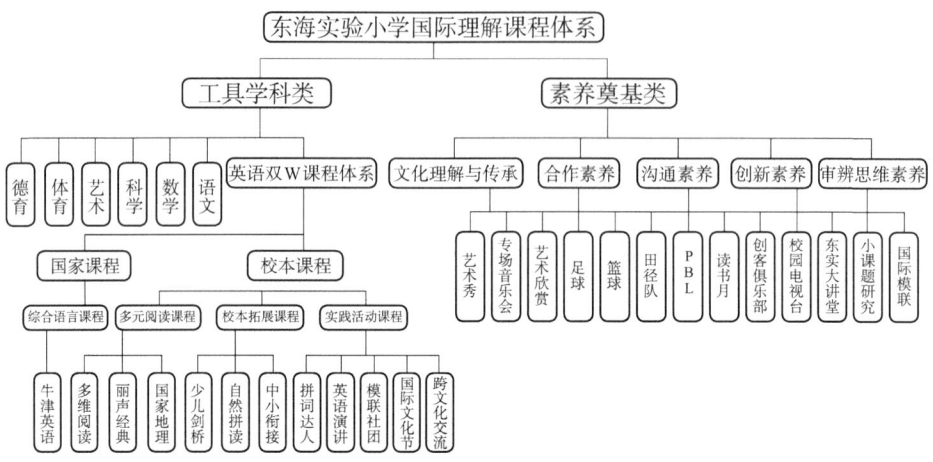

图2-17 国际理解课程体系

（五）规范课程开发的路径

学校倡导教师积极参与课程的开发，从课例到课题再到课程，带给教师们的绝不仅仅是名称上的变化，更多的是"以学生为中心"的思维的转变。这不再仅仅聚焦在课本的研究上，而是更多地从人的发展的角度思考如何拓展资源，为培育全面发展的新型人才而努力。

"脚印"课程体系建设是学校核心工作，为此学校特意成立了课程研究中心、质量监测中心等，对课程大刀阔斧进行改革，以满足学生的全面发展与个性化发展需求为前提，将国家课程、地方课程与学校课程进行有机结合。在整个"脚印"课程体系的开发过程中，东实始终遵循对国家课程进行二度开发、对校本课程进行自主开发的路径。

1. 对国家课程进行二度开发

学校鼓励教师充分挖掘课程资源，对教材进行创造性的深度加工，使学生的学习领域由内向外、由点到面、由已知向未知延伸，力求使原有的课程焕发出新的生命活力。

第一，拓展新的教学内容。对教材内容进行适当的拓展和补充，以数学为例，在学生学完十进制以后，补充数学游戏"点与数"，在游戏中让学生通过认识二进制、五进制等，进一步理解位值思想，激发学生的潜在学习能力。

第二，整合已有的教学资源。为确保学生能够对相关知识内容产生整体性理解和体验，应注重学科与学科间的相互融通，实现教学效益的最大化。例如，五年级数学"鸡兔同笼"和五年级scratch编程同样注重建模，打破学科界限进行整合教学，有助于培养学生的模型思想和创新思维。

第三，适度更替教学内容。在不违背课程标准的基本原理、基本思想、知识逻辑、学科方法的基础上，对教材进行适当处理，增补一些适合本校实际的教学内容。例如，为了让学生见词能读、听音能拼，学校在小学低年段开发了"拼拼英语"课程，每节课前十分钟对学生进行自然拼读教学，取代原有教材中的单词拼写模块。

2.对校本课程进行自主开发

第一，拓展"脚印"课程。课程由学校教师研发或由校外机构引进，覆盖全体学生。这类课程紧跟时代社会发展变化，紧跟学生需求及发展变化，是对国家课程强有力的补充与完善，如毕业课程、新生入学课程、数学游戏课程等。

第二，个性"脚印"课程。课程为满足学生个性化的需求而设置，让每一个学生都能找到适合自己的舞台，如烘焙、击剑、篮球、民乐等课程。

第三，特需课程。这是学校独具特色的课程之一，"为每一个孩子的幸福和发展奠基"是学校的办学理念，而幸福和发展都离不开身心健康。因此，每年学校会专门组织第三方检测机构对全体学生进行体质达标检测，凡是不合格的学生必须强制进入体质达标社团，在体质达标前均不能参加其他社团。

不同类型的校本课程其开发路径也不一样，总的来说，主要是以下开发路径：

一是引进课程的校本融通。目前，市场上有不少优秀的由专业教育机构设计开发的课程，如国际模联课程。引进这些课程在短期内极大地改善了学校的课程生态，激发了全体师生对优质课程的关注度，提高了全体师生对品牌课程的建设标准。但长期来看，由机构来开发和实施的课程在学校因经费不足、师资不稳定等原因难以持久，因此学校在引进每一门课程之前，都会将该课程的校本融通列入课程建设计划。以"拼拼英语"为例，引进的第一年由机构教师上课，全体英语教师跟班学习，关注种子教师的成长；第二年，一部分课程由本校种子教师执教，另一部分由机构教师执教，全体英语教师继续跟班学习；最后一年，机构教师退出教学过程，"拼拼英语"课程全部由本校教师执教，迅速成为学校拓展"脚印"课程里的精品课程之一。

二是学校活动课程化改造。学校传统活动是课程的重要来源，不同的活动

体现了学校的资源优势和办学特色。学校运用课程理念,通过主题贯穿提升活动的深度,增加充满时代气息的内容,注重学生的主动策划和参与,以及对活动进行评价反思和完善等几个方面,将学校的传统活动改造整合成为课程,比如新生入学课程、毕业课程、体质达标课程等。活动课程化的改造不仅有利于学生能力的全面培养,还可以减轻学生的负担,将零散的教育教学活动进行有效整合。

二、支柱课程,共同发力

学校秉持"为每一个孩子的幸福和发展奠基"的办学理念,将"专注自己、关怀他人、理解世界的现代小公民"的培养目标深入课程与教学层面,开启一场静悄悄的"革命"。几年时间已形成德育、阅读、艺术、国际理解、科创、健康、游戏七大支柱课程,立体构建了"脚印"课程体系,辐射全体学生,打通五育并举理念转化、行动转化的"最后一公里"。

通过探索"学科素养+优势素养"的课程目标模型,优化统整七大支柱课程,强化"脚印"课程体系的统领性,全面指引和推动学校课程体系的迭代升级和高效实施,整体撬动学校的高质量发展和特色品牌构建。

(一)德育课程

这是学校用心最多、成果最丰硕的课程。学校一直在努力探索培养"红孩子"的途径和方法。近些年,在团省委和省少工委举办的最美南粤少年和广东省优秀少先队员的评选中,学校获奖人数位居广东省首位,这也被广东省少工委领导称为"东实现象"。学校连续两年获评广东省少先队先进学校和广东省红领巾示范校。

(二)阅读课程

阅读课程也称图书馆课程。我们坚定地认为,一所好学校必须要有一座好的图书馆,必须要开发高品质的图书馆课程。学校的图书馆课程有教师开发的,有家长开发的,有学生开发的,也有利用社会资源开发的,目标是要让阅读像呼吸一样自然。2021年,学校图书馆被评为广东省最美阅读空间。

(三)艺术课程

学校重视艺术教育普及,秉承"让每一个童心向美而生"的理念,开发了近20门艺术类课程,以满足学生个性化的需求。每学期开展艺术课堂教学调研,每个学生在学校都能学会1~3件小乐器,每个班级增设一节形体律动课,且每学期开展一次学生艺术素养抽测;开设丰富多彩的选修课程,让每一个学生参与校年度艺术大赏活动等;开设合唱、管乐、弦乐、舞蹈等艺术社团,梯队式长期训练，让学生追求较高的艺术水准，在各类演出和比赛中大放异彩。

2018年，学校管乐团应邀在深圳大剧院举办专场演奏会，合唱团在巴厘岛国际童声合唱节获得银奖，天籁般的歌声让人"三月不知肉味"。学校在2020年获评广东省艺术教育特色学校。2021年，小脚丫合唱团在深圳大剧院举办了专场音乐会。

（四）国际理解课程

学校明确了要培养"专注自己、关怀他人、理解世界的现代小公民"的培养目标，这也说明东实学子要逐渐拥有国际素养、国际眼光以及全球胜任力。深圳市每年都会选拔学生参加国际青少年蒙特梭利模拟联合国峰会，竞争相当激烈。东实学子连续两年入围深圳少年代表团参加国际青少年峰会，就联合国17个可持续发展目标的主题进行全英文的阐述。特别是2018年，我校熊孝睿同学站上美国联合国总部主席台代表中国青少年发声。笔者也曾应邀在福田国际理解教育论坛作分享，分享的内容分别是推行国际理解教育的势在必行和培养学生全球胜任力的实践与探索。

（五）科创课程

学校加大科技教育投入，新建1间创客实践室、3间科创教室，并以此为依托创新教学方式，创新课程体系。近些年，上千位学生在国家、省、市、区各级各类比赛中获奖。在无名额限制的比赛中，甚至多次出现学校学生囊括半数以上获奖人员的情形。学校主持国家、省、市、区级课题近30项，多项课题在结题活动中获奖。2022年，4项PBL项目获省级奖项；2021年，3项课题在深圳市中小学探究性学习成果评比中获奖，获奖数量排名全市第一；师生项目式学习案例达120项，其中1个学生团队在芬兰举行的国际StarT项目式学习比赛中获奖。

（六）健康课程

学校始终秉承健康第一的理念，只为达成一个非常朴素的目标：东实的孩子毕业时体质都能达标。学校不仅每年举办两次运动会，还举行了游泳运动会、击剑运动会、篮球联赛、足球比赛等，更为体质检测不达标的学生开设体质提升特需课程。学校的篮球、田径、击剑等项目在福田区乃至深圳市均小有名气。近几年，学校先后成为深圳市篮球传统项目学校、深圳市田径传统项目学校、福田区击剑特色项目学校、福田区足球特色项目学校。全校学生的体质达标率一年更比一年好。

（七）游戏课程

学校以"儿童立场，生活视野，游戏表达"为课程理念重构课程内容，让游戏点亮童年。作为全国游戏化教学实践基地，学校的教学成果辐射全国，连续在中国教博会、广东省基础教育教学成果奖、深圳市基础教育教学成果奖评比中获奖。

近年来，在课程研究中心的引领下，学校大力开展课程研究，"脚印"课程体系日益成熟，七大支柱课程枝繁叶茂，育人成果颇丰，办学成效不断攀升。学校获评省级课程建设成果3项、市级课程建设成果3项、区级品牌课程9门（第一届获评4门），是福田区品牌课程评选活动中获评品牌课程最多的小学。我们相信，在品牌课程的加持下，东实学子定将获得真正的幸福和发展，成长为"专注自己、关怀他人、理解世界的现代小公民"。

三、全纳评价，有效有序

"整体评价"是构建五育并举全面培养体系的关键，这是一份有较高挑战性的工作。对此，学校对课程实施进行全纳评价（图2-18），将教师、学生、家长、管理团队、专家都纳入课程实施评价中。课程评价要有方法，"从喜欢到坚持，对于儿童来说，需要积极引导、氛围营造、正向激励"。这正是笔者所要求的。

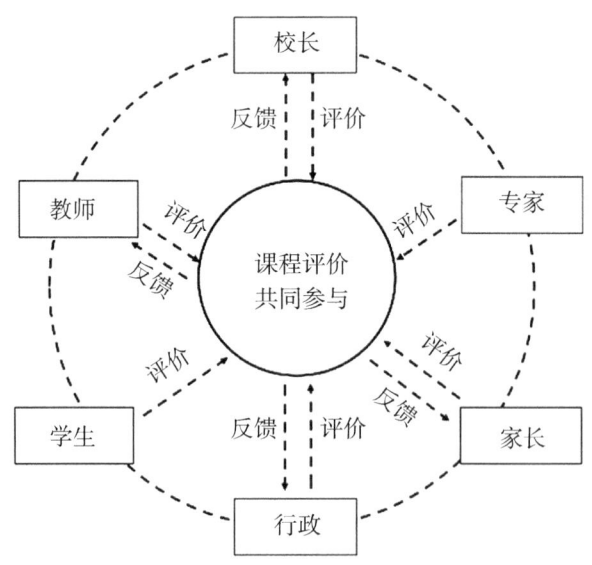

图2-18 课程实施全纳评价

（一）立体化

建立体现五育并举的育人质量评价新机制（图2-19）是学校实施全纳评价追求的目标。因此，我们尝试建立学校评价、学生评价、教师评价、家长评价和专家评价关联互动的课程实施评价机制；建立打破单一的纸笔测试模式，多元多维建立学生学业水平监测体系；重点关注学生的体质达标情况，动态监测每一学年每一学生的体质达标状况，让"健康第一"的理念落地。

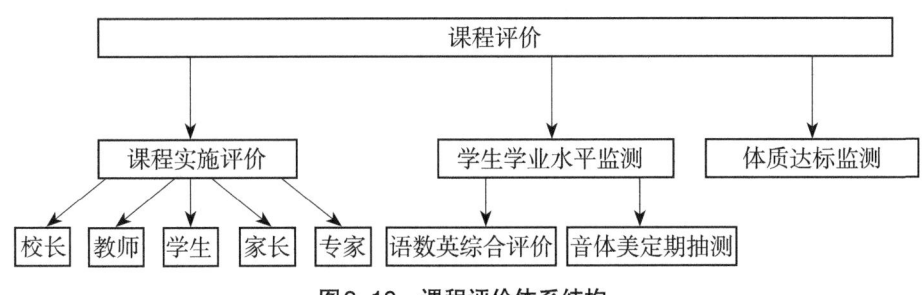

图2-19　课程评价体系结构

（二）多元化

实施多元评价体系，可以帮助我们从多角度检验师生在课程开发实施过程中的行为表现，为实现"专注自己、关怀他人、国际视野"的"脚印"课程目标奠定以评促教的基础。

1. 课程实施评价

第一，组织学校课程教学研究，做好日常教学检查。第二，组织教师教育教学综合表现评比，做好教师个性化评价。第三，建立教研组考核评价机制，定期进行考评。第四，组织学生对课程满意度进行网络测评。第五，对课程实施有效性进行评价，物化课程成果。

2. 学生学业水平监测

第一，语文、数学、英语、科学学科评价改革。学校除了设置期中、期末的纸笔测试，还增加了许多趣味性测试，这些测试直指学生核心素养的培养，极大地激发了学生学习的兴趣。例如，在总分100分的基础上，语文学科的纸笔考试占70%，其余30%分别由书写测试、经典诵读测试、朗读测试组成；数学学科的纸笔考试占80%，剩余20%分别由数学游戏测试、运算能力测试构成；英语学科的纸笔考试占60%，词汇量测试占20%，阅读级别测试和木偶英语测试各占10%；科学学科的纸笔考试占90%，科学实验操作测试占10%。

第二，音乐、体育、美术等学科定期抽测。每学期，学校会特别邀请校外音乐、体育、美术学科的专家骨干教师进行命题，并对全校学生进行随机抽

测,被抽测的学生由命题组的专家一对一面试。抽测结果会直接影响课程改革内容,而结果对学生的评价又倡导以每个学生的自我比较为中心,以便及时发现学生这一次较上一次的进步或有待改善之处。

如美术学科,将学业表现划分为美术基础能力、美术作品赏析能力、美术知识生活运用能力、绘画创作与表达能力四个方面(表2-1)。

表2-1 美术学科学业表现

美术基础能力	美术作品赏析能力	美术知识生活运用能力	绘画创作与表达能力
色彩、线条、明暗;空间、纹样、节奏;黄金比例、对称等	对美术作品的感受;理解及分析评述的能力;对名家名作的掌握等	将美术知识综合运用于生活实践的能力	绘画创作的表现能力;绘画创作的命题能力;表达画面主题的能力

音乐学科的学业表现则划分为音乐听辨能力、音乐作品赏析能力、音乐基础创编能力、演唱能力四个方面(表2-2)。

表2-2 音乐学科学业表现

音乐听辨能力	音乐作品赏析能力	音乐基础创编能力	演唱能力
力度、速度、节拍、节奏、音色、旋律、调式	对名家名作的掌握;对中外音乐作品的风格、体裁与形式、情绪情感等的赏析能力	运用所学的音乐基础知识进行简单的旋律编创的能力	识读乐谱、听辨音程调式、歌曲情感相符度等

第三,体质达标监测。学校引进了专业机构定期对学生进行体质达标测试,每学期体质检查不达标的学生将接受体质达标训练。

立体化构建学校课程体系充分激发了学校的活力,形成了师生才智充分涌流、活力竞相迸发的良好局面,推动了学校教育质量的提升。近些年,学校接待世界各地教育同仁参观访问近百次。团中央少年部部长、全国少工委常务副主任曾锐及教育部基础教育质量监测中心副主任胡平平、美国宾夕法尼亚州教育局局长丹尼格、北京大学教育学院原副院长尚俊杰、杭州师范大学教育科学研究院院长张华等多位专家都曾莅临学校并给予高度评价。

第三章

支柱课程，打造校本新样态

> 北京大学教育学院原副院长尚俊杰曾评价东实："未来学校不是要有看起来高大上的未来建筑，而是要有面向未来、切合实际的办学理念，要有适应未来发展的高素养的教师团队，要有促进学生发展的核心课程。在我眼里，东海实验小学就是未来学校的样子。"多年来，学校持续深化课程体系改革，让多元课程"开花"，促素养教育"结果"，打造七大支柱课程，让每一个学生都被看见。

第一节 树立"红孩子"榜样，播撒红色的种子

"青春深圳，红领巾飞扬！大家好，欢迎收听'红领巾广播站'。我是本期小主播，来自东海实验小学的少先队员滕备元；我是本期小主播，来自东海实验小学的少先队员王子慧。"在深圳团市委、市少工委主办的"红领巾广播站"栏目上，东实学子以小主播的身份，在镜头前自信地传递少年之声、弘扬正能量。其中，小主播之一的滕备元同学，就是东实"红孩子"的光荣代表，是全校同学学习的榜样。滕备元同学更是在节目中，通过"爱党爱国，传承红色基因""多才多艺，力争全面发展""品学兼优，彰显特区风采"三个方面，展现了自己的风采，展示了东实学子青春、阳光的姿态。他说："'以德驭才，方能长久'，这是我非常喜欢的一句话。作为社会主义核心价值观绘本公益大使，我向江西寻乌捐赠了社会主义核心价值观图书角，我还长期资助广西桂林市灌阳县红军小学长辰（化名）弟弟；我还是联合国儿童基金会的会员，为身处困境的儿童提供支持……'不积跬步，无以至千里'，我立志争做德智体美劳全面发展的社会主义接班人，戒骄戒躁，不懈努力，在新的起点上收获更坚实的成长，取得更长足的进步，谢谢大家！"滕备元同学坚定的话语，说出了作

为东实少先队员的热忱与梦想之光,让更多的人听到了东实之声。

之所以能够培养出滕备元同学这样的"红孩子",是因为学校长期重视"大思政课",着力开发"红孩子成长"系列课程。从党建引领的小学思政课建设在东实落地生根,到"红孩子成长"系列课程成为具有本校特色的典型代表,凝聚了东实数届少先队工作者的心血。

目前学校实施的"大思政课",是坚持以习近平新时代中国特色社会主义思想为指导,深入贯彻落实习近平总书记关于少年儿童和少先队工作的重要论述,全面加强党对少先队工作的领导,把握增强少先队员光荣感工作主线,坚持组织教育、自主教育、实践教育相统一,不断推进少先队组织创新和工作创新,尊重每一个孩子的成长规律而孕育的新时期小学思政课体系。

在"大思政课"这一概念和体系下,我们打造的"红孩子成长"系列课程颇具本校特色。它通过组织认同课程、自主成长课程、实践活动课程的实施,聚焦培养共产主义接班人,聚焦传承红色基因,聚焦政治启蒙和价值观塑造,结合深圳特区优势及特色,注重讲好中国故事、树立制度自信。我们坚信,通过六年的校园学习,能让红色信仰的种子在学生们的心田里"播种—发芽—生长",让学校少先队员成长为扎根中国、放眼世界,德智体美劳全面发展的"红孩子"。

一、目标:让孩子成为"红孩子"

在长期的应试教育的影响下,"唯分数论"导致教育走向异化,学生学习压力过大,存在价值观扭曲的倾向。教育是有温度的,而非冷冰冰的数字。学生通过教育获得的不仅仅是学科知识点或分数的高低,更重要的是懂得思考如何做人、如何成人,拥有良好的品质和心理素质,成为能在社会立足,找到自己理想信念,积极为社会作出贡献的人。破解"唯分数论",要聚焦培养共产主义接班人。基于此,在开发"红孩子成长"系列课程时,笔者和课程开发团队反复研讨,最终确定以"播下一粒红色种子"作为课程理念。笔者常常和老师们说,要把"把红色的种子播撒到每一个孩子的心田里,让它发芽、生长并自觉成长"这句话印入脑海中,贯彻到课程开发的每个细节中。

为此,我们始终坚持德育为先,坚持党组织领导少先队的工作原则,完善少先队工作体制,坚持做好引导少先队员学好"四史",传承红色基因,争做党的"红孩子"。基于此,"红孩子成长"系列课程目标是坚持为党育人、为国育才,培养扎根中国、放眼世界,德智体美劳全面发展的"红孩子"。为实现这一目标,课程形成了"一核心、二融合、三突出、四关注、五坚持"的特色。其中,"一核心"指的是习近平总书记关于少年儿童和少先队工作的重要论述;"二融合"指的是学科融合、空间融合(校内校外、线上线下);"三突出"包括突出政治引领、突出实践育人、突出榜样教育;"四关注"包括关注组织建设、关注队伍建设、关注教育引导活动、关注信息宣传及理论研究;"五坚持"包括坚持党的领导,坚持培育共产主义接班人的根本任务,坚持把增强少先队员光荣感作为工作主线,坚持组织教育、自主教育、实践教育相统一,坚持与时俱进、改革创新。

"红孩子成长"系列课程凸显了学校的党、团、队一体化建设,使少先队员积极参与组织生活和文化建设。在丰富的少先队活动中,引领少先队员在沉浸式的情境和体验中坚定听党话、跟党走的理想信念,让"大思政"教育在少先队工作中起到润物无声的作用,从而教育少先队员感党恩、听党话、跟党走,强化少先队员的身份认同感、组织认同感,用行动践行习近平总书记2021年的"六一"回信:"希望你们结合自身成长实际学好党史,以英雄模范人物为榜样,从小坚定听党话、跟党走的决心,刻苦学习,树立理想,砥砺品格,增长本领,努力实现德智体美劳全面发展。"

"红孩子成长"系列课程,在处处体现辅导员们引领少先队员争做"红孩子"的同时,向孩子们播撒红色种子,并使这一过程成为东实少先队大队工作的主旋律。

二、内容:从播种到发芽再到生长

"红孩子成长"系列课程以课程目标为导向,分为低(播种)、中(发芽)、高(生长)三个级别推进课程(图3-1)。

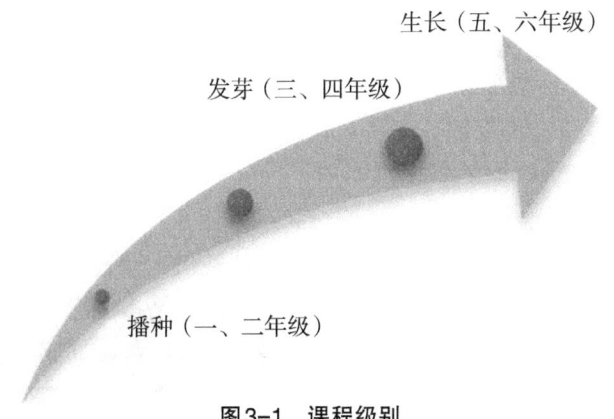

图3-1 课程级别

"红孩子成长"系列课程内容(图3-2)分为组织认同课程、自主成长课程、实践活动课程三大板块,以接纳—悦纳—容纳为主线。每个板块下设3个专项课程,共有9个专项课程。每个专项课程从时间线、空间线、人员线及常态类、特定类不同维度设计、规划并实施,帮助少年儿童从小树立正确的世界观、人生观、价值观。

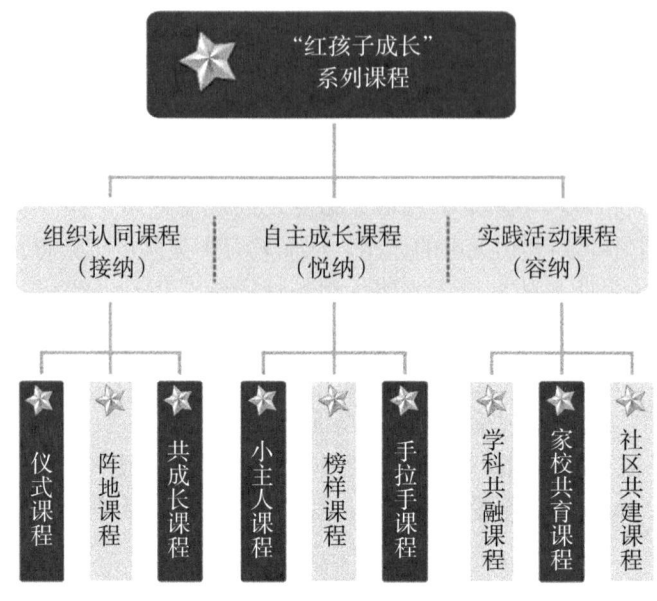

图3-2 课程内容

(一)组织认同课程

组织认同课程实践了学校德育课程"海纳百川"中"接纳"的课程理念。该课程重在强化组织意识、加强少先队组织建设,通过活动强化辅导员及少先队员的光荣感及组织归属感。该课程通过时间(仪式课程)、空间(阵地课程)、人员(共成长课程)三个维度的交织,用少先队仪式和校内外衔接的教育场,打造辅导员和少先队员成长共同体,提升少先队员的自我意识、劳动意识及思想意识。

1. 仪式课程

仪式课程以时间为主线,通过规范少先队礼仪,营造庄严而神圣的集体氛围,让少先队员更加了解少先队文化及内涵,陶冶情操、净化心灵;通过大大小小的仪式活动,有效地增强少先队员的光荣感和组织归属感,助力队员的成长。仪式课程不仅注重常态化开展,更聚焦主责主业,凸显对少先队员的政治启蒙和价值观塑造。

具体而言,仪式课程分为重点类、常态类两大内容。重点类包括入学仪式、一年级入队仪式、五年级换大号红领巾仪式、毕业仪式;常态类包括每个星期的升旗仪式、队会仪式，每个学期的奖章颁章仪式、节庆活动。

其中，"我爱红领巾暨入队课程"是仪式课程中的品牌课程之一。当庄严的出旗曲在校园响起时，旗手高举队旗，迈着铿锵有力的步伐进入会场。新队员们庄重地注视着队旗，自信地齐声高唱《我们是共产主义接班人》。嘹亮的歌声传递着少先队员们对祖国的热爱与崇敬，以及对少先队的热爱与憧憬。东实学子在星星火炬的指引下，光荣地加入少先队。他们佩戴上鲜艳的红领巾，个个神采奕奕，在队旗下庄严宣誓。

2. 阵地课程

阵地课程通过多角度、多渠道的方式，构建了校内外有机衔接的、具有磁场效应的教育场，以陶冶少先队员的良好思想品德、培养少先队员的劳动意识、提升少先队员自我管理能力。该课程聚焦红色基因传承，有效强化少先队组织的"三力"（吸引力、凝聚力、影响力），增强队员的组织归属感，激发队员对少先队组织的热爱之情。同时，在深入学习社会主义核心价值观、习近平总书记的寄语、四史及新版队章等内容的过程中拓宽队员的视野，促使队员讲好中国故事。

该课程分为基础类和特色类两大板块，基础类包括升旗台、电视台、队室、心理咨询室、鼓号室、中队阵地、广播站等场所，特色类包括红领巾俱乐部、红领巾失物招领处、红领巾墙、榜样墙或中队榜样角、校外活动阵地、种植园、新媒体阵地等场所。例如，实施"行走的思政课"，带领少先队员前往深圳市党史馆，听党史、学党史；走进深圳园博园，接近自然，感受自然，向市民宣传环保理念；在雷锋纪念日，走进香蜜湖公园，宣讲雷锋精神并向山区的学校捐赠学习用品及生活物资；走进水务局，了解水资源的相关知识等。

其中，红领巾失物招领处课程（责任感课程）是阵地课程中的品牌课程。起初学校发现，许多学生有丢三落四的不良习惯，如脱下的校服忘记拿、小物品丢失等。为了培养学生管理好自己物品的能力，学校决定利用楼梯间角落的闲置空间，打造"红领巾失物招领处"，对学生潜移默化地进行品德教育。然而慢慢地，失物招领处的东西越来越多，但学生主动找回的积极性却不高。对此，为避免失物招领处变成"垃圾站"，以及培养学生自主管理能力，学校将红领巾失物招领处升级为课程，融进少先队员课程建设之中，使之真正成为育人的媒介。一方面，通过队会课、班会等呼吁学生主动去失物招领处找回自己的东西；另一方面，在每个班级选定一批专门管理班级失物的小干部，定期到失物招领处巡查是否有本班丢失的东西。在大队委召集生活委员、卫生委员带领这些小干部，定期到失物招领处查看，协力将失物还给小主人。在这一过程中，小干部们也能发挥榜样引领的作用，影响越来越多的学生提高自主性。此外，我校针对长期没有被认领的失物，将其共同分类整理好后，利用回收平台进行捐赠,通过这一方式让学生懂得减少浪费、废物回收利用的环保理念。

3. 共成长课程

共成长课程(图3-3)注重构建辅导员和队员成长共同体,注重研究与创新;强化党委领导责任,注重加强党、团、队一体化建设,聚焦培养共产主义接班人;有效锤炼学校少先队辅导员的政治素质,明确辅导员的专业身份,并引导辅导员做好少先队员的亲密朋友和指导者;有效优化学校少先队辅导员及小骨干的队伍结构,选出政治素质好、思想觉悟高、爱岗敬业的青年教师担任大队辅导员、中队辅导员,改选大队委增设小骨干,进一步升级少先队基础建设;深化少先队专项课程、课题及理论的研究与实践,增强少先队员及少先队工作者对少先队的使命感和责任感。

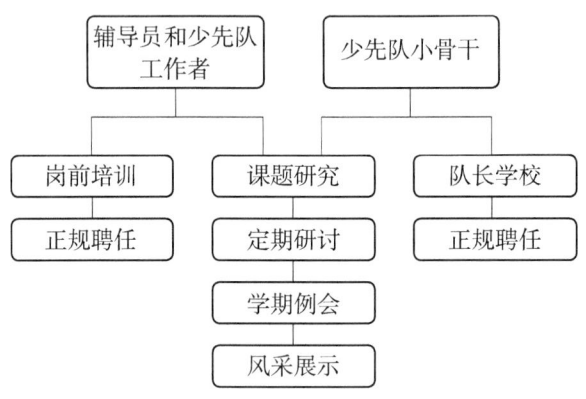

图3-3 共成长课程内容

其中,队长学校是共成长课程中的品牌课程。队长学校旨在探索少先队队员自我教育、自我管理和自我服务的新路径。少先队员通过参加队长学校培训班,展现自我才华,享受成长的快乐,提升综合素质和能力,更好地发挥少先队小骨干的引领和带动作用。

(二)自主成长课程

自主成长课程承接了学校德育课程"海纳百川"中"悦纳"的课程理念,展现了少先队的鲜明特征和优势。该课程重在尊重少年儿童的主体地位,让少先队员们当家作主,如自己的组织自己建、自己的活动自己搞、自己的事情自己做。该课程通过小主人课程、榜样课程、手拉手课程,凸显少年儿童的主体地位,让队员成为自己的主人、少先队组织的主人,管组织、建阵地、搞活动,获得岗位体验内化能力,满足自尊需求、表现需求、成果需求,通过学榜样、找榜样、做榜样,增强学习力和光荣感;通过知国情、识社会、懂时事,培养爱国情感、使命感、民主意识和责任担当意识。

1. 小主人课程

小主人课程面向全体少先队员常态开展，通过岗位实践达到外生内化的作用，借助智慧化管理有效增强队员的光荣感和组织归属感，强化队员的小主人意识和参与能力，从小培养队员的民主意识与责任担当意识，同时使同辈文化成为队员成长的重要内生动力。少先队员在实践中学会在组织里当家做主，他们自主管组织、建阵地、搞活动，真正实现自我管理、自我服务、自我教育。小主人课程在很大程度上满足了少先队员的自尊需求、表现需求、成果需求、友爱需求，从而提升了队员的幸福感，推动队员勇于创造。

该课程分为特定类和常态类两大板块。特定类包括东实少代会、来宾接待等；常态类包括大中小小骨干的民主选举、定期轮换和分团队小骨干及成员日常履职、红领巾小小志愿者的招募及日常管理、红领巾社区的创建及日常管理等。

其中，东实少代会是小主人课程的品牌课程。东实少代会一般包括出队旗、唱队歌、少先队员代表献词、听取少先队工作报告及审阅、红领巾小提案发布及答复、大队长发言、呼号退队旗等内容。例如，2020年第二届少代会共收集107个小提案，2024年第五届少代会共收集了126份小提案。

每一份红领巾提案都是少先队员们的真实心声，每一个想法都是他们主人翁意识的体现、是集体智慧的凝聚。队员们从自身视角出发，写下自己关心关注的各个话题，争当校园"小主人"。例如，五年级学生文洁（化名）发现校园内的近视人员较多，近视率随着学生年龄的增长而增长，于是提出自己的想法：第一，在班级外的走廊种植一些绿色植物，让同学们下课时看一看，在年末时举行班级种植小评比活动；第二，学校每年开设护眼节，由老师为学生们讲解关于眼睛的相关知识，呼吁学生在闲暇时间到公园观赏植物，这既能放松眼睛，又能有效减少同学们接触电子产品的时间，还能了解更多树木花草的知识。六年级某个学生小组发现，由于学校操场重建，学生体育活动范围大大缩小，且延长了到香蜜公园上课的时间。他们共同提出的想法是：首先，学校可以定期开展体育比赛，让同学们积极参与区、市的比赛；其次，在早上的体育运动时间，除了田径和篮球，还可以增加其他训练项目；最后，建议把乒乓球台移到一楼，并增加几张乒乓球台，缓解乒乓球台不够用的情况。对于每一份红领巾提案，学校大队委和领导层会进行层层筛选，并在少代会上一一回应。对于未能实现的提案，学校会从各方面向学生解释原因，让学生了解解决方法需要更具实用性和现实性；对于具有实际价值、能够操作的提案，学校会予以采纳，在经过合理、科学的考量后作出改变，使其更具操作性，以满足学生的需求。

2. 榜样课程

榜样课程从时间、空间、人物三个维度进行搭建，重在引导少先队员牢记并践行习近平总书记的教诲，教会他们心有榜样、勤于学习英雄人物的事迹，向榜样学习，见贤思齐。同时引导少先队员善于发现身边的榜样，在日常学习生活中争做小先锋、小榜样，成长为更好的小主人。在争做小榜样的过程中，少先队员们的光荣感增强，推进了少先队阶梯式成长激励体系的建构。

榜样课程分为"榜样在心中""榜样在身边"两个系列，"榜样在心中"主要是讲解榜样事迹，"榜样在身边"主要是展示榜样风采。展示榜样风采具体包括个人类（辅导员榜样和队员榜样）和集体类（中、小队榜样）。

其中，"红领巾心向党"系列课程、"十佳美少年评选"课程是榜样课程中的品牌课程。"十佳美少年评选"是学校从2018年开始开展的主题活动，本着公开、公正、公平的原则，通过"班级—学校"的民主推选过程，以及榜样分享、新时代好队员风采展等环节，挖掘宣传身边的好队员榜样。该评选重点在于关注学生的"五育"全面发展，从学生综合能力进行考量。为让更多学生参与这一活动，学校制定了"三届不重复参选"的原则，让学生在良性竞争中成长，并提高学生的班级参与感、集体荣誉感。

3. 手拉手课程

手拉手课程紧扣时代发展，注重传承和创新，构建了内外齐动的课程模式，重在引导少先队员了解国情、认知社会，从小培养队员们的爱国情感、集体主义精神及乐于助人、团结友爱的健全人格。该课程在一定程度上带动了同辈文化发展，增强了少先队员的光荣感和责任心。

课程分为校外手拉手（国际、国内）和校内手拉手（中队手拉手、队员手拉手）两大内容。其中，"文化传播小使者"系列课程、"红领巾相约中国梦"系列课程是手拉手课程中的品牌课程。例如，与呼伦贝尔市拉尔区文化街小学手拉手，与普洱市澜沧拉祜族自治县木戛乡富角小学手拉手，参与广东省城乡少先队员手拉手活动等。

（三）实践活动课程

实践的目的在于引导学生身体力行，通过各种各样的活动真正地实现"做中学"。实践活动课程通过学科共融课程、家校共育课程、社区共建课程，构建起社会、家庭、学校、少先队四大教育网的纽带，帮助队员从家庭生活、学校生活、社会生活和大自然等各个方面，寻找一个"岗位"，扮演一个角色，获得一种感受，明白一个道理，养成一种品质，学会一种本领。该课程承接学校德育课程"海纳百川"中"容纳"的课程理念，实行全员参与、全面发展，借力各学科融合,开展符合少年儿童身心发展规律的实践活动。

1. 学科共融课程

学科共融课程真正达到了全员参与、全面发展的目的,在搭建和迭代的过程中做到了传承经典、开拓创新。课程借助各学科的力量教育引导少先队员成长为德智体美劳全面发展的社会主义的建设者和接班人,同时聚焦主责、主业,将红色基因渗透到各学科中,辐射全校师生。

课程内容分为经典类和创新类,经典类为红领巾"五小"系列课程,包括红领巾小书虫、红领巾小创客、红领巾小百灵、红领巾小健将、红领巾小主人;创新类为"红领巾项目式学习"系列课程,主要表现为与道德与法治、美术、信息、语文、数学、科学、综合实践、劳动等课程相融合。其中,红领巾微讲堂(融合项目式学习)是学科共融课程中的品牌课程。

2. 家校共育课程

家校共育课程兼具鼓励陪伴、关注兴趣、结合热点及助力梦想四大特色,充分发挥家庭教育的作用,积极动员家长支持并参与少先队工作,服务队员的成长。学校少工委通过聘请优秀家长作为校外辅导员,在优化辅导员队伍结构的同时,推进家校共育网络的建设。该课程聚焦主责主业、强化政治启蒙和价值观塑造的同时,在一定程度上帮助少先队员养成良好的习惯、增长知识、拓宽视野,为队员树立榜样并在他们心中播下梦想的种子。

课程内容分为合作类和讲座类,合作类包括"成长足迹"系列课程、"家务小帮手"系列课程,讲座类则为"家长进课堂"系列课程(线上+线下)。其中,"家长进课堂"系列课程不仅是家校共育课程中的品牌课程,也是学校图书馆课程的一个分支。例如,一年级的家长义工们充分利用午读时间,在学校图书馆带领学生阅读绘本,用生动的讲述吸引学生深入精彩的故事中;二年级的家长义工们给学生带来精彩、有趣的情绪管理课,教导学生如何正确面对不同的情绪。

3. 社区共建课程

社区共建课程重在引导少先队员热心实践,勇于探索。在拓展校外少先队组织(如成立社区少工委及少先队校外活动基地,在社区组建大中小队、民主选举队委队长及校外小辅导员),构建起校内外互为补充、有机衔接的少先队实践教育体系,推进建设家校社共育网络的同时,引导队员通过各种力所能及的社区服务和社会实践活动获得直接经验,发展实践能力,并在实践的过程中增强认识社会的欲望及渴望行动的内生力,从小培养社会责任感。

其中,"争做新时代好队员"系列活动课程是社区共建课程中的品牌课程。例如,在春节前,学校少先队员与社区联合开展"写春联,送祝福"活动,将

写好的春联赠送给社区居民；积极参与香蜜湖街道"百千万工程"农园社区垃圾分类项目等。

此外，学校"红孩子"积极加入"首善之区小小志愿者"行列。在福田区志愿者活动中，学校少先队员积极主动参与福田区"垃圾分类，你分我来辩"的活动，辩论队摘得全区桂冠；在联合社区少工委组织"巾帼有爱·温暖同行"活动中，队员为社区各行业女性代表送上手工礼物；在由福田区民间文艺家协会主办的"文艺传情，感恩母亲"活动中献词；在由共青团福田区委员会主办的"爱心义卖"活动中，队员轮流担任"小摊主"，为有需要的群体贡献力量；学校大队作为福田区红领巾校外实践基地志愿服务队代表加入福田区团委组织的学雷锋志愿者服务市集。

三、评价：多元、多维、系统为特点

"红孩子成长"系列课程的评价是多元的，评价内容是多维、持续且系统的。学校结合《关于构建阶梯式成长激励体系增强少先队员光荣感的指导意见》，健全少先队荣誉激励体系，创新评价机制，全面开展"红领巾奖章"争章活动，并将队员自我评价，辅导员及少先队工作者的评价和同伴、家长及社区等第三方评价融入其中，建立"基础章＋特色章＝星级章"的评价机制，贯穿"红孩子成长"少先队系列课程的全过程，实现课程评价的多元化和持续性。

评价有六种载体，即入队激励、岗位激励、奖章激励、实践激励、荣誉激励、推优激励。其中，奖章包括向阳章、传承章、立德章、立志章、梦想章、小主人章、团结章、健体章、奉献章、劳动章、勇敢章、节约章等。通过各类奖章和激励机制，引导学校少先队员在成长过程中一步一个脚印，与书本和世界为友，大胆尝试、积极体验、敢于探索，成长为拥有国际视野和全球胜任力的、能够担当民族复兴大任的时代新人。

四、案例："我爱红领巾"入队课程

"我爱红领巾"入队课程是"红孩子成长"系列课程之一，借助"我是小主人"和"我是接班人"两个系列的少先队教育课程的宣传，让"我是小主人"和"我是接班人"中的优秀少先队员进班宣讲少先队知识。同时借助红领巾广播站、红领巾公告栏、红孩子成长记公众号等，加强对学生的政治启蒙，促进学生了解少先队组织的基础知识、基本认识，让学生明确入队的意义等，在源头上培养少先队员的光荣感、责任感和组织归属感。

课程以分批入队为特色。"分批入队"改变了以往"全童同时入队"的方式，学校根据一年级学生的各方面综合表现，依据《"红领巾奖章"实施办法》等文件精神，通过"红领巾奖章争章"活动进行量化评价，经组织批准，让学

生"分批次"加入少先队组织,即"达标一批,吸收一批"。

分批入队的流程包括:开展队前教育—提交入队申请—开展过程评价(红领巾奖章争章)—学校少工委审批新队员名单—填写队员登记表—举行入队仪式—成立中小队,民主选举小骨干—继续开展队前教育、评价并完成全员入队。

（一）课程内容

课程以品德教育、礼仪教育、行为教育为主,以校外实践为辅。具体课程如表3-1所示。

表3-1 "我爱红领巾"入队课程内容

课程类别	课时安排	课程主题	具体内容	教学形式	实施场所	教学重点
品德教育	第1课时	聆听"红色革命"故事	①宣讲"红色革命"故事;②聆听习近平总书记对少年儿童的寄语	东实同一堂课	校园广播+教室	热爱红领巾:①了解革命先辈故事和习近平总书记的寄语,学习先锋榜样,激发入队积极性和主动性;②为红领巾增添新的光彩和荣耀
	第2课时	学习队史	①优秀少先队员讲队史;②低年段队员学队史	大手拉小手	校园广播+教室	
	第3课时	聆听少代会	①观看少代会的举办;②感受少先队员的光荣感	观摩	礼堂	
礼仪教育	第4课时	了解少先队	参观大队室的陈设;参观大队委们和中队长们如何争当"小主人",为大家服务	参观队室	大队室	学习少先队知识:①做到"六知",即知少先队名,知少先队的创立者和领导者,知少先队的队旗,知少先队的标志,知少先队队礼的意义,知少先队的作风
	第5课时	学习"六知"	了解"六知";听优秀少先队员讲:队名、队的创立者和领导者、队旗;学习"六知"前三项内容	大手拉小手	教室	

续表

课程类别	课时安排	课程主题	具体内容	教学形式	实施场所	教学重点
行为教育	第6课时	学习"六知"	听优秀少先队员讲：队徽、队的标志、队的作风；学习"六知"后三项内容	大手拉小手	教室	②做到"六会"，即会戴红领巾，会读入队誓词，会行标准队礼，会唱队歌，会呼号，会参加队的活动
	第7课时	学习"六会"	①五、六年级中队牵手一年级小朋友，学习"六会"；②采取歌谣的方式教给学生系领巾的方法；③手把手教会一年级同学戴红领巾	大手拉小手	教室	
	第8课时	学习"六知"	①学习敬队礼；②学习呼号	大手拉小手	教室	
	第9课时	学习"六知"	学习唱队歌《我们是共产主义接班人》	大手拉小手	教室	
	第10课时	学习"六知"	①背入队誓词；②写入队申请书	东实同一堂课	教室	
	第11课时	我学"红领巾"	①观摩优秀少先队员的行为；②学习优秀少先队员的行为表现	观摩	操场	增强入队光荣感和责任感；树立向先进学习、长大成为先进的远大志向
校外实践	第12课时	我做"红领巾"	①了解什么是好事；②思考如何做好事；③为人民做一件力所能及的好事	实践	校外	
	第13课时（选修）	莲花山实践	参观红色基地——爬莲花山，了解邓小平爷爷	实践	莲花山等校外实践基地	为人民做一件好事，为红领巾增添光彩

小脚印，大未来

续表

课程类别	课时安排	课程主题	具体内容	教学形式	实施场所	教学重点
校外实践	第14课时（选修）	采访先锋模范	联系身边的优秀团员、党员，让一年级新生对他们进行采访，面对面地与他们谈心、交流	采访	社区	为人民做一件好事，为红领巾增添光彩

"我爱红领巾"入队课程基于少先队组织属性，立足当前深圳市作为中国特色社会主义先行示范区的需求，结合学校实际教学需求，以少年儿童为主体，以活动为载体，以仪式感渗透为抓手，不断促进少年儿童社会化，不断增强他们的归属感，提升他们的自豪感与使命感。

（二）考核评价

学校根据确定的分批入队细则，通过"入队习惯一日评""红领巾向我招手"和"红领巾奖章争章"三方面的量化考核，确定入队候选人，并对达到学校入队评价指标的学生名单进行公示；最后根据公示结果确定入选名单，并上报学校少工委审核批准。批准入队后，根据学校的实际情况，举行新队员入队仪式。

"入队习惯一日评"是基于将行为教育、品德教育、礼仪教育分解为卫生、学习、文明、守纪、劳动、体育这六个方面进行每日一评的评价活动，在活动期间会形成过程性的评价手册（表3-2）。另外，每周将得分排名前10的学生评为"小小红领巾"。

表3-2　入队习惯一日评

"入队习惯一日评"（　　年　　月　　日）			
我的入队习惯	我的评价	家长的评价	辅导员的评价
卫生	☆☆☆☆☆	☆☆☆☆☆	☆☆☆☆☆
学习	☆☆☆☆☆	☆☆☆☆☆	☆☆☆☆☆
文明	☆☆☆☆☆	☆☆☆☆☆	☆☆☆☆☆
守纪	☆☆☆☆☆	☆☆☆☆☆	☆☆☆☆☆
劳动	☆☆☆☆☆	☆☆☆☆☆	☆☆☆☆☆
体育	☆☆☆☆☆	☆☆☆☆☆	☆☆☆☆☆

"红领巾向我招手"根据少先队员的标准,要求学生达成"六知六会一做"才能成为少先队员。辅导员要指导学生纵向比较,每天取得一点点进步,离"红领巾"越来越近,直至最后成功戴上红领巾。

将"红领巾奖章争章"贯穿于以上两个评价活动中,结合行为教育、品德教育、礼仪教育、校外实践四个模块中的具体课程内容的主题,分别设置特色奖章。每项活动均设有"火炬章",当学生完成这一模块的所有任务就可以兑换"行为火炬章""品德火炬章""礼仪火炬章"和"实践火炬章",并以此考核其是否能入队成为少先队员。学校设计了《少先队员评价手册》,将学生入队前的评价一一进行记录,作为过程性评价的依据。因此,学生在分批入队过程中不仅能学习并了解少先队的相关知识,还能从评价中获得高度的自信和热情,进而充满正能量,更加积极主动地不断超越自我,实现对"红领巾"、对"少先队"的期待。

(三) 入队仪式

考核名单确立后,学校就会组织庄严的入队仪式。入队仪式能够激发学生加入少先队组织的强烈欲望。入队仪式上,升队旗,唱队歌,宣读每一位新队员的名字,学生认真倾听分批入队名单。一批批的少年儿童在鲜红的队旗下宣誓,看着胸前的红领巾更加坚定信念:为共产主义事业而奋斗!这样意义非凡的入队仪式为少先队增添了活力,增强了少先队员们的荣誉感和使命感,也激励未入队的学生再接再厉,争取下一次入队。

"立德树人"是东实始终不忘的根本,"大思政"理念下创建的"红孩子成长"系列课程让学校少先队工作获得出色表现,同时也带动了学校德育的发展。学校和大队被评为"广东省红领巾示范校""广东省红领巾先进学校""深圳市红旗大队""深圳市红领巾三星章集体",学校大队更是多次被评为福田区"红旗大队"。在学校中队中,1个中队荣获"全国红领巾中队"称号,1个中队荣获"广东省红旗中队"称号,2个中队荣获"广东省红领巾四星章中队"称号,多个中队荣获"深圳市红旗中队"称号,多个中队被评为"福田区红领巾奖章二星章中队"。

王诗文老师所在团队,包括学校中队辅导员、思政课教师等,他们在专业能力发展上不断进取有为。近5年,东实的大队辅导员相继荣获省级优秀辅导员、优秀团干等称号;10余名中队辅导员、大队辅导员荣获市级优秀辅导员、十佳辅导员、德育骨干教师、先进工作者、辅导员国培班优秀学员等称号,有的辅导员还被聘为深圳市团校客座讲师。其中,现任大队辅导员王诗文老师与其余4名中队辅导员在深圳市辅导员风采大赛中荣获团队二等奖及2个单项一等奖、3个单项二等奖（全市唯一一支完全由同一所学校的中队辅导员组成的团队），彰显了东实辅导员队伍的强大与深厚功底。

学生成长有后劲，近几年内，东实培养了多名国家、省、市、区各级优秀少先队员：1名队员被评为"全国优秀少先队员"；1名队员荣获广东省"十佳少先队员"称号，6名优秀少先队员荣获2012—2022年度"广东省红领巾奖章四星章优秀个人"称号，连续8年有学生被评选为"广东省最美南粤少年"，1名队员荣获"广东省优秀少先队员"称号；2名队员荣获"深圳市鹏城好少年"称号，4名队员荣获"深圳市优秀少先队员"称号，2名队员入围深圳市"新时代好少年"评选（1名获提名奖）。学校成为2021年度全省唯一一所拥有4名队员获得省级荣誉的学校，也是获得省、市、区级少先队员专项荣誉最多的一所学校。

"红孩子成长"系列课程在校外取得了较强的影响力。近5年，学校多次在广东省内各地多所学校做线上线下专题分享、培训及展示，学校、辅导员及队员多次在全国、省、市、区各级平台报道中出现，好评如潮。

这些都是属于东实少先队的"高光时刻"，也是学校德育结出的硕果。做好少先队员成长道路上的引路人，让红色基因在少先队员心中生根发芽，帮助他们扣好人生的第一粒扣子，使他们更加明晰前行的方向，是我们坚定不移的任务和使命。

第二节　数据赋能，从图书馆到整个世界

教育的根本目的是为每一个学生的幸福和发展奠基，是要培养学生适应未来社会的关键能力、必备品格和正确价值观。阅读既是运用语言文字获取信息、认识世界、发展思维、获得审美体验的重要途径，也是实现人类历史文化的代际传承方式，更是实现培养人、发展人的重要途径。

在数十年的教育生涯中，笔者深信：课堂学习是学习生涯的基本任务，而影响人生"天花板"高度的，是学生阅读的深度和广度。因此，在校训中，笔者着重强调了"阅读绽放未来"；在"脚印"课程体系构建中，我们精心打造了图书馆课程。

如何让学生对阅读产生兴趣？苏霍姆林斯基认为，学习如果具有思想、感情、创造、美和游戏的鲜艳色彩，那它就能成为学生深感兴趣和富有吸引力的事情。阅读如果仅仅浮于表面，停留在浅层的话，就如《礼记·大学》里所描述的"心不在焉，视而不见，听而不闻，食而不知其味"，无法真正理解书中

所传达的思想与观念,也无法深刻理解书中的内容。因此,在阅读过程中,需要深度学习书中内容。美国研究委员会、美国研究院、威廉和弗洛拉·休利特基金会曾联合提出深度学习的框架,包括三大领域和六维能力。深度学习的框架显示了认识领域对应的能力是掌握核心学术内容、批判性思维和问题解决能力,人际领域对应的能力是有效沟通、合作,个人领域对应的能力是自我导向的学习心智。

我校的阅读课程正是基于这样的深度学习能力框架而构建起来的,旨在通过阅读课程让学生形成理解性思维、批判性思维、创造性思维,并能将学到的知识运用于新问题和新情况中,培养学生解决问题的能力。阅读课程的实施,可让学生看到更大的世界,体会到因阅读带来的乐趣和成就感,从而促使学生坚定学习心志,强化学习的自信心,坚持克服障碍,相信努力会有回报,最终达成自我导向的学习。

一、基于大数据的图书馆变革

在大数据时代,教育教学的管理不能仅凭个人经验和直觉判断,而是要基于数据优化管理,促进教育教学的有效性。深圳市福田区曾在2016年对部分年级学生的学科学习做过监测调查。其中,在语文学科的众多数据中,有关于图书馆的调查让我们发现了学生在阅读时存在的问题。学生不爱阅读,原因在哪?是因为作业太多,没时间和精力阅读?是因为课外兴趣班或活动占据了阅读时间?还是因为父母认为学科学习比课外阅读更加重要?为了解学生的阅读情况,笔者带着团队对现有数据进行了分析,找寻内在的原因,优化学校的阅读课程。

(一) 大数据下的问题呈现

2019年,中国基础教育质量监测中心在全国31省(自治区、直辖市)以及新疆生产建设兵团开展了语文、艺术学习质量监测工作。对此,深圳市福田区针对四年级、八年级学生的语文、音乐、美术三科做了一系列的监测。在福田区语文学科监测的众多数据中,我们发现了几组与图书馆和阅读有关的数据,与广东省、深圳市数据进行对比,可以发现福田区学生阅读的现状。

1. 图书馆使用率低

福田区四年级学生中每周去图书馆进行借阅的学生占比为38.3%,比深圳市均值低6.1%,比广东省均值高2.7%,低于全国均值3.2%(图3-4)。学生表示学校没有图书馆和没去过图书馆的学生占比之和为35.6%,低于深圳市均值3.5%,低于广东省均值12.7%,低于全国均值7.9%。而福田区的图书馆使用比率在全国排名为第121名。

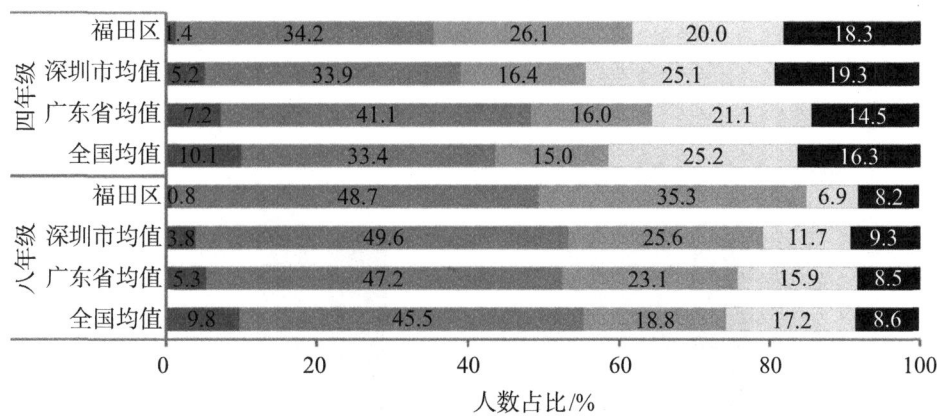

图3-4 四年级、八年级学生学校图书馆使用情况对比

2.课外阅读时间少

图3-5结果显示，福田区四年级学生中每天的课外阅读时间在2小时以上的学生占比为16.2%，低于深圳市均值1.1%，低于广东省均值1.4%，低于全国均值1.8%。福田区八年级学生中每天的课外阅读时间在2小时以上的学生占比为9.5%，低于深圳市均值1.9%，低于广东省均值0.4%，低于全国均值0.8%。

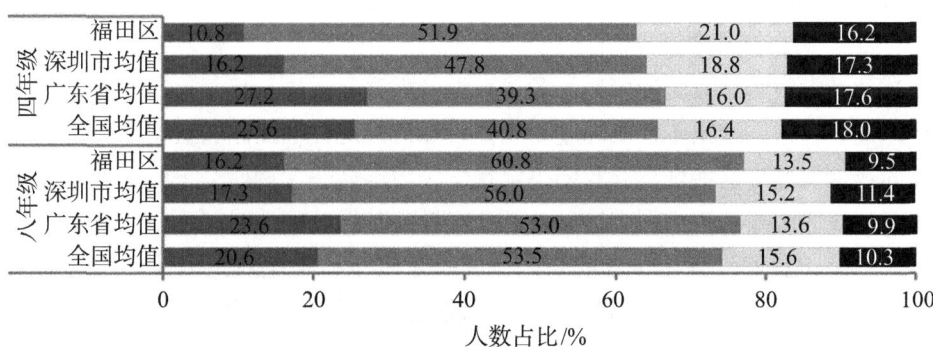

图3-5 四年级、八年级学生每天课外阅读时间分布情况

3.学业成绩与阅读量的相关度

图3-6结果显示，广东省每月课外阅读量为4本及以上的学生，语文学业成绩平均分相对较高。其中，四年级每月课外阅读量为7本及以上的学生，语

文学业成绩平均分为508分；每月课外阅读量为4～6本的学生，语文学业成绩平均分为490分；每月课外阅读量为1～3本的学生，语文学业成绩平均分为465分；每月课外阅读量为0本的学生，语文学业成绩平均分为409分。

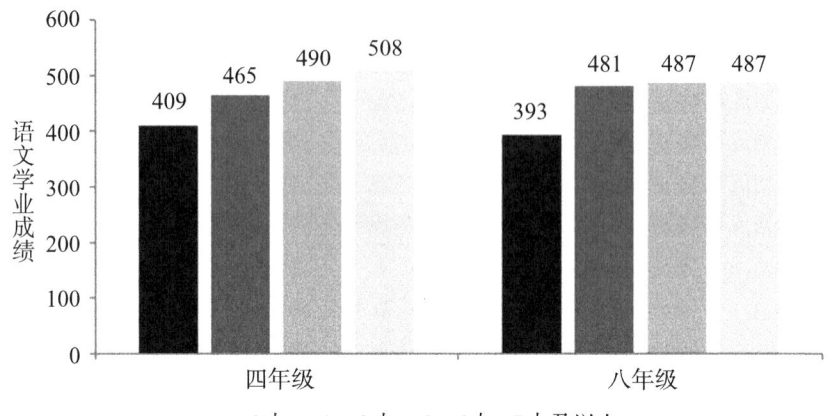

图3-6　广东省四年级、八年级学生中每月不同课外阅读量学生的语文学业成绩

（二）大数据带来的思考

以上数据显示，福田区学生无论是图书馆的使用率还是课外阅读时间都明显不足，而学业成绩与阅读量的相关度的数据则说明，学生的语文学业成绩与课外阅读量在一定程度上来说是正相关的。然而，福田区学生每天阅读时间平均值低于深圳市均值，也低于广东省均值，更低于全国均值。

基于2016年的数据调查，在思考学校新一轮五年办学规划时，笔者组织行政及骨干教师认真阅读国测的各项数据及报告，并进行反复比对。我们不禁产生疑问：这究竟出了什么问题？我们该如何应对？福田区的数据能否代表本校的数据？鉴于这些疑惑，我们决定在学校内部做一次调研，了解学生究竟是出于什么原因才较少去图书馆，又是什么导致其课外阅读时间不足。

于是，我们设计了调查问卷，主要是了解本校学生对图书馆环境的满意度、对阅读的兴趣度、对阅读有不同兴趣度的原因等。与此同时，教师可以通过调查问卷，了解学生的阅读兴趣指向。调查数据显示，有92%的学生不喜欢图书馆的环境，87.2%的学生认为图书馆里的书籍陈旧、更新太慢，79%的学生认为在图书馆借书太麻烦，78.6%的学生认为阅读比起体育、文体活动显得太过沉闷、无趣，63%的学生因为作业费时多，所以没有时间阅读。这些数据说明了三个问题：第一，学校图书馆对学生没有吸引力；第二，仅仅是安静的阅读不足以让大部分的学生体会到阅读乐趣；第三，学生及其家长没有认识到阅读与学习成绩的关系,反而常常因噎废食。作为教育者,我们清楚地知道阅读绝不仅仅关乎学科成绩,更重要的是对学生终身发展具有深远意义。为此,改变校园阅读环境、提高学生阅读兴趣、让阅读引领学生发展的改革任务迫在眉睫。

(三)大数据下的顶层设计

清楚问题根源后,就要着手解决问题。笔者和学校管理团队将阅读课程建设写进五年办学规划中,希望通过阅读课程的建设引领学生阅读,在阅读的过程中逐渐掌握阅读策略,形成阅读动力,发展高阶思维,最终促进学生成为适应未来发展的人。这也契合了学校的核心办学理念:为每一个孩子的幸福和发展奠基。

我们信奉"身体和灵魂必须有一个在路上"的原则,阅读与行走、书本与世界要着眼于学生的长远发展,让学生能在书籍中汲取精神营养,在实践与行走中提升能力、锻造品质,以此契合学校的校训:脚印丈量世界,阅读绽放未来。

教学目的是培养人,培养适合未来社会的人。要实现这一愿景,大力推行阅读是最重要的举措之一。因此在顶层设计中,学校将阅读的育人功能提到前所未有的高度,从理念引领到环境打造,再到课程建设都进行了设计和部署,以此培养学生形成符合实际的自信和良好的自理能力,让学生能够热爱阅读和锻炼,即使遇到困难仍奋力向着目标迈进。

二、打造无边界的图书馆课程

随着"小脚印阅读中心"的落成,学校图书馆课程(也称阅读课程)也逐步开展并丰富起来。2019年4月,教师团队将图书馆课程梳理成完整的框架,并在实施的过程中持续优化、不断充实。虽然以"图书馆课程"命名,但是事实上,我们推崇的阅读场景不仅仅是图书馆,更是能够随时、随处、随心阅读的场景。我们力图打破图书馆的边界,让学生经由图书馆而链接世界、阅读世界、体验世界,促使阅读真正发生。

在图书馆课程中,学生围绕具有挑战性的学习主题,会经历全身心积极参与、体验成功、获得发展的有意义的学习过程。学生在阅读实践的过程中掌握学科核心知识;在理解阅读的过程中把握阅读的本质及阅读策略,形成积极的内在阅读动力、高级的社会性情感、积极向上的态度、正确的价值观,不但成为既具有独立性、批判性、创造性,又有合作精神的基础扎实的优秀学习者,而且成为未来社会历史实践的主人。

在图书馆课程这一定位下的阅读有别于"脚踩西瓜皮式"的消遣式阅读、休闲式阅读、自由式阅读，而是用这套课程培养学生深度学习的能力，从而推动学生的发展。具体而言，在认知领域上，阅读要促进学生掌握学科的核心专业知识、学科的思维能力以及解决问题的能力；在人际领域上，阅读要重视输入与输出，解决沟通、交流和合作等问题；在个人领域上，阅读要促进学生吸取能量，让学生明白自己的人生方向、目标等。从这个角度思考，我们把图书馆课程的目标定为：掌握阅读策略、生成阅读动力和发展高阶思维。这里的高阶思维有三个层次：理解性思维、批判性思维、创造性思维。图书馆课程以图书馆为媒介，以语文科组为主导，全学科共同参与，以全方位提升学生的阅读素养为目标，旨在打破学科壁垒。推进阅读课程已成为每一位东实教师的责任。

"促进孩子成为适应未来社会发展的人"是图书馆课程的理念。阅读不仅是安静的、个体的，也应是热闹的、群体的。阅读的内容不仅是书籍，还要有生活、自然，乃至世界。学生需要与未来社会共鸣，阅读课程要培养学生适应未来社会的关键能力、必备品格以及正确的价值观。为此，我们在设计图书馆课程时，基于深度学习理论，参照PISA（国际学生评估项目）的评价体系，探索并开发了以活动型课程、研究型课程、实践型课程、创作型课程为主的课程体系（图3-7），涵盖各学科组合开发的20余门课程。

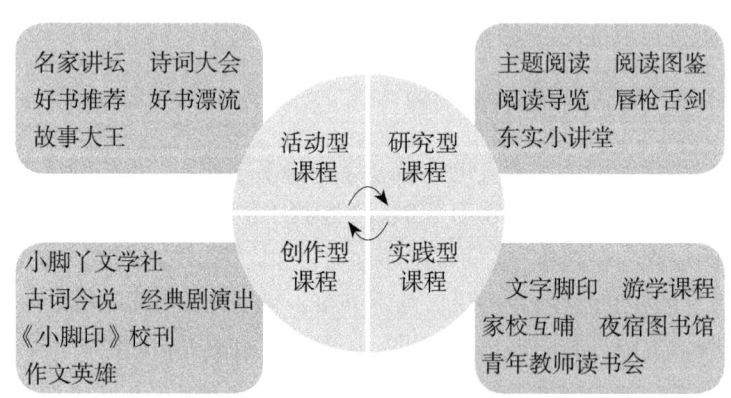

图3-7　图书馆课程体系

（一）研究型课程

研究型课程旨在培养学生的自主学习能力，鼓励学生在现实生活中去发现问题，确定自己的研究主题，在研究的过程中开展多文本、多形式、多资源的阅读；再将自己的阅读所得结合自己的知识结构，联系研究过程中获得的不同信息，然后对信息进行加工处理，形成对文本信息的解释，并采用多形式、多途径的表达，最终促进"学术心态"的形成（图3-8）。

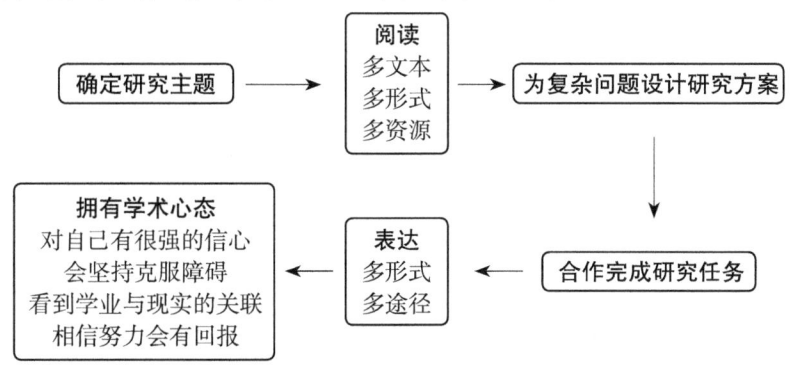

图3-8 研究型课程研究步骤

研究型课程包括：①主题阅读，就是将有着共同主题的文章放在一起读，比较它们的相同与不同之处；②阅读图鉴，就是用思维导图的形式将阅读材料进行梳理、提炼；③阅读导览，采用书面式的好书推荐形式，梳理、提炼书籍要点与推荐理由，并用文字、图片的形式进行表达；④"唇枪舌剑"，就是站在各自的立场上，运用各自掌握的信息与对手进行针锋相对的辩论；⑤"东实小讲堂"，就是将阅读与表达相结合，让阅读者联系自己原有的知识、想法和经验，对所读的书作评判和鉴赏，并通过口头表述、PPT辅助的方式分享给大家。研究型课程的阅读策略包括联结（生活与书本的联结）、整合（多文本、多资源整合）、调研（观察、记录、询问、判断）、表达（多形式、多途径的表达）。

以学生探究性小课题为例，教师首先会鼓励学生积极地在现实生活中去探索与发现，从而确定各自感兴趣的研究主题。这一研究过程会自然而然地带动学生进行广泛而深入的阅读，积累知识和素材。在大量阅读的基础上，学生们会进一步制订详尽的研究方案，明确研究路径与方法。紧接着，他们将通过团队合作的方式，共同努力完成既定的研究任务。最终，学生们会利用"东实小讲堂"这一平台，系统地展示他们的研究成果，进行一系列精彩的宣讲，分享他们的发现与见解。

例如，学生发现公园内常有游客误食有毒植物，进而确定了研究主题——"公园的植物都是安全的吗？"在研究过程中，学生们进行了大量阅读，制订了研究方案，并在自然环保专家的指导下进行了实地考察与调查。通过这一系列的调查与研究，他们深入认识了公园里的植物，详细了解了植物的习性。待方案完成后，学生以小组合作的形式共同完成了研究任务。最终，在"东实小讲堂"这一平台上，他们进行了系列宣讲活动。

有的学生经过一年的深入研究，在香蜜公园内成功识别出17种"不安全"植物。他们依据一定标准对这些植物的毒性进行了评级，并精心制作了香蜜公园有毒植物图鉴。学生们表示："我和同学们还特意将这些有毒植物的具体生长位置标注在地图上，并制作成册发放给市民。"此外，有的学生小组则别出心裁地设计了一副香蜜公园有毒植物扑克牌，创新性地开发了"消消乐""记忆大师"等趣味游戏，将有毒植物的辨识知识巧妙地融入游戏中。更有学生小组在香蜜公园内开通了有毒植物导赏专线，由小组成员轮流担任讲解员，定期对市民进行导赏与宣传。

通过这样的研究型课程，学生们得以走出学校，深入社区，让阅读与现实生活紧密相连。学生们纷纷表示，"和小伙伴们一同探讨研究课题，真是乐趣无穷！我不仅学到了严谨求真的科学精神，还结识了一群志同道合的朋友，真是太过瘾了！"

（二）实践型课程

实践型课程是从学生真实生活和发展需求出发而设计的课程（图3-9）。

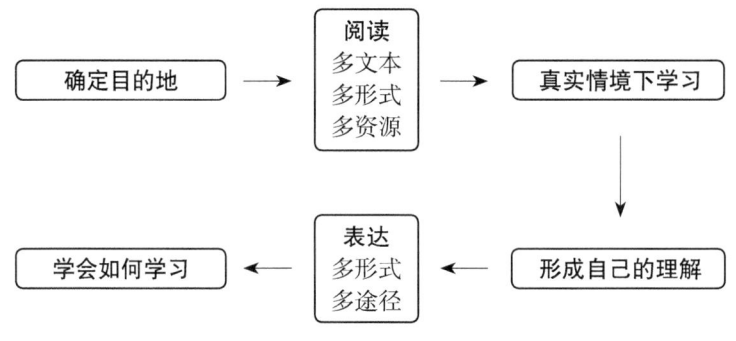

图3-9　图书馆课程体系

实践型课程包括：①文字脚印。这是寒暑假的语文特色作业，要求用文字记录各自在假期里走过的地方，看到的风土人情，产生的体验感受；②游学课程。将书中世界与现实世界对接，并相互印证和补充；③家校互哺。家长和孩子共同阅读，让书香弥漫家庭，同时也主张让家长进课堂讲述他们工作领域的知识，或者业余爱好方面的知识；④夜宿图书馆。让即将毕业的学生，以班级为单位在图书馆开展阅读、游戏、电影、美食、畅聊等活动，加强对学校、对班级的认同感和归属感；⑤青年教师读书会。其中，文字脚印课程意在让学生在行走中观察并记录，在活动中体验并交流，在这样的过程中阅读"世界"这本大书。

读万卷书，行万里路。"大千世界"是一本值得学生终身去读的书。通过实践型课程，学生把书中的世界与现实世界对接并相互印证和补充，将阅读拓展到图书馆以外、拓展到学校以外。

如何让学生充分感受到阅读"世界"这本书的乐趣？以游学课程为例，我们可以从以下几个方面着手：

一是深化国家主题阅读体验。选取如"探索多彩澳大利亚"的主题，不再局限于阅读国家介绍和文学名著，还鼓励学生通过多样化的活动，如学唱澳大利亚歌曲、品尝并分享澳大利亚美食等，多维度地了解澳大利亚的文化、历史、风土人情等各个方面的知识。这样的阅读体验旨在激发学生的兴趣和好奇心，为后续的游学活动打下坚实基础。

二是实施沉浸式游学实践。在出行前，除了通过阅读了解澳大利亚的风土人情和民俗习惯外，还鼓励学生进行深入的研究和思考，制作个性化的出行小贴士。在游学过程中，学生将书本知识与现实世界紧密结合，通过实地考察、亲身体验等方式，深化对澳大利亚的了解。同时，鼓励学生随时记录自己的所见所感，形成个人独特的游学体验。

三是展示与分享游学成果。行程结束后，学生可以通过撰写游记、制作游学报告、展示照片等多种形式，分享自己的游学经历和收获。这一环节不仅有助于学生巩固所学的知识，还能培养他们的表达能力和批判性思维能力。同时，分享活动也是文化交流的重要平台，学生可以将中国独特的文化带给澳大利亚的朋友，也可以将对澳大利亚的深刻认识带回国内，与全校师生共享。学校校门口的展板则成为一个展示学生游学成果的窗口，将学生的思考和感悟传递给更多的人。

（三）创作型课程

创作型课程是指培养学生的创作意向、创作能力和创造精神的课程，让学生不是在完成作业，而是用专家思维去完成作品。以小脚丫文学社为例，其课程目标有以下两个特点：第一，个性化写作的平台，校园小作家的孵化器，培养忠实校园文学新秀；第二，全方位提升学生的写作水平及阅读素养。创作型课程的阅读策略包括积累（摘录语言、梳理脉络、揣摩写法）、运用（书面语言、写作方法的内化及运用）。小脚丫文学社举办的"作文英雄争霸赛"是学校每年的重点活动之一。该比赛结合了阅读与表达，以写促读（说），读（说）写共进，同时引导学生对文本进行加工，对文本进行创造性解读并表达。比赛从海选到100强，再到50强，又从30强到10强，层层角逐，让写作充满挑战趣味。小脚丫文学社的各种宣传活动增加了"作文英雄"的荣誉感，让写好作

文成为全校学生向往的事情。比赛赋予了学生创作的激情，激发了学生更大的阅读动力，使学生在阅读中更积极、主动地学习语言与思维。

由小脚丫文学社策划并编印的校刊《小脚印》，为学生搭建了一个发表作品的平台，也为全校师生提供了一个相互交流的平台。其中的《古词今说》栏目将经典古诗词用现代文形式来表现，让古诗词成为一个故事、一部人物自传、一篇散文；《经典剧表演》栏目对阅读的文本进行深刻解读、加工及表现。对于在"作文英雄争霸赛"中最后胜出的10强，学校会将他们的作品刊登在《小脚印》上。

此外，学校在2023年隆重推出了"东实小作家"活动，并在同年6月成功举办了第一届"东实小作家新书发布会"，首发共有15本充满童趣的童书。这一活动的创意源自教师陶红松在其任教班级的一次独特尝试。起初，陶红松老师与三年级的学生们约定，将他们的优秀作文收藏起来；到了五年级时，他鼓励学生们自己动手，对自己的作文进行整理、分类，并汇编成个人的作品集。最终，这个班级竟然整理出了40多本精彩的个人作品集。这次成功的尝试，让学校萌生了在全校范围内推广这一活动的想法。于是，在陶红松老师校级讲座的悉心指导下，以及学校的资金支持下，这一活动逐渐影响到其他班级，催生了更多的班级作品集。这不仅激发了学生们对写作的热情，还促使他们更加主动地参与写作。看见这样突出的成效，笔者便顺势组织了第一届"东实小作家新书发布会"。

（四）活动型课程

活动型课程，顾名思义是一种以活动为核心的课程形式。在学校中，所有活动都遵循课程化的设计理念，旨在通过互动、群体的阅读活动，完成知识的内化、整理和输出，让书籍中的养分真正渗透到学生的心田。值得注意的是，每个活动的举办都并非随心所欲，而是基于精心制定的课程纲要、明确的课程目标以及详尽的课程实施方案来有序开展。

以"好书推荐巡讲"活动为例，其课程目标设定得既全面又具体：首先，致力于拓宽学生的阅读视野，有效引导学生逐步涉猎各种体裁的读本，如儿歌、童话、寓言、儿童小说，以及历史故事、地理游记、科普读物、科幻小说、散文、古典小说等，以丰富学生的阅读体验；其次，采用任务驱动的方式，让学生在反复阅读、提炼中形成独特的阅读策略，在表达中深化对语言的理解，同时在反思和输出的过程中，促进他们高阶思维的发展；最后，通过不同层次的分享活动，使阅读成为一种可分享、可讨论的群体活动，从而进一步激发学生的阅读动力。这样的活动不仅让学生以书为媒介，结交志同道合的书香朋友，更在全校范围内营造出一种浓厚的阅读氛围。

"好书推荐巡讲"活动的最终目的是通过推荐的过程，促使学生运用阅读的策略、积极主动的思维，提升自身的阅读能力和创新能力。该阅读策略包括联结（作品、作者、时代背景）、整合（收集、梳理、提炼）、反思（批注、鉴赏、评判）、运用（书面表达、口头演说）。

首先，分年级确定推荐主题（图3-10）。不同年龄段的学生有不同的心智发展阶段，阅读书目推荐应该遵循学生不同时期的心智发展特点与规律。因此，学校为每个年龄段的学生量身定制了不同的推荐主题。其中，一年级主推儿歌、童话、寓言；二年级主推童话故事、科普读物、民间故事、成语故事；三年级主推儿童小说、地理游记、科幻小说、神话故事等；四年级主推儿童小说、动物小说、历史故事；五年级主推人物传记、历史故事；六年级主推散文、哲学、古典小说等。学生在推荐主题里自主挑选并进行深度阅读，为接下来的好书推荐活动做好充分准备。

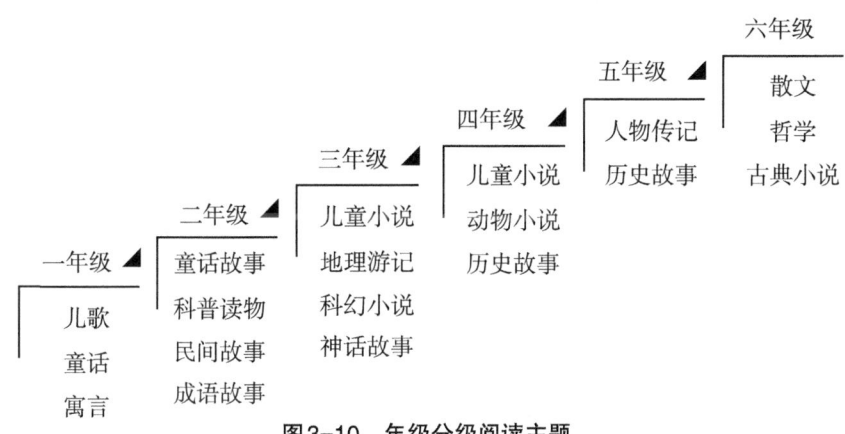

图3-10 年级分级阅读主题

其次，层层分享选拔。班级分享阶段，学生要做到多文本阅读，梳理分享提要，撰写文稿，制作PPT，练习表达，争取班级出线的机会。在跨级巡讲分享活动中，学生进行团队作战，有思辨，有合作，有碰撞，有表达。最后，评选出全校的"十佳讲师"，在全校的大舞台上进行好书推荐。在这样的场景下，学生们拥有了一次终生难忘的经历，对个人的自信心、能力都是一个极大的提升。学生在梳理、归纳、提炼、评判、表达等活动过程中，也在逐渐发展高阶思维。

笔者带领学校管理团队每年举办"读书月"活动，让书香浸润校园。阅读，是安静的，是个体的，是输入，是获取知识、了解世界的重要途径；读书月，是热闹的，是群体的，是输出，要求学生在各种活动中表达、展现一年来

的读书所获，提升表达能力。每一届的"读书月"活动都有常规活动和新增项目，例如，"讲故事比赛""诗词大会"，是一、二、三年级的学生在舞台上表达；"作文英雄争霸赛"，是四、五、六年级的学生在纸上表达；"好书推荐巡讲"活动覆盖全校，走入每间教室进行分享和表达；"东实小讲堂精英"比赛，则是高手间的交流和较量。

随着环境美丽、温馨、舒适的图书馆的建成，丰富的图书馆课程落地实施，在东实，阅读每天都在校园的各处发生。如今，越来越多的东实学子，只要有时间就喜欢泡在图书馆，只要有点空闲就喜欢手捧书本。他们已经学会静静享受阅读，在阅读中汲取能量，他们要在下一个读书月绽放出新的精彩。

三、实施多元、多维的评价方式

笔者深刻认识到，没有评价反馈的学习，由于缺乏关键的指引和修正，其效率是堪忧的。因此，在大力推进阅读之时，笔者在阅读评价上作了新的变革，采用多元评价和多维评价相结合的形式。

（一）多元评价

图书馆课程的评价是多元的，有教师评价、同学评价、第三方评价。每个学期，学校的语文期末测试除了常规卷面测试外，还增加了古诗词背诵测评、朗诵测评、书法测评。古诗词背诵内容为校本教材《我爱诵读》的内容，每个学期的必背内容为15首古诗词，采用的是一对一抽测的方式；朗诵测评采用统一出题的方式，让学生回家录制音频并上交，利用第三方进行评分；书法测试是全校在同一时间、按照规定的格式用统一的书法纸来写规定的内容，利用第三方进行评分。

而活动型课程，除了教师做评委外，很多活动都要求同学作为主要评价者。如"好书我推荐""东实小讲堂"等课程都是让作为听众的学生来评价，有的则是采用教师和同学共同评价的方式。

（二）多维评价

一方面，区内语文统测评价多维。近些年来，福田区在期末测评上作了很大的改革。虽然还是以纸笔测试为主，但是考查内容增加了视听题。另外，课外阅读开放题指向整本书阅读，基础题更注重积累后的运用以及思维和表达。而且，试卷题目有大量需要阅读和理解的内容。这些改革都旨在改变死记硬背的学习方式，引领师生重视阅读素养的提升。

另一方面，图书馆课程评价多维。具有国际影响力的PISA（国际学生评估项目）对阅读素养的界定为：个体为实现个人发展目标、增长个人知识、发展潜力以及为了参与社会活动，有效地寻求信息，理解运用和反思书面文本的能力。根据本校师生自身的特点，结合国内外权威机构和专家对阅读素养的定义，学校将阅读素养分为理解、运用、反思、分享四个方面（图3-11），并在此基础上作了进一步细化。

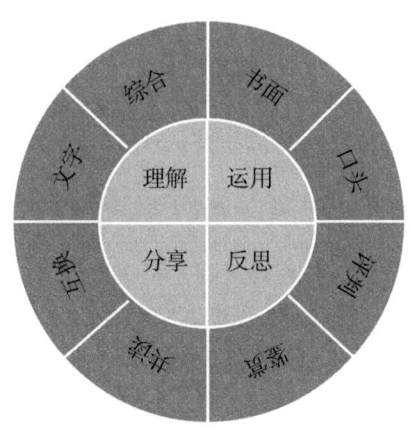

图3-11 学校阅读素养结构图

在图书馆课程体系中，每一门课程至少指向一项阅读素养的培养，也就是说，每一项课程都是为了考查学生至少一方面的阅读素养（图3-12）。

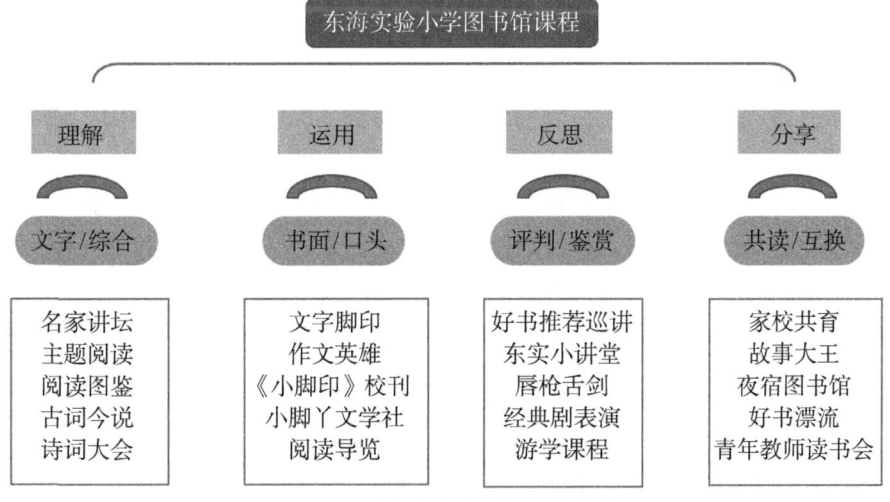

图3-12 "图书馆课程"阅读素养

（三）总结性评价和形成性评价相结合

图书馆课程是以活动形式为主的，充分考虑学生的个性化体验需求，加入互动性、自主性、娱乐性因素，让学生有一个全身心享受阅读的环境，也让他

们在丰富多彩的活动中感受阅读的乐趣。因此，过程性评价采用的是总结性评价和形成性评价相结合的方式。总结性评价包括常规期末测试和加测项目，过程性评价则更多是在各种活动课程中，通过开展对应不同阅读素养的系列活动，给学生提供展示的舞台，营造良性的竞争环境。

在图书馆课程的实施下，学生基于课程而链接世界、阅读世界、体验世界，在图书馆里通过阅读看到整个世界。当学生丈量世界的时候，世界也就变成了学生最大的、最开放的、最明亮的那一座"图书馆"。

四、案例："小脚印"图书馆家长阅读课程

为深化学校的阅读课程，拓宽阅读的可能性，提高家校共育合力，2020年3月，笔者将目光投射到创设"小脚印"图书馆家长阅读课程上。优秀的家长团队走进图书馆，对于学生来说是新鲜的、有趣的，有助于激发学生的阅读积极性与主动性。家长参与阅读课程，既能促进家长和孩子的共同成长，也能增进家长与孩子之间的情感交流。

在"小脚印"图书馆家长阅读课程"1.0版本"的实施过程中，共有50名家长参与了课程培训，课程围绕一个核心主题展开授课。自2020年5月起，家长导读成员开始走进图书馆，全面推广该课程。2023年2月，在课程团队教师与家长导读组成员的共同努力下，"2.0版本"——"东实阅读点灯人"以崭新的面貌走进校园，吸引了更多家长参与培训并投身其中。家长根据学校的活动内容，精心策划并开展了主题式阅读活动。而在"3.0版本"中，阅读形式进一步升级为整本书阅读，鼓励家长向学生深入讲解一整本书的内容。截至2024年6月，家长课程义工已成功进行了100余次授课活动。

家长阅读课程既是常规课堂的补充和延展，以书为媒介，从适合学生的阅读方法和导读技巧出发，让家长作为亲子阅读的引领者，参与阅读课程设计，为学生的阅读效果增值，同时也是引导学生看见更广阔世界的有效路径。

目前，该课程共有24课时，其中"书的诞生"为4个主题，"导读系列"为8个主题，"国际文化"为7个主题，"科普主题系列"为5个主题。下面以学校二年级（4）班林良彬同学的妈妈徐继霞设计的"光明与黑暗的辩证思考——《德国盲人体验博物馆》主题阅读"为例，进行详细阐述。

光明与黑暗的辩证思考
——《德国盲人体验博物馆》主题阅读教学设计

【教学目标】
（1）通过详细介绍，让学生了解德国盲人体验博物馆。

(2)帮助学生了解德国及中国盲人的现状和助盲政策。
(3)培养学生善于发现生活细节的素养,养成良好的思考习惯。

【教学重点】

对德国盲人体验博物馆进行介绍,对中国特别是深圳助盲现状进行反思。

【教学难点】

(1)学生处于低年段,对助盲知识的了解相对来说比较匮乏。
(2)学生对这类偏向于科普的主题阅读趣味性不足。

【教学对象】

小学二至四年级。

【教学时长】

40分钟。

【教学过程】

(一)模拟情境,激发学生的探究欲望

1.设置情境,引入内容

创设两种不同的情境(表3-3),并让学生分享真实的体验感受,引出本次阅读的主题——德国盲人体验博物馆。

基于情境认知理论的导入设计,引起学生对不同感受的思考。

表3-3

事项	情境一:请同学A绕过障碍物	情境二:请同学A蒙着眼睛绕过障碍物
对比效果	非常快速而顺利地绕过障碍物	非常迟疑地摸索前行
心理	正确判断,没有任何负担	没有办法预判,忐忑不安

2.展示德国盲人体验博物馆外观图片

(二)揭开博物馆神秘面纱,初步满足学生的好奇心

根据认知图式理论,详细介绍博物馆,强化学生探究的渴望——对新奇有趣事物的探索。为下文的盲人关怀储备知识。

1.整体介绍博物馆

这是一座位于德国法兰克福的特别的博物馆。在这里,不需要依靠视觉来感受展览。实际上这个博物馆是专为视障人士设计的,通过听觉、触觉、嗅觉和味觉等方式来体验展览。

参观者进入博物馆时,会接到一根工作人员发放的导盲杖,然后在视障导览员的引导下,行走在全黑的展厅内进行探索。

2. 馆内设置介绍

展览入口设有一些互动装置，体验者在等待入场时可以在这里"预热"一下，仅凭嗅觉、听觉、触觉猜测是什么东西。比如，有一面墙上设有字母A至Z的盲文，由1至5个凸起的小圆点组成。它们不同的排列组合可表示不同的字母。体验者可以闭着眼睛，用手触摸墙壁上的凸起，尝试进行记忆。又如，将生活中常见的东西作为嗅觉测试器（如柠檬、薄荷、薰衣草等），供体验者尝试并得出结论：当人没有了视觉辅助，才发现嗅觉如此不可靠。

3. 游客体验介绍

这一环节强调游客体验，呼应开始时的情境对比导入环节，引导学生想象一下当时的情境。

（1）一起手牵手在黑暗中走盲道；过马路时，一起按下盲人的信号灯。

（2）一起在漆黑中参观了一个汽车展览。

（3）一起踢足球，完全找不到球门。

（4）一起在盲人餐厅点了饮品，不知道付了多少钱，也不知道找回了多少钱。

4. 启发学生思考博物馆建立的目的

提问：德国为什么要建立这所博物馆？

扩展思考：深圳有无建立同类博物馆的可能？

（三）对比德国和中国的助盲政策，寻找学校周边的盲人设施

1. 引导学生去了解德国和中国的助盲政策

通过政策的对比，取长补短，学生可真正认识到中国在助盲工作中做出的大量努力。同学们在了解助盲政策的同时，可将表3-4填写完整，使其对比更具直观性，让人一目了然。

表3-4

问题	德国	中国	学校周边
盲人人数			
经济补助			
人行道设施			
公交地铁设施			
职业或文化教育			
不足之处			
我们可以做什么			

2. 抛出问题，引发思考

提问的设置能够让学生对主题有更深层次的理解。

（1）在现有的举措上，我们还能做什么？

（2）想一想，我们学校的周边有什么助盲的设施？

（3）如果盲人需要帮助，你会怎么做？

（四）好书推荐

推荐各类书籍，如博物馆类、盲人励志故事类、导盲犬故事类的图书。每一类推荐3～5本，鼓励学生在图书馆借阅书籍，思考问题。

好书推荐环节可以让学生增加本次主题阅读的广度和深度。

（五）归纳总结

该课程的设计紧密贴合低、中年段学生的认知与智力发展阶段，通过互动提问、实践操作等环节，有效激活学生积极主动参与阅读的意识。它不仅是对常规课堂的补充与延伸，还显著提升了学生在常规课堂上解决问题的能力，使阅读效果得到增值。

在理论依据方面，该课程的设置主要依据以下三点：一是《义务教育语文课程标准（2022年版）》所倡导的自主、合作、探究的学习方式，强调以学生为中心，关注个体差异和学习需求，激发学生的主动意识和进取精神；二是情境认知理论，主张学习设计应以学习者为主体，将内容和活动与人类社会的具体实践相联系，倡导在真实情境中通过类似实践的方式组织教学；三是认知图式理论，认为发展是个体与环境相互作用中的建构过程，内部心理结构不断变化，而图式是人们为应对特定情境而产生的认知结构。

教学目标在设定上具有层级性，从课程知识到社会知识，再到学生思维提升，循序渐进，交叉进行，既融合又分层设计。教学内容上，该课程从德国盲人体验博物馆的实例出发，引导学生反思深圳乃至中国的助盲现状，鼓励学生由被动的知识学习转化为积极思考和主动探索周围的助盲设施，实现了文字符号向实际应用的转化。然而，在教学实施过程中，学生知识阅历的不足可能会影响其对助盲的心理认同和深层次思考，这种匮乏难以仅通过引导实现"学生—知识—教师"的双向互动。尽管如此，教学的真正意义恰恰在于激发这种认同和思考，因此，在教学实施中需继续探讨如何更好地促进学生对新事物的理解和新思考的产生。

这场德国文化主题阅读，像是一场穿越时空的心灵之旅，不仅让学生了解了德国的历史与文化，更感受到了生命的温暖与力量，在品味文化的同时，也

学会了尊重与理解不同的文化。

不能只局限于对书本的阅读与分享,更要以图书为媒介引发孩子对世界探索的兴趣、对自我的认知。我们将以"阅读引领无限探索"的理念,召集更多志同道合的义工家长,组建一支更加高效、团结、专业、多元的课程研发团队,经过培训、分享、学习、讨论以及严格的考核,最终产出为东实学子量身打造的高质量的阅读课程。以阅读为原点,链接起音乐、艺术、自然、科学……林林总总、世界万物,让书本和真实的世界挂钩,从而不断拓展孩子们的视界和思维广度,让孩子们从图书馆走向世界,为"每一个孩子的幸福和发展奠基"。

第三节 趣味思辨,游戏中探索数学奥妙

自2014年在我国正式文件中首次提出"核心素养体系"概念以来,笔者就聚焦核心素养培养,重新审视各学科的重要教学目标,要求教师将知识教学引向素养教学,让教育能真正地赋能学生的未来发展。在聚焦核心素养培养的议题上,学校数学课程体系应如何重塑是笔者和数学科组一直在思考的问题。

在聚焦核心素养培养这一目标的引领下,我们思考了数学课程存在的问题:第一,课程目标单一。核心素养培养主要体现在"关键能力,必备品格"这八个字上,这就要求我们在做课程顶层设计的时候,要进行更系统、完整的思考。在数学课堂上,我们应该"教什么"?不能唯教材、唯知识点,要以学习知识点为载体,落实核心素养的培养。在课堂之外,还有哪些好的方式可以发展学生的数学核心素养?课内外结合的有效路径是什么?第二,课程形式单一。根据未来学校课程观,创作、设计、手工、游戏等方式应该成为学生学习的重要方式,但在课堂教学中,依然有教师较少关注学生的天性及需求,缺乏有效的数学活动设计,习惯以数学题为主要学习材料,导致课堂往往陷入"听讲、做题、对答案"的流程。学生学习兴趣不高,缺乏动手实践、自主探索、合作交流等机会。第三,课程评价单一。课程评价主要采用纸笔考试的方式,形式单一且过于注重结果,无法深度地体现学生学习数学的思维发展过程。第四,师资队伍能力有待加强。一方面,学校招收的年轻教师缺乏教学经验与理念引领,需要对新教师进行系统专业的培训学习,提高其教学技能值;另一方面,老教师及中青年教师容易因重复机械工作而出现职业倦怠,需要激发和唤醒这批教师的内生动力。

为破除数学教学中存在的一些弊病,推进数学课程改革进程,我们另辟蹊

径,将视线投到"游戏"上,让课堂学习变得"好玩"。关于游戏化教学的研究由来已久,美国新媒体联盟在2004—2012年期间发布的《地平线报告》先后提出了37项新技术,其中,"基于游戏的学习"被列为未来在教育领域广泛应用的新技术之一。

学生的成长不仅仅需要知识的增长,也需要教育者的温情。聚焦游戏化教学,能够更好地唤起一线教师对学生学习心理的关注。学习是学生的必需,而游戏是学生的最爱,在学生的认知发展中起着表现、加强、教化、激励等作用。那唤醒学生的方式为什么不能是有吸引力的数学游戏呢?游戏化教学是将教育游戏融入课程教学和自主学习的活动。在数学课程中,游戏能为学生的学习提供直观的感性材料和愉悦的学习平台,在学生"具体形象思维"和"抽象数学知识"之间架起一座桥梁,让学生更深刻地理解数学的内涵,这也有益于其灵活性思维和发散性思维的培养,进而发展其创造性思维。

学校所在的福田区作为深圳市的中心区,在教育实践中继承了深圳一贯的创新思维。例如,福田区教科院小学数学教研员姚铁龙老师主导开发的YTL数学游戏课程,倡导让学生自主学习,享受思考的乐趣,在游戏中玩出学习力。这为学校数学游戏课程的开发开启一扇全新的大门。为更好地探索数学游戏化教学,研发出可与教育有效结合、促进学习者学习的好游戏,笔者申请将学校作为福田区数学游戏研究基地,成立谭春兰数学游戏工作坊。以游戏的开发与实施为着力点,开始在全校范围内推广数学游戏,推进游戏化教学在学科学习中的运用,努力构建培养学生数学核心素养的具有本校特色的"小脚印"数学游戏课程。

一、基础:以学生为中心

不同于普通游戏,数学游戏目标直指数学素养及数学思维的培养;与数学活动亦不同,强调用设计游戏的理念进行教学设计,巧妙运用游戏机制、游戏元素等,达到促进学生学习的目的。其兼具游戏的趣味性、竞争性、娱乐性和数学问题的探究性、技能性、思维性,能有效调动儿童学习数学的积极性,激发和保持儿童探究数学的兴趣。

"小脚印"数学游戏课程倡导以学生为中心的自主学习、深度学习,学生必须真正参与数学学习活动。数学游戏成为教师的教学方式、教学手段和教学资源,通过游戏化教学提升学生的自主学习力,唤醒和激励学生,培养学生数学学习兴趣,促进学生数学思维的发展以及数学素养的形成。

(一)课程开发的理论架构

1. 寻求课程的逻辑起点

儿童立场本质上是"以学习者为中心",核心研究问题是"如何发现和引领儿童"。因此,针对儿童的好奇心、好胜心等特点开发数学游戏课程体系成为研究的逻辑起点。

2. 重构课程的生态系统

从广义上来说,课程是一个完整的生态系统。本课程开发基于儿童立场,从教师、学生、学习资源环境等维度重构学校的课程生态系统。

(1)教师。

教师是课程的创造者和实施者。因此,学校在课程研究中致力于打造"研究共同体",促进教师专业成长(图3-13)。校内,依托科组教研、谭春兰数学游戏工作坊等平台进行游戏化教学研究;区内,在姚铁龙省名师工作室带领下,通过游戏设计大赛、游戏课例展示等活动培养游戏化教学骨干。另外,积极参加中国教育技术协会教育游戏专业委员会的各项活动,在北京大学教育学院原副教授尚俊杰等专家的引领下进行研究。多教研平台开阔了团队的教育视野,给予团队专业成长的乐趣,让团队教师看到研究的意义和价值。

图3-13 教师游戏化教学研究共同体的培养途径

通过引领,我们的教师团队学会运用设计游戏的思维来设计教学,把握必要性(是否偏离教学目标)、思考性(是否实现深度学习)、趣味性(是否激发学习兴趣)、有效性(活动是否扎实有效)四个设计标准,让每一个学生都能主动参与数学课堂的学习,锻炼学生不同方面的能力。并且,通过游戏化教学关注有困难的学生,给予不同学习阶段的学生适宜的支持。当下,学校数学教师在课堂上主动运用游戏化教学法,以学生为中心组织教学活动,并从参与度、自主度、趣味性、数学性等维度研究如何通过游戏促进教学。

（2）学生。

"小脚印"数学游戏课程关注学生的学习心理，让游戏成为学生重要的学习方式。通过游戏激发学生创造力、想象力和愉悦感，更侧重于学习过程而不是唯结果论，允许学习者自由探索问题。该课程强调"做中学"，研发各种游戏学具作为学习媒介，让学生独立操作，获得直接经验，再现数学发现过程。学生通过动作把某些数学抽象逻辑关系"物化"出来，其动作就反映了本身解决问题的思维过程；同时通过语言的作用，将这些"物化"的外部程序"内化"成智力活动方式，从而让学生掌握了数学知识，发展了数学思维。

（3）学习资源环境。

学习资源环境是学习活动的有力保障。为了践行数学游戏化教学，笔者带头成立了8个研究组，开发了一套"软—硬"兼具的数学游戏化学习资源，涵盖视频游戏、App游戏、绘本游戏、微课游戏、桌面游戏、学具游戏、作业游戏、评价游戏；同时根据课程标准，围绕提升学生"自主力、思考力、学习力"的培养目标，分年级编写了配套的数学游戏化教材《玩转数学》。该校本教材获评深圳市好课程之特色课程优化项目。此外，在物理环境上，学校建设了专门的数学游戏实验室。

（二）课程理念

基于课程开发的理论架构，学校提出了相应的课程理念。

第一，儿童立场。以儿童的身心发展规律、情感需求和认知经验为基础，满足其个性化的多元成长需要，选择儿童理解生活世界的方式——游戏，开发符合儿童天性的课程资源和学习方式。

第二，生活视野。以贴近儿童生活为原则，让儿童获得真实的生活体验，促进儿童终身学习和持续成长。

第三，游戏表达。将数学课程的内在知识体系进行提炼，挖掘数学学习本身具有的游戏特征，将其由隐转显，激发兴趣、增强技能、引发思考、探究知识。

第四，快乐成长。将枯燥的数理逻辑转变成生动有趣的游戏探索经历，让儿童在游戏中体验数学学习，快乐地漫游在数学王国里。

（三）课程目标

通过课程的学习，我们能切实有效地发展学生的数学核心素养，包括但不限于数感和符号意识、空间观念、几何直观、数据分析观念、运算能力、推理能力、模型思想、应用意识和创新意识，以求在有趣的学习体验中，激发学生

对数学学习的喜爱，培养学生敢于探究、勇于批判、乐于创造的学术心态。

二、体系：国家课程+校本课程

"小脚印"数学游戏课程以"儿童立场、生活视野、游戏表达、快乐成长"为理念，以提升学生数学核心素养为宗旨，分别从国家课程和校本课程两个维度进行构建；深入研究国家数学课程，从课前游戏、课堂游戏、作业游戏和评价游戏四个方向对现有的教学内容进行游戏化设计。作为对国家课程的补充，学校结合本校师资状况、学生特点，开发常规课程以外的数学系列游戏化课程，并将之梳理沉淀为校本课程。

（一）国家课程游戏化实施

学校倡导国家课程游戏化实施，改进教学方式，以学生喜爱的方式开展教学，让学生在"玩"中习得智慧、能力，培养面向未来的新型人才。学校分析学生心理特征及学习需求，以全面提高小学生数学素养为培养目标，将"四类八种游戏"融入小学数学的四大领域十个核心概念知识体系中，开发游戏，研究游戏化教学课例。实践证明，该课程不仅能激发学习兴趣，还能有效促进数学概念的学习，充分体现了儿童立场。

笔者带领教师研究团队独立开发或合作开发了四类八种共计920个小学数学游戏（图3-14），以及一系列游戏化课程产品，为小学数学游戏化教学提供丰富的教学资源，也为游戏化数学活动提供了丰富的学习工具。部分游戏产品已获国家专利。其中，视频游戏126个、App游戏33个、绘本游戏78个、微课游戏267个、桌面游戏137个、学具游戏102个、作业游戏52个、评价游戏125个。

YTL小学数学游戏类型

带着孩子一起高雅地玩，玩出好奇、玩出魅力、玩出智慧、玩出品质！

视频游戏	App游戏	绘本游戏	微课游戏	桌面游戏	学具游戏	作业游戏	评价游戏
人机交互玩游戏	玩转App	听故事玩游戏	跟着微课玩游戏	一起玩游戏	指尖上的游戏	让做题变成一件快乐的事	让考试变成一件快乐的事
超级变变变 DIY七巧板 蒜苗隐形记 分数大冒险 数学大峡谷 猜算游戏 奶奶便利店 按图索城	数字消消乐 Tellingtime 购物小能手 鱼雷配对 数学大富翁 谜之藏宝图 Math Matching Game	小王子 星际旅行记 凶险重重 探索规则星球 智闯骰子国 好奇妹妹图形王国之旅 寻找生命之泉	数字间课 数字红灯 寻宝记 幸运抽奖 打怪物 密码卡 动物数独 超级碰碰碰	黄金罗盘 分数糖葫芦 玩转四连井 算算饼干 捕数警探 我的王国 超强脑力 数学大富翁	聪明格游戏 数字平衡 几何娃娃 记忆大师 分数墙 智力魔珠 方块对对碰 运算魔方	30秒俱乐部 马西库克字砖 预测大师 明察秋毫 过目不忘 拼图达人 测量达人 逻辑绘图	指尖上的游戏 闯关游戏 摊位游戏 圣延游戏设计 明察秋毫 青蛙历险记 神机妙算 森林历险记

图3-14　教师研究团队开发的游戏内容（部分）

(二)校本课程"数学+"模式

校本课程"数学+"模式主要分为数学+学科游戏、数学+学具游戏、数学+编程、数学+学生工作坊四大内容。

1. 数学+学科游戏

我们基于课程标准对应的知识与能力自主开发校本教材《玩转数学》(表3-5),从数形结合、空间想象、观察推理、策略思考等能力培养的角度设计不同的游戏。《玩转数学》按年级编写,适用于小学一到六年级的学生。每个年级包含10个左右的游戏(如方块对对碰、青蛙历险记、魔方争霸赛等),是对国家课程的有力补充。例如,在四年级学生认识了数位表以后,我们设计了游戏"点与数",让学生对位值思想有更进一步的理解。

表3-5 《玩转数学》各年级能力培养目标

学习阶段	拓展知识与能力领域
一年级	数感、数形结合、空间想象力、观察力、注意力、动手能力、策略思考能力
二年级	计算力、观察力、注意力、动手能力、策略思考能力
三年级	毅力、计算力、空间想象力、观察力、注意力、动手能力、策略思考能力
四年级	理解等量、位值思想、观察推理、运算能力、创新、空间想象、策略思考能力
五年级	高阶计算、应用意识、观察推理、数学创新、策略思考能力
六年级	高阶计算、应用意识、观察推理、数学创新、空间想象、策略思考能力

2. 数学+学具游戏

我们针对每个年级设计了两款适宜的学具游戏,让学生"玩中学""做中悟"。为增强课程主题特色,提升课程丰富性与选择性,学校以现有学具游戏为主题,开发"数学+游戏+X"的融合课程。以魔方游戏为例,我们开发了"魔方+计算""魔方+美术+故事""魔方+成语"等,用好的创意点燃学生心中学习的火花,促使学生思维碰撞出更美妙的智慧水花。学具游戏当下已列入学校数学必考项目,计入期末考试成绩,占比10%。

3. 数学+编程

数学与编程有着许多天然的契合点,比如理解编程中的"模块类和"需要数学逻辑做支撑;理解数学科目关于"正多边形边数越多越接近圆"的知识点又可以通过编程来模拟。因此,我们探究"数学+编程"的融合,倡导跨学科

学习,力求找到数学建模思想与编程思想的相通之处,进行跨学科融合教学设计。

4. 数学+学生工作坊

我们鼓励学生自主进行数学游戏的设计与开发,通过游戏设计对数学核心知识有更深刻的理解,并发展其理解、批判、创造等高阶思维。目前,部分学生设计的游戏作品已经申请专利。另外,学校还开设魔方、魔术等学生数学游戏工作坊,由学生做主讲,推广数学游戏成果。

三、实施:逐层逐步纵深发展

(一)阶段探索

1. 混沌期

在研究初期,我们主要集中在原有教育游戏的收集、整理、分析、应用等活动中。例如,做App分享,鼓励教师去发现与应用身边的好游戏;开展"数学游戏进课堂"系列活动,展示游戏与课堂融合的魅力课堂。当时的游戏课程研究尽管并不是特别成熟,却似"风乍起,吹皱一池春水",越来越多的教师看到游戏化教学带来的欣喜变化,主动要求投入课程开发与实施中,一批批游戏化教学骨干正在迅速成长。

2. 破冰期

当越来越多的教师主动投入游戏化教学研究,学校的游戏课程研究就有了源源不断的动力。谭春兰老师的《设计思维与数学游戏》使我们突破了只会"游戏应用"的瓶颈,尝试结合数学核心素养和数学思维去"设计游戏";周轶老师的《游戏化教学技巧,抓住孩子的心》引导我们将具象的游戏转向游戏元素、游戏思维、游戏机制的应用;更令人欣喜的是,姚铁龙老师的《蒜苗隐形记》将国家教材游戏化实施推向了一个新的高度。"折线统计图"这样一个看似无法游戏化的教学素材,通过挖掘教材中的隐性素材,也能转化成数学游戏。这就启发我们,游戏化教学不仅要研究游戏,更要不断地提高对学科本位的认识。好的游戏化教学从来都源自对教学内容深层次的理解和把握,只有基于对数学核心的深刻认识,才有余力去进行再创造。

进行游戏化教学实践研究时,阻力也空前之大。有人将"玩"和"学习"对立起来,认为这是"玩物丧志"。反对的声音促使我们更加审慎地对待游戏化教学实践研究。从游戏类型上,我们不是仅停留在研究电子游戏,而是更多地将目光转向了卡牌、桌游等操作类型的线下游戏;从游戏目标上,每一款游戏都立足于对某个数学知识的理解与掌握,以及在游戏中培养学生观察、推理、分析等数学素养;在游戏玩法上,有单人、双人、团队游戏,适时提供给学生自主探索和合作学习的机会。总之,我们比以往任何时候都重视"教什么""怎么教""效果怎样",用精彩的课例去慢慢回答"是否形式大于内容"等类似的质疑与追问。

3. 成熟期

"操千曲而后晓声,观千剑而后识器。"在整个研究过程中,笔者和核心团队在各位专家的指导下,基于课程标准提出的理念及开发目标,从课程开发的理论架构、课程体系的结构设计、课程教学的实践三个方面进行系统开发,不断梳理提升。

4. 完善期

从2017年9月开始,学校数学游戏化教学探究进入了完善阶段。一方面,积极探索游戏化教学的理论与实践,以课题引领各方面发展。2017年,谭春兰老师主持的课题"基于数学核心素养培养的小学数学游戏课程体系构建与实施"、张新老师主持的课题"探索基于培养学生创新意识为目标的小学数学游戏开发"先后立项。同年,国家社会科学基金"十三五"规划2017年度教育学一般课题"基于学习科学视角的游戏化学习"的子课题"基于学习科学视角下游戏化学习实践研究"立项。这些课题的研究引领着"小脚印"数学游戏课程研究成果向纵深发展。

另一方面,采用"聚合内生动力+借助外力"的方式推进课程(图3-15)。

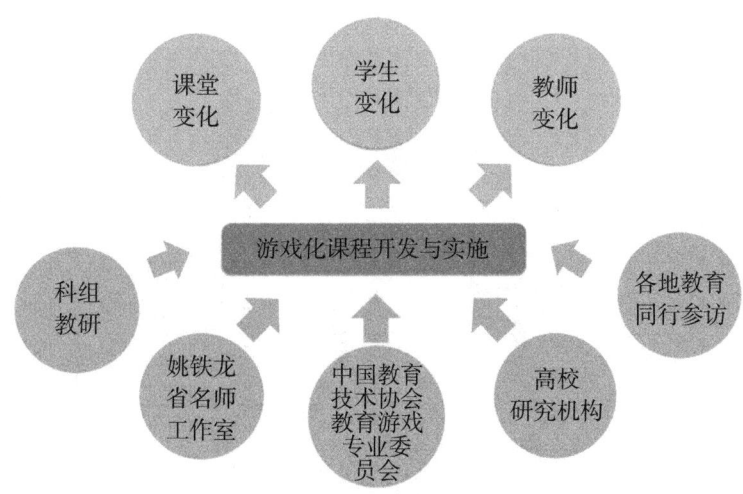

图3-15 游戏化课程开发与实施的推进路径

近几年,我们逐渐认识到游戏化教学的价值,看到学生的变化、课堂的变化以及教师的变化,内生动力被激发,进而更加主动、积极地投入研究。随着姚铁龙省名师工作室、游戏化教学国家级实验区落户学校,各种游戏化教学研究活动打开了我们研究的视野,丰富了我们的研究方法。中国教育技术协会教育游戏专业委员会提供了与专家大咖及全国各地游戏化研究同行直接交流的机会,促进学校对课程研究进行深层次思考。高校教育游戏研究团队陆续进驻学校,如尚俊杰教授团队的"游戏化数学练习平台"、杭州师范大学章苏静教授的"教师游戏素养对游戏化教学的影响"、黄璐博士的"PBL项目式学习"等。通过参与这些合作项目,学校游戏化教学研究水平得以直线提升。

(二)实施方式

1. 提炼课程开发路径

经过多年课程实践,笔者带领学校研究团队探索出游戏与国家课程有效结合的方式——基于教学目标与游戏目标对接的翻创模式,同时提炼出"六步走"开发路径(图3-16)。

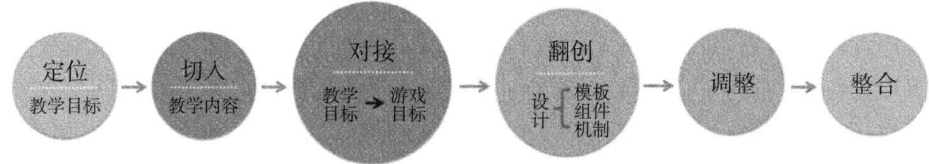

图3-16 "六步走"开发路径

此外,我们还运用"产品开发法"的原则和过程开发数学游戏(图3-17)。

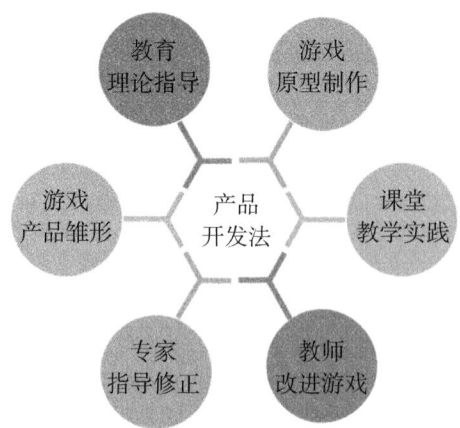

图3-17 数学游戏的开发过程

2. 探索游戏化教学策略

第一，线上与线下结合。在游戏化教学中，学习的趣味性将作为重要的考量指标呈现。对于学生而言，线上游戏无疑更刺激、更有趣，能让自己在极短的时间内唤起对学习素材的兴趣。但是，在缺乏电子书包等信息技术支撑的课堂环境中，线上游戏的实际操作者少，参与度受影响。因此，课程倡导线上与线下结合的教学模式，用桌游、卡牌等操作性强的线下游戏提高整体参与度。

第二，动手与动脑结合。课程强调数学性，即通过提供高质量的数学游戏，让学生既动手又动脑，在操作中把蕴含的数学抽象逻辑关系以及解决问题的思维过程"物化"出来。

第三，个人与团队结合。实证研究发现，个人游戏有利于学生独立思考能力的培养；团队游戏则更强调合作、多人互帮互助，"兵教兵"的教学模式更有利于学生对重难点知识的理解。因此，我们倡导在游戏化教学中采用个人游戏与团队游戏相结合的教学模式。

第四，课内与课外结合。学校进行了游戏化课程拓展研究，探索游戏课程的课外应用，提高其普适性，如游戏考试、校本游戏课程等。

第五，"重"游戏与"轻"游戏的结合。将"轻"游戏嵌入一个个知识点的教学中，为数学重难点知识的学习奠基；将"重"游戏贯穿于单元教学或学期教学中，以项目的形式展开，重在培养数学核心素养。本课程体系既有"抓间谍"这样的"轻"游戏，也有"超级联盟"这样的"重"游戏。

3. 构建游戏化课程平台

学校构建面向教师与家长的游戏化课程发布平台，包括微信公众号、网络学校等，定期推送游戏课程，并提供易于实践的应用指导，及时收集反馈意见，不断改进创新。

4. 构建课程教学资源库

学校构建"数学游戏—游戏化教材—游戏化教学案例集"三层体系的优质小学数学游戏化教学资源库，以有效促进小学游戏化数学教学活动。如编写游戏化校本教材《玩转数学》、游戏化案例集，参编《爱上数学》《小游戏·大智慧》，姚铁龙老师出版专著《数学可以如此游戏》。

5. 提炼游戏化课程特色

游戏化课程特色的构成主要有以下几点：Knowledge——在游戏中学到各种知识；Ability——培养手眼互动等基本能力，以及解决问题能力、协作能力、创造力等高阶能力；Value——促进情感态度价值观的培养，激发学习动力；Environment——可以用来构建游戏化的学习环境；Learning——促进体验式学习、探究学习、协作学习、研究性学习等学习方式。

6. 建立游戏化评价机制

一是对游戏化教学课堂采取量化研究与质性研究相结合的形式，开展课堂观察、案例研究等，追踪游戏化教学实施过程中学生学习参与度、自主度等方面产生的变化。二是开展家长、教师、学校的支持度调查等，收集整理游戏化教学中的优势和不足，对其进行调整与优化。三是对所开发的游戏进行实证研究，分析影响学生学习效果的元素，以便为后续的游戏开发与实施定准方向。四是开展数学游戏测试，进行学科评价改革。

对游戏化课程进行实践检验，从优化游戏化教育环境、探索游戏化教学策略和提升游戏化思维水平三个方面进行课程研究，利用课堂教学、实证研究等方式对游戏化课程的效果进行检验。按照方法多样化原则、难度适中性原则、简洁公平性原则、过程与结果兼顾原则、实力与机遇兼顾原则等对数学知识进行游戏化课程的设计与试点，以数学实验室为依托，增强游戏化课程影响力，利用游戏化课程提升学校的教育教学质量，一步步积累游戏化课程实施经验。

从学生成长的角度来看，随着"小脚印"数学游戏课程的深入实施，学校数学课堂变化显著。首先，学生操作机会增加，"做中学，玩中悟"成为游戏化课堂标志。在游戏化教学课例中，100%的课堂通过游戏给学生提供操作机会，学生参与度大幅提升。游戏化教学课堂关注每个环节学生学习状况。从课堂观察数据来看，进行游戏化教学后，教师发言频次减少、时间缩短，教师不再牢牢掌握课堂话语权；学生参与意愿高（举手人数、次数多），课堂表达欲望强、质量高，操作、交流、互动、合作机会增多。例如，教师曾在五年级"倍数与因数"教学中对举手人数进行调查，显示举手人数最多的环节是"卡牌转转乐"和"卡牌翻翻乐"，其举手人数均占班级总人数的92.2%。从侧面反映出，游戏化教学对于提高学生课堂参与度具有显著效果。在三年级"颜色游戏"教学中，学生发言时间是整节课的四分之三，其课堂回答问题的层次以理解性居多（占比57%），其次是推理性（占比19%）和评价性（占比19%）。

从教师发展的角度来看，学校数学教师均加入了"小脚印"数学游戏课程的研究，且已有80%以上的数学教师能独立开发数学游戏课程，100%认同游戏化教学的学习效果。该课程的开发与实施提升了学校教师的教学水平和游戏课程开发能力，教师从教书者变成了研究者，从课程实施者变成了课程创造者。学校数学科组拥有了一支由"1个区级工作室、3名高级教师、8名国家级省市区级名师、12名校级骨干教师"组成的研究共同体，全组教师均参与或主持课题研究，均在全国、省、市、区各级教育教学比赛中获奖，在各级各类教育教学活动中执教示范课或应邀讲学50余次。

良好的课堂成效得到了众多教育者的认可，因此我们进行了区域乃至全国性的教学示范与辐射。一方面，本课程获得广东省第二届中小学特色学校建设成果征集三等奖，校本教材《玩转数学》被评为深圳市好课程之特色课程优化项目，校本课程"趣味数学编程"被评为福田区品牌课程培育对象。同时，课程获得各地教育报多次报道，其中深圳《晶报》专版刊发课程介绍"玩中学，让游戏课程点亮童年"，《南方教育时报》专版刊发了课例"玩转密铺"。2019年1月，中国教育技术协会教育游戏专业委员会的全国首个国家级"数学游戏化学习研究试验区"落户东实。另一方面，近年来，学校承办"全国游戏化教学展示活动"等国家级教研活动，由谭春兰等教师在活动中执教；承办"课堂革命　福田表达"全国游戏化教学示范课展示活动，由笔者在活动中执教。此活动吸引了全国各地近万名教师前来学习，网络学习的人数更是高达79000人次，学校多次受邀在全国各地进行成果分享。学校接待世界各地访问团以及慕名而来参观访问学习的学校近50所，我和谭春兰副校长等学校其余课程建设骨干经常受邀到全国各地分享学校的课程建设经验，使数学游戏课程已在全国范围内拥有较高的知名度。

"小脚印"数学游戏课程作为一门以教师为开发主体的课程，对教师能力有较高要求，教师团队的开发能力具有一定的局限性，未来还需要继续研究教学理论、游戏思维、美学基础等，以此提升团队游戏开发设计水平，提高游戏课程开发质量，探索如何基于技术对游戏化课程进行更好的监督和管理。

第四节　扎实根基，培养全球胜任力

随着全球化进程的不断深入与发展，国与国之间的政治、文化、经济等方面联系日益紧密，社会个人将深度参与全球化的进程，成为国际合作与竞争的中坚力量。这既为个体的发展提供了广阔的发展空间和机遇，同时也对个体素质提出了更高的要求。未来人才如果要有效地参与国际合作与竞争，就必须能够与不同文化背景的人进行包容开放、恰当合理的交流与互动。这也就要求现当代教育不仅要注重学生知识技能的提升，更要强调对学生全球意识和跨文化交际能力的培养，促进学生思维方式的转变，发展学生的核心素养。在应对"什么是全球化、如何应对全球化、应对全球化需要培养什么样的人"的问题之下，"全球胜任力"的概念应运而生。2018年全球PISA大会提出，"全球胜任力"包括四个方面的能力：理解与欣赏他人视角和世界观的能力，分析当地

和全球跨文化议题的能力，与不同文化背景者进行开放、得体、有效互动的能力，为集体福祉和可持续发展采取行动的能力。

那么，如何培养学生的国际视野和跨文化理解力、帮助学生提升跨文化交际能力和参与解决全球化议题的胜任力？针对这个问题，世界各地的学校以国际理解教育为载体，从学科渗透、课程构建、活动创设等方面，探索出了各具特色的"全球胜任力"培养范式与实践路径。

在全球化进程中，任何一个国家都不能置身事外。自改革开放以来，我国不断加强与其他国家以及区域之间的交流与合作，更是提出了共建"一带一路"新倡议，极大地促进人类命运共同体的构建与发展。在中国深度参与全球治理与竞争的过程中，需要大批立足中国根基，具有国际理解力、沟通力和执行力的国际化人才，推动中国国际化进程。这也就要求教育工作者在发展学生的全球胜任力的同时，注重对学生民族认同感和文化自信的培养，让学生能够立足中国本土，以开放包容的心态向世界传递中国声音，进行跨文化交流与合作。为此，推行国际理解教育也成为当前我国教育发展的重要战略之一。

2020年发布的《教育部等八部门关于加快和扩大新时代教育对外开放的意见》指出，加强中小学国际理解教育，帮助学生树立人类命运共同体意识。深圳市教育局2021年工作要点也指出要"完善国际理解教育"，深圳市教育发展"十四五"规划提出"培育形成一批具有中国特色、深圳特质和全球引领价值的课程教学品牌项目"。《义务教育英语课程标准（2022年版）》强调，学生在课程学习的过程中能够形成适应个人终身发展和社会发展需要的正确价值观、必备品格和关键能力。这与培养学生"全球胜任力"在目标和方式上有共通之处，其本质都是通过课程的学习促进人的全面发展，发展学生核心素养，以帮助他们更好地解决现实生活中的实际问题。国际理解教育已然成为培养学生"全球胜任力"的重要教育途径。

国际理解教育是一个与时俱进、开放、多维度的概念，它强调培养人的自尊、尊重、理解、宽容、平等、和平、民主等价值观，以实现联合国维护世界和平与人类共同幸福的目标。做好国际理解教育，就要看见儿童。儿童在未来社会生活中需要什么，学校、教师与家长就要营造氛围、搭建平台，给予儿童需要以支持。

基于以上背景，笔者提出开设"立足中国，面向世界"的国际理解课程，并将其作为学校七大支柱课程之一。通过开展各类课程活动，在持续发展中催生出教育面向未来的新生态，不断丰富学生未来的羽翼。2021年，学校被评为"福田区首批国际理解教育特色学校"。

一、课程基础

为进一步探索"全球胜任力"教育在本土环境中的实践模式，东实自2016年就开始探索"全球胜任力"教育的具体实施路径，始终坚持以培养学生"全球胜任力"为导向，以兼具全球意义和中国立场、多元文化和本土特色的议题作为主要教学内容。

在探索中我们发现，在以往的"全球胜任力"教育中，中国本土语境下"全球胜任力"教育实践不足，教育模式的设计与开发有待完善。这导致现行国际理解教育主要存在着"学用脱节"的问题：第一，条件脱节，即教学中缺少探究性学习的充足条件。在传统教学中，学生普遍"坐享其成"，被动接受知识，没有自主剖析和自由探究知识的机会；教学主题内容比较有限，没有贴合时事，难以激发学生探究的动力；教学活动形式或情境仅限于课堂，交流的空间和对象相对固定，学生较难有探究性学习的真实体验。第二，能力脱节，即学生欠缺解决实际问题的能力。语言只是国际理解教育课程的工具与载体，基于语言展开的国际理解课程除了培养学生全球意识外，还应培养学生跨文化、跨学科交流并解决实际问题的能力。目前许多相关的课程出现本末倒置的做法，要么成为语言提高课，要么成为精选小班课，这些做法对于学生能力的提升并没有太大的益处，也并未体现出国际理解课程的优势。第三，运用脱节，即跨文化交际中缺少中国文化自信。通常，"全球胜任力"培养课程较多借用了西方的教育理念，往往过多强调跨文化理解。立足于中国文化背景及思维的大局观并未很好地融入"全球胜任力"的课程体系之中，导致学生在跨文化交际中缺少中国文化自信，且无法体现"全球胜任力"所推崇的多元化理解的观念。在讨论国际化问题的时候，如果没有考虑中国文化因素，则难以体现"全球胜任力"所推崇的多元化理解的问题，更无法开展更好的、更有内涵的对话与讨论。由此产生的东西方文化的割裂感，不利于培养符合我国需要的国际化人才。

为此，学校以"全球胜任力培养"为抓手，基于21世纪核心素养模型框架，围绕学生全面发展与个性发展需求，将国家课程、地方课程与学校课程进行有机结合，打造颇具本校特色的国际理解教育课程。通过全学科落实国际理解教育，学校重点提高学生5C核心素养[①]的能力，培养能够"专注自己、关怀他人、理解世界"的具有国际视野的东实学子。

---

① 文化理解与传承（Culture Competency）、审辩思维（Critical Thinking）、创新（Creativity）、沟通（Communication）、合作（Cooperation）。

针对容易被忽略的"学用脱节"的问题，学校将"视域融合"作为创新点，实现以下"三结合"：第一，将自主学习和合作探究相结合，实现教与学方式的革新。课程摆脱传统的接受型学习方式，学生围绕某一特定的议题，自主地利用计算机检索、书籍查阅、社区走访等方式整合相关信息，并在小组内展开深入的交流与合作，提升了学生对于相关主题的认知分析力和国际理解力。该探索还为学生提供广泛的交流展示机会，通过校内到国际的可持续发展平台，推动学生跨文化交际力和思辨力的形成与成长。第二，将英语学科与其他学科相结合，培养学生整合跨学科知识的能力，提升学生在真实生活中解决问题的能力。国际理解课程以《义务教育英语课程标准（2022年版）》为基础，对课标内教学目标和教学内容进行补充，衔接初高中乃至大学的部分内容，从跨学科的角度进行知识的整合与运用，从而全面促进学生的学业进步和素养提升。第三，将中国情怀与国际视野相结合，提升学生在中西交流中的文化自信，帮助学生成为中国优秀文化的传播者。在以往外语教育大多采用偏西方文化教材的基础上，学校结合国情，融入中国元素，引导学生关注跨文化交流中的中国文化传承与传播，提高学生的人文素养和审辩思维，进一步引导学生成为兼具中国情怀和国际视野的中国好公民。

二、课程目标

聚焦"全球胜任力"培养的课程，我们不仅关注学生语言知识技能的训练，还注重提升学生的跨文化理解与交流能力，帮助学生形成可持续发展的国际沟通能力和反思执行力。此外，课程不应只注重学生全球视野和人类命运共同体意识的培养，还应加深学生对中华文化自身的理解与认同，从而培养出能够立足中国、胸怀世界，代表中国参与全球治理与合作的国际化人才。

经过多年的探索，我们共同商议，将"立足中国，放眼世界"确立为可持续发展的国际理解课程目标，着重培养学生的国际视野、家国情怀、跨文化沟通能力，以及全球化背景下的创造性思维、审辩思维、信息收集与运用、交流对话技巧、合作精神、领导力等未来社会所需要的核心素养，同时为培养体现中华文化特质、代表中国形象、能参与全球交流以及管理国际事务的国际型人才奠定基础。

三、课程体系

（一）课程内容体系

在项目设计上，学校的国际理解课程（图3-18）分为两部分：一部分是学科课程，另一部分是活动课程。两者都旨在培养和提高学生的文化素养和跨国意识素养。课程项目包括自然拼读、拓展阅读、英语演讲、英语辩论、海外游学、国际文化节、国际模联等。

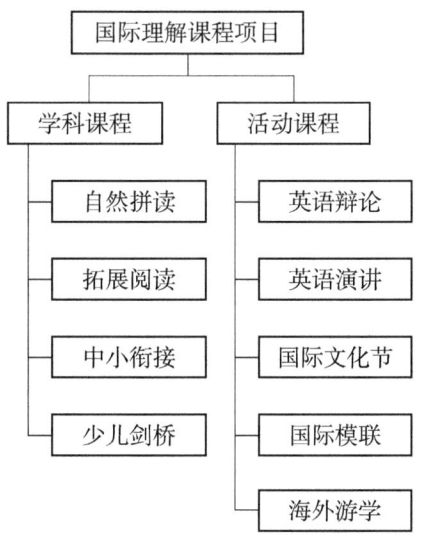

图3-18 国际理解课程项目

国际理解教育是渗透进各个学科中进行的，包含了文化、历史、地理、习俗、美食、语言等多方面。该项目以国际理解课程为主线，引导学生探索各学科中的有关知识，从而提出各种问题，在相关学科知识中寻求答案。这些问题不同于单纯的学科问题，而是围绕国际理解这一主题所体现出的综合性、基础性、选择性问题。但是，在众多学科中，支撑国际理解教育的是英语学科，英语是接触国际理解的先决条件。为此，学校将重点通过英语课程培养和提高学生的英语沟通和表达能力，为理解国际事务、拥有国际视野奠定基础，更好地培养学生的"全球胜任力"。

如何让英语学科能够支撑国际理解教育的开展并达成培养目标，是我校目前亟待解决的一大问题。笔者和教师团队经过连续的研究和探索，打造出具有学校"脚印文化"特色、符合国际理解教育需求的"双W"课程——提出"from word to world"（从单词走向世界）的核心概念。

"from word to world"的过程里，需要经历词汇学习、阅读学习再到文化理解，进而培养语言能力、学习能力、思维能力和文化意识，有能力与不同文化背景的人得体地相处和打交道，用国际视野去认知事物发展。

1."from word"

英语学习中，词汇是基础，阅读是核心。"from word"就是从词汇起步，通过自然拼读课程的学习，让学生在一年级就开始接触英语词汇，打好口语交流、书面阅读、表达的基础。接着，进行阅读课程的综合学习，通过多维阅读提升学生的综合阅读能力。其中，学校采用《剑桥国际少儿英语》作为教学载体。这是一本由剑桥大学出版社出版的零起点综合英语教材，有五大特点：第一，真实的语境。这是培养学生使用语言能力的重要途径。通过创设真实的情境学习怎么提问、怎么解答，在什么场合应该如何使用英语。第二，丰富的主题。教材涵盖了自然、人文、科学、体育等多样化主题。具有"全球胜任力"的学生需要拥有丰富的知识储备，因此多样的主题学习能让学生得到更多关于语言知识的锻炼。第三，任务的驱动。通过每个单元不同的学习任务，学生能够主动地去挖掘和探索主题内容，学习到更多的英语知识并将其应用在真实的生活情境里，解决生活问题，这有助于提升学生的学习能力和实践能力。第四，多元的文化。教材涉猎了古今中外的文化知识，通过故事的连载慢慢地引导学生了解一个地方的文化。第五，CLIL的设计。CLIL即Content and Language Integrated Learning（内容与语言整合法），就是将教学的内容与语言的形式结合起来，让语言的形式（如词法、句法等）为学生的听说读写等基本功服务。这种形式的教学实现了跨学科学习，让学生能够用英语学习不同学科。如用英语来鉴赏音乐，用英语来思考如何把木头变成纸等。

在阅读课程里，从一年级到六年级各有不同的主题阅读，要求学生6年共学习144本书、144个主题。这些内容都将为学生打开一扇扇通往世界的窗口，帮助学生了解不同国家的文化差异，增进国际理解，思考事物的普遍性和全球性。以项目式学习的形式，让学生在多维阅读里进行学习实践。例如，六年级的主题探究"世界各地的村庄"，学生要学会利用网络、英语资料、英语书本等进行信息搜索，通过对村庄基本信息的了解，进一步分析村庄之间的不同与哪些因素有关，以及每个村庄的特点、地理位置、喜欢村庄的原因等；通过设计、绘画和造物，学生可以打造一座心目中理想的村庄，以更加深切地理解世界多元文化。

近年来，"from word"的教学形式实现了每两年一个项目的升级优化。从"双本教学"到阅读教学，再到CLIL教学。其中"双本教学"是一种"文本再构"与"绘本教学"相结合的教学方法，由学校课程研究中心主任麦惠梅老师依据专家指导和建议及一线教师的教学案例，并结合自身的教学实际独创而成，是初期推动学校国际理解课程往前进行的关键助力。

2. "to world"

"to world"则是在学习的基础上，让学生通过活动、实践等形式走向世界，包括英语演讲、英语辩论、国际文化节、国际模联、海外游学等。以国际模联课程为例，该课程采用循序渐进的 C（common）基础阶段课程、B (backup)中级阶段课程、A(ACE)未来高级阶段课程等策略，分期满足学习者的需求并促进他们达到学习目标。该课程集阅读、写作和文学赏析等多种内容于一体，依据不同学生的心智和能力发展水平，针对各级别学生实施，旨在培养各行业前沿的未来栋梁之材，使他们具有高度的自我认知和社会责任感，促使他们对外部世界和内在世界的过去、现在和未来都具有高度的理解和掌握。精选的原版文学赏析、报刊阅读、诗歌欣赏、国际时事，不论架构还是题材，都着重培养学生的批判性思维能力、独立思考能力与创新能力，内容由浅入深，循序渐进。

在基础阶段(C)，通过举办国际文化节、寒暑假PBL项目式探究等形式，引导学生在某一特定主题下对某一国家的特定领域内容展开深入的调查研究，并最终进行物化呈现。在这一过程中，学生可以初步认识领略不同国家或不同区域的人文风俗和自然风貌，从而逐步开阔国际视野，形成开放包容的价值取向与心态。

在中级阶段(B)，建立以"信息阅读、演讲与辩论、定位与写作"为核心的SPDB课程，旨在全面提升学生的跨文化交际理解能力与沟通能力，让学生能够熟练运用英语表达自身的观点与立场。

在未来高级阶段(A)，建立以参加模拟联合国相关活动为主的学术探究实践课程，帮助学生实现从知识技能到思维品质、情感态度的跃升，通过多元的活动平台，实现学生"全球胜任力"素养培育的真实落地。在内容选择方面，课程结合"全球胜任力"的核心内涵以及现有的教学资源，对标新课标内所倡导的人与自我、人与社会和人与自然三大主题范畴，建立城市、国家、世界三个层次的主题意义群。其中包含政治、经济、文化等方面的全球性议题（如17个联合国可持续发展目标下的全球性议题），国家与全球相联结的国家性议题（如共建"一带一路"倡议），地方性特色议题（如深圳城中村建设、红树林保护）等。

(二)教师全球化教学素养培训体系

学生"全球胜任力"的提升与发展离不开教师的指导与引领，提高教师全球化教学素养是实现学生"全球胜任力"可持续发展的重要保障。学校要高度重视对教师全球化教学素养的培养。

首先，针对本土教师，我们定期组织教师参与全球化教学的相关培训，并邀请国内外知名学者到校内进行国际化的专题讲座，为教师的教学实践提供坚实的理论指导；定期组织游学活动，引导本土教师"走出去"，在真实的国际文化环境中提升跨文化理解力和沟通力，加深教师对国外文化、教育教学模式

的理解，形成长时间、可持续的教师培养与发展体系。如今，学校中多位教师在国际化理解教育实践的基础上对"全球胜任力"教育展开了课题研究、课例设计、论文撰写，实现自身专业能力和全球化教学素养的成长。

其次，我们积极引入外籍教师，通过外籍教师授课让学生对不同文化下的国际沟通形成直观感受。在外籍教师的选聘过程中，我们不仅注重教师的语言能力，更注重其教授过程的专业性和真实性，并要求外籍教师具有相应的国际化意识，最终能在本土教师的协助下高质量地完成"全球胜任力"培养的教育教学工作。

（三）教学评价体系

在教学评价方面，我们不再把语言知识的掌握程度作为评价学生学习成效的唯一手段，而将跨文化沟通能力、反思执行力以及国际理解态度纳入整体的评价内容中。评价方法不再局限于纸笔书写、考试的形式，而侧重在一个主题任务下，学生以小组合作的形式制定该背景下的研究报告，并通过汇报、辩论等形式进行交流磋商，最终形成可操作实践的真实解决方案。最后采用师生、生生互评等评价方法，了解学生在课程学习后"全球胜任力"的知识能力和态度情感状态。

例如，模拟联合国是学校采用的主要的评价组织形式，学生以小组形式，从不同国家立场阐释对同一议题的态度观点，最终达成解决相关问题的跨国合作方案。这不仅能让学生学习并锻炼语言知识与技能，还能在真实的语境主题中深度体验参与国际化交流与人类命运共同体的构建，进而掌握可持续发展的跨文化沟通力和执行力。

四、特色活动

"全球胜任力在学科课程或语境中才能得到最好的发展。"韦罗尼卡·博伊克斯·曼西利亚等人在《全球胜任力：融入世界的技能》一书中表示："学生是在学习这些知识和技巧的过程中培养全球胜任力的，而不是在掌握基础的学科知识和技巧之后才形成的。"这道出了在学习、实践中培养学生"全球胜任力"的关键。学校开设的国际理解课程，让学生学会运用不同学科的知识、方法去解决问题，获得更多新的见解，进而在学习、实践中深化知识与技巧，获得自我发展，形成人类命运共同体的思想意识，为未来发展做好准备。

我们始终坚持，真正的国际理解教育必然要让学生亲自体验、参与活动，从中深入了解不同国家、不同地区，以及不同种族的文化、历史等等，国际模联正是一个培养孩子国际视野、世界眼光的舞台。为此，学校依据"全球胜任力"的核心内涵,打造了多元化的"全球胜任力"可持续发展活动平台(图3-19)。通过相关活动让学生获得真实体验,并从多个维度对学生的"全球胜任力"展开评价,避免陷入简单的语言知识考核的窠臼。

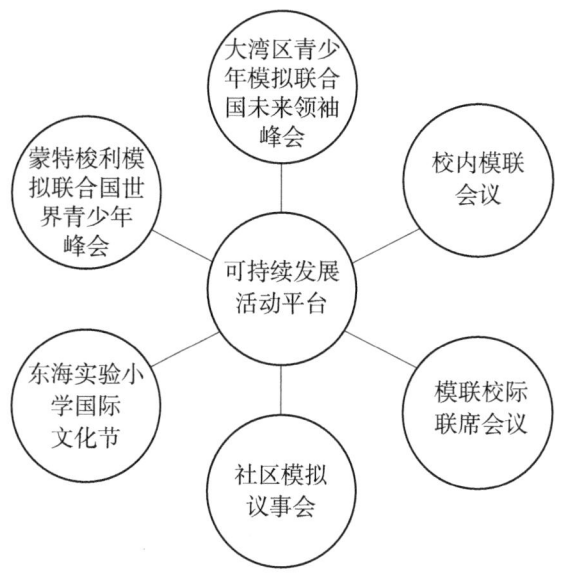

图3-19 可持续发展活动平台

(一)国际文化节

2017年至今,学校每学期组织一次大型的国际文化节。每一届国际文化节都有特定的主题(表3-6),从不同的维度让学生去了解主题国家,甚至亲身走进主题国家。从精彩的开幕式到具体的英语演讲比赛、英语戏剧比赛、英国电影配音赛、英文歌舞比赛、东实小博览比赛、美丽东实征文大赛、模拟联合国比赛等多样的比赛活动,最后到闭幕式。学生可以完全沉浸在这场国际文化节里,感受、学习一个国家的文化、习俗等,在交流和比赛中增强语言能力、实践能力、学习能力等,全方位地提升自己的"全球胜任力"。

表3-6 历届国际文化节主题

时间	主题	时间	主题
2017年第一届	走进美丽的澳大利亚	2021年第五届	走进我们的邻居日本
2018年第二届	走进美丽的美国	2022年第六届	童眼看中国 华夏展风采
2019年第三届	走进魅力英国	2023年第七届	走进德国
2020年第四届	走进新西兰	2024年第八届	走进法国

例如，2023年第七届"走进德国"活动中，学生从节日、美食、运动、名城、文学、艺术等多方面，认识更全面、更立体、更真实的德国。开幕式上，由学生组成的文化巡礼队伍，以图片和模型的形式向全体师生展示了德国的足球、汽车、啤酒、徕卡相机、西门子冰箱、香肠、柏林围墙、城堡等。该活动根据不同年级学生的水平设计了不同的活动环节，如一年级学生以手抄报的形式进行德国美食推介项目；二年级学生以模仿名人或名画的方式进行德国艺术模仿项目；三年级学生以手工制作的方式进行德国名城推介项目；四年级学生以录音广播的形式进行德国节日推介项目；五年级学生以体育视频讲解的方式进行德国体育推介项目；六年级学生以PPT演讲的形式进行德国制造推介项目。在三到六年级集体项目中，则以"欧洲危机下的德国行动"开展模联邀请赛；在全校项目中，包括德国电影欣赏、项目式探究等，力求让全校每一个学生都能参与国际文化节，真正在活动中了解德国、发展能力。

又如，2024年第八届"走进法国"活动恰逢中法建交六十周年，开幕式上，由两位三年级学生担任小主持人，用中文和法语进行双语主持，流利的表达和自信的台风充分展现了学校国际理解课程的教育成效。随后，小脚丫合唱团带来了法国电影《放牛班的春天》的主题曲——《眺望你的路途》。学生们用稚嫩而纯净的嗓音，唱出了这首法文歌曲对美好未来的向往与追求。接着，由不同年级学生组成的文化巡游队伍，从巴黎的埃菲尔铁塔到高端的空客，从法式面包到香醇的红酒，从顶级服饰品牌爱马仕到儿童追捧的美食马卡龙，一一展现了浪漫之都——巴黎的文化底蕴。特别的是，现场邀请了两位法国留学生，用法语演唱了一首动听的歌曲并与大家分享了法国的文化、历史和风土人情。

国际文化节就像一把钥匙，帮助学生们打开国际交流的大门，更加深刻地感受到交流的意义和价值。举办国际文化节，旨在培养学生"全球胜任力"的同时，引导学生用开放的心去拥抱每一种文化，用聪明的头脑去学习每一种知识，用坚定的信念去保护和传承我们的文化，真正做到"立足中国，放眼世界"。

（二）模联会议

在校内，"校内模联展示之模联少年说"是重要的国际理解课程活动。在这个舞台上，学生们会讨论全球大事，比如非洲难民问题、水污染问题、核危机问题、外太空开发问题等。学生通过小组合作，收集、整理资料，提炼、总结观点，站在儿童的视角来建言献策。我们认为，学生的想法正确与否并不重要，重要的是学生要有自己的思考，要有关注国家、关注世界、关注人类发展的意识。

例如，在2021年"模联少年说"活动中，模联社团A班的学生围绕贫困问题进行了精彩的团队英文演讲。他们从不同的领域和角度向世界分享中国成功脱贫的经验，以及中国成功脱贫的必然性；并就此次的演讲主题——基建与环境主题、商业主题、科技主题、教育主题、农业主题、文化主题、卫生主题，分为七个代表小组，围绕议题用数据说话、用例子佐证、用理论指导、用科学论证。模联社团B班的学生以"保护水下受威胁的生物，遏制生物多样性的丧失"为主题发表主题演讲，每组三名同学，分别代表美国、韩国、澳大利亚、俄罗斯、联合国索马里观察组、斐济等。他们分析本国水下生物的现状，探讨水下生物物种受威胁的起因，并指出这个话题值得国际社会和全球关注，展示了东实学子关于执行《生物多样性公约》的建议和贡献。

通过模联课程的学习和活动的实践，学生在"一基四维"方面收获颇丰。一方面，夯实了中国根基的底色。模联课程以培养学生"全球胜任力"为目标，为学生提供学习平台，让学生在真实的环境中，提高各种能力，坚定家国情怀，向世界传递中国声音，展示中国立场。另一方面，提高了学生的四维能力。一是全球视野和国际理解能力，让学生了解到不同国家和地区的政治、经济、文化等差异，帮助学生拓宽视野，理解不同国家的立场和观点。二是领导能力和组织能力，学生在模拟联合国会议中扮演不同的国家代表，需要具备一定的领导组织能力。通过模联课程的学习和实践，学生逐渐学会了领导、组织和管理团队。三是演讲、沟通和跨文化交际能力，模拟联合国会议中的公众演讲辩论，需要学生们具备良好的演讲和跨文化交流的能力。通过模联课程的学习和实践，学生逐渐提高了演讲技巧和沟通能力。四是团队合作和认知分析能力。在模拟联合国会议时，学生们组成不同国家代表团，对议题进行分析并共同协商解决问题。在这一过程中，学生逐渐学会与他人合作、分析协调并达成共识。

校园之外，学生积极参加深圳市各社区的儿童议事会活动，多次参加大湾区青少年模拟联合国深圳校际联席会议，更在2016—2018年连续三年参加了蒙特梭利模拟联合国世界青少年峰会深圳公益选拔活动，并选拔出学生前往联合国总部参加世界青少年峰会。例如，熊孝睿同学在2018年模拟联合国峰会中脱颖而出，代表广东赴美国纽约联合国总部参加全球模拟联合国峰会（图3-20），代表小组在联合国发声，并入选国家"中华少年英才数据库"。

在坚持"为青少年参与世界做好启迪与准备""培养学生全球胜任力"的社团目标之下，学校模联社团取得了优秀的成绩：2017年，模联社团第一次

小脚印，大未来

图3-20　学生参加全球模拟联合国峰会

被评为"深圳市优秀社团"；2021年，模联社团再度蝉联这一荣誉称号。随着社团课程和活动的不断丰富，学生对于模联社团喜爱有加。小斯（化名）同学认为："在国际理解课程中，通过探讨一些国际热门话题，让我们对整个世界的情况有了一个了解，我们知道现在面临什么样的问题，也知道从一个小学生的角度出发可以去做些什么事情。国际理解课程可以带我们走向更大的地方，所以希望模联社团可以这样一直走下去。"小文（化名）同学说："我希望可以好好珍惜每一节课，珍惜每一位身边的老师，因为老师可以陪着我们去拓宽视野，同时我也希望更多人可以加入我们这个社团。目前来说，我们接触有关国际关系的外交政策等知识的途径非常有限，所以我通过模联社团学习到了很多相关的知识。而且在模联社团我接触到了很多非常优秀的同学和老师们，融入这样优秀的团体，使我在团体合作中掌握了更多看待事件和解决问题的能力。"

丰富多样的国际理解课程，正在深刻地改变和影响着学生。"通过这个课程，我慢慢地学会了从我们小学生的立场去关注和思考一些世界性的问题。"在学习国际理解课程的过程中，小楚（化名）同学慢慢懂得用中国情怀和国际视野去看待世界性问题。小雪（化名）同学则说："其实最开始我进入模联社团的时候，我觉得它是靠了解国际来促使我们学习英语，但我现在觉得是在学英语的基础上，让我们去了解国际。我们只有在小学的时候就开始接触国际问题，长大后才会用判断性的思维去分析国际问题。我希望未来可以为国家、为世界贡献一份力量！"

"为更多的孩子做更多的事，构建一套优质的国际理解课程是我一直坚持的目标。"麦惠梅老师如是说。正是在这样的不懈努力下，我们的国际理解教育才能取得瞩目的成绩：国际模联课程成为金牌社团课程，被各媒体报道宣传，得到学生、家长及社会的高度认可；学校先后被评为"福田区首批国际理解教育特色学校"，被广东教育学会国际教育专业委员会授予"新时代全球胜任力可持续发展优秀指导单位"、首届大湾区青少年模拟联合国未来领袖峰会"新时代全球胜任力优秀示范学校"；教师团队撰写了2套完善的可持续性研究报告，形成了学生演讲辩论集，10余名教师荣获"全球胜任力优秀指导教师"称号；学生参加全国各级各类模拟联合国峰会并获奖项60余项。

全球化人才培养需要让今天的学生融入面向未来的世界。我们有理由相信，秉承国际理解教育的理念，将其落实到办学理念、校训、育人目标中，全学科扎扎实实地去进行国际理解教育教学实践，东实学子会茁壮成长为未来能适应社会发展的人。

第五节　科创STEAM，踮起脚尖摘星辰

在科技革命引领着世界变革的时代背景下，我们必须重视科技教育的发展、科技人才的培养。正如党的二十大报告提出的："坚持教育优先发展、科技自立自强、人才引领驱动……教育、科技、人才是全面建设社会主义现代化国家的基础性、战略性支撑。"创新是科技发展的根本动力，创新型人才的培育沃土在学校，核心则在于科技教育。全国政协副主席、民进中央常务副主席朱永新在《新教育实验关于新科学教育的思考》一文中表示，新科学教育以求真和创新为宗旨，以培养并提升科学素养为目标，包括科学知识与观念、科学思维与方法、科学精神和社会责任感、提出问题与解决问题的能力等多个维度。培养学生的科学素养，小学是关键的启蒙阶段。小学生思想活跃，对探索新鲜事物的好奇心强，如果我们能够对他们天马行空的想法加以指导，传授科学的理论知识，给予实践机会，小学生的科创能力就能被有效激发，创造出大人意想不到的作品。

在2017年第一届少年儿童"小院士"课题评选答辩现场，我校彦铭（化名）同学对参赛作品"新型健康枕"进行了PPT讲解和论文答辩，最终该学子凭借出色的表现被评为深圳少年科学院"小院士"。"新型健康枕"作品的设计灵感来源于彦铭同学平时对生活的细心观察，他的爸爸易失眠，睡觉时爱打呼噜，于是他很想设计一款睡眠用品，解决爸爸的睡眠问题。为此，彦铭同学收集了大量关于人体睡眠的资料，并结合新型科技发展的特点，设计出了一款"新型健康枕"。彦铭同学的爸爸表示："很感谢学校科创课的平台

和科创老师们的耐心引导，不仅为孩子提供了展示自我的天地，还能把孩子停留在脑海中的想法和构思变成现实，设计成国家专利作品，这大大激发了他们的创造潜能。"

创客教育，是笔者一直以来十分注重的教育课题。多年来，笔者带领团队立足学校未来健康发展、为孩子的终身幸福发展奠基的视角，积极推进校园科创教育，把"科创课程"作为学校七大支柱课程之一。东实开展了内容丰富、形式多样的科技活动，增强学生对科技创新活动的兴趣，增强学生创新意识和动手实践能力，激发学生"学科学、爱科学、讲科学、用科学"的热情，打造"人人爱科技，人人做创客"的校园创客氛围。

一、环境打造：创客教育空间

开展创客教育，要为学生建设适合开展小组协作学习的专门的创客空间或创客实验室，给学生提供一个"造物车间"。一般来讲，中小学创客空间的建设需要考虑硬件和软件两方面的配备需求。在硬件方面，需要配备上网设备（如笔记本电脑、平板电脑或一体机等）、互动演示屏（如希沃白板）、灵活移动组合的桌椅（以每组4~6人，6~9个小组为宜）、创客造物套装（如乐高、盛思科创赛事套装、Arduino套装等）、便携的充电设施（如天空电源）等；若资金充足，还可配备3D打印设备、激光切割机、VR演示设备、各类机器人和工业模拟演示系统等。在软件方面，主要应用图形化编程软件、3D建模软件、激光切割模型设计软件等比较常用的编程与造物软件，在学习过程中不断补充替换即可。

2017年9月16日，在深圳学生创客节开幕式上，深圳市"中小学生创客实践室"正式公布名单并授牌，东实"妙想"创客实践室名列其中。这意味着学校创客教育得到市教育部门的认可。

（一）建设专门学习空间

人工智能、机器人、3D建模打印、激光切割、VR、模拟工厂……在东实"妙想"创客实践室，整齐明亮的环境、丰富的科技设备让科技感扑面而来。"妙想"创客实践室是学校重点打造的专用场室之一，它的建设从办学理念"为每一个孩子的幸福和发展奠基"出发，以《深圳市中小学学科教育与创客教育融合指南》为指导，以先进理念、高严标准、面向学生为原则，旨在打造全国一流的校园科技创新基地。在深圳市第二批创客实践室终期评审中，"妙想"创客实践室荣获"优秀"等级，同时获得福田区的特等奖。

"妙想"创客实践室（图3-21）整体设计通透、明快、简约，能满足学生对于机器人、人工智能、3D打印、激光切割、VR等多种活动的需要，还可以作为工作间、展示空间等。我们将实践室分成教学区、实践区、作业区、工具区和展示区五大区域，并合理、高效地利用每一个区域，为每个区域配备相应的专业设备和装备，以此为各项活动提供充足的场地和设备支撑。

图3-21 "妙想"创客实践室环境

"妙想"创客实践室的建设以培养"综合素质、全面发展"为总体育人目标，重点在于培养学生的计算思维、数字化学习与创新、信息意识、信息社会责任四大核心素养，旨在帮助学生更好地适应迅速发展的数字化社会，能够在即将到来的人工智能社会利用信息科技的理念与方法发现问题、分析问题和解决问题，使学生在未来社会能够取得成功。

自"妙想"创客实践室正式建成后，实践室每天都在投入使用。学校将学生午托时间利用起来，面向对创客活动感兴趣的学生开放，学生每天中午都可以来到实践室进行学习和创造；每周的社团课时间，实践室也面向学生开放。此外，每学期的期末最后一周，实践室将持续开放一周，学生按年级的不同，每天分批到实践室体验不同的创客主题。

（二）以特色理念为引领

基于"妙想"创客实践室，东实创客教育的育人理念为"以人为本，面向未来"。一是坚持以学生为中心，规划符合学生需求和兴趣的新型学习环境；二是为学校奠基未来，将创客实践室与未来教室相融合，从而促使学校教育深度革新，引领学校教育走向现代化、信息化、国际化。学校通过创新教学方式、创新课程体系，让学生在课堂中学到的知识不只停留在纸上、考卷上，推动学科的"创客式学习"，通过与学科融合的创客空间来进行项目式学习、STEAM学习、探究性学习、体验式学习、表现性学习的实验，为师生提供新型教学模式，从而成为福田区学科融合创客教育的示范学校。

与建设创客空间软件和硬件同等重要的是"潜件"的储备，即组建科技辅导教师团队。科技辅导教师团队要具有扎实的现代教育技术理论基础，了解创新教育的内容及特点，熟悉项目式学习的开展流程，具备跨学科教学理念和较高的信息素养。为此，学校成立了由笔者直接主管的创客教育领导小组，主持和领导创客实践室的管理和工作；成立了创客教育教研组——由福田区骨干数学学科带头人谭春兰、福田区青年骨干信息技术教师郑妙纯以及福田区骨干科学教师梁瑞兰、钟欣、周燕、马宗兵、李岚岚等组成，负责创客实践室的建设、课程开发、教学研究等工作。

在经费保障方面，学校增设创客教育专用金50万元，同时寻求社会资金支持。在制度保障方面，不断完善创客实践室的建设方案和发展规划，建立跨部门协调工作机制，定期评估检查实施情况，加强对创客群体、创客空间、创客活动的宣传力度。在教学理念方面，坚持主体性原则、开放性原则、探索性原则、激励性原则、自我教育原则和终身教育原则，切实落实学校创客教育的育人目标。

二、课程活动：放飞科创梦想

在"双减"背景下，学生的课业负担大幅度减轻，教育需要回归"培养全面的人"的"非急功近利轨道"。面对未来科技社会的呼吁和挑战，一线教师尤其是基础教育阶段的教师，有责任引导学生以积极的心态"拥抱"科技，用心体验生活，培养学生用信息科技的方法来观察生活、思考生活、解决生活问题的知识、能力和意识，为学生适应未来社会并取得成功奠定基础。

在"双减"背景下，学校应规划和引导学生合理利用课余时间——使其回归"全面发展"的育人轨道，培养学生的计算思维、创新能力，以更好地应对未来世界的挑战。在创客教育的实施上，学校主要采用了"STCCS"创客教育实施路径（图3-22），其中的英文字母组合分别代表学习空间（Space）、教师团队（Teacher）、课程（Curriculum）、学习形式（Classroom）和支持服务（Service），以此全力推进"科创课程"。该课程是一门以STEAM教育理念为统领，以跨学科探究性学习为主要学习内容，以培育学生的综合素养为主要目标的课程。它面向二至六年级的学生，以提升学生的综合素养为目标，促进学生的全面成长。

图3-22 东实小学创客教育实施路径

（一）课程体系建构

学校创客课程的开发以计算思维的三维度素养为目标，尤其是重视计算能力和计算意识的培养。按照分析—设计—开发—应用—评价—改进六个步骤来开发创客课程：分析即为分析教学目标、学习者特征（知识起点、学习特征、信息素养）、学习内容等；设计包括对团队人员分工、开发项目流程管控、开发工具、教学核心环节、课程内容和脚本、课程评价等部分进行设计；开发环节包括对教案、课件、作业以及微课等拓展资源（如源程序、搭建手册等）进行统一开发；应用可按照兴趣班小班试课—社团班常规教学—公开课示范推广三步骤实施课程。此外，可根据课程应用效果对课程的教育性、科学性、技术性、艺术性、实用实施评价，评估课程是否达到预期效果，再根据评价结果改进课程。

1. 课程内容

根据学生的需求，学校科创课程包括"和机器人玩耍"系列课程、人工智能课程、来自英国的传统"Design Technology（设计与技术）"课程等。每一门课程都严格依照教育性、科学性、技术性、艺术性、实用性五个维度对其进行评价和完善，让课程真正产生实效。

其中，"和机器人玩耍"系列课程是学校的重点课程。它是一门以模拟解决现实生活中的问题为统领，以硬件拼搭和软件编程为主要学习内容，以培育学生解决问题的能力和面向21世纪的核心素养（包括文化理解与传承、审辩思维、创新、沟通、合作五个方面）为主要目标的课程。该课程面向不同层级学生提供了三门子课程——"乐高制造：秘密特工""Spike：创见·创建未

来生活""EV3：未来生活"，采用项目式学习和小组合作学习方式推进课程（表3-7），具有一定的竞赛导向。

表3-7 "和机器人玩耍"系列课程

课程名称	使用年级	课程章节	课时分配
乐高制造：秘密特工	二年级	①让教授慢下来；②干扰教授的计划；③抓住教授；④公主的耳环；⑤浇水；⑥拿到耳环；⑦银行抢劫警报；⑧抓住歹徒；⑨安全着陆；⑩乱成一团了；⑪把床单洗干净了；⑫开心一刻	社团课每周1节
Spike：创见·创建未来生活	三、四年级	创见未来生活：①跳跳虫比赛；②保险箱；③霹雳舞；④天气预报；⑤种菜小帮手 创建未来生活：①智能升旗装置；②智能疫苗接种机；③服务者号；④智能存钱罐；⑤未来无人超市；⑥火星探测系统	午托课每日1节
EV3：未来生活	四、五年级	无人驾驶：①自动泊车；②安全倒车；③无人驾驶 智能穿戴：①自动喷雾装置；②智能颜色提示器；③智能穿戴示警装置 变身赛博朋克：①头脑风暴；②创意实现；③成果秀	社团课每周1节

随着人工智能通识教育逐步走进校园，为积极探索人工智能课程，2023年2月，学校开设"人工智能：智能驾驶"课程，以无人驾驶技术为核心设计任务，围绕机械结构、自动行驶、自动避障、自动泊车、路标识别等多项无人驾驶技术任务，通过动手实践让学生体验无人驾驶技术，理解无人驾驶的概念及特征分类、图像识别、边缘检测等知识，培养学生的人工智能意识、技术创新思维、应用实践能力和智慧社会责任，让其在感受前沿技术的同时，实现对未来的无限创想。

2.课程评价

对于科创课程，学校坚持采用形成性评价和总结性评价相结合的评价方式。形成性评价方面，我们利用班级优化大师为每个学生生成个性化的电子档案袋，鼓励学生把他们的作品拍成视频、写成推文，发布在学校的"玩耍部落"公众号和视频号上，以此记录他们的成长。总结性评价方面，提出面向小学生的"CTT—BS—CTS"三维计算思维评价方案，利用计算思维评价工具对学生实施前测和后测（表3-8）。"CTT"是计算知识维度测试工具，"BS"是计算能力维度评价工具，"CTS"分为"CTS1"计算技能维度评价量表、"CTS2"计算意识维度评价量表。

表3-8 "CTT—BS—CTS"三维计算思维评价方案的运用

维度	使用阶段	评价工具	备注
计算知识	前测	CTT	由全国青少年软件编程（Scratch）等级考试试卷中的部分题目组成，前、后测可选择不同年份的试题
	后测	CTT	
计算技能	前测	CTS1+UK Bebras 2017 Challenge（BS1）	UK Bebras 2017 Challenge 与 UK Bebras 2018 Challenge 系 Bebras 国际权威挑战赛，其难度和区分度保持一致
	后测	CTS1+UK Bebras 2018 Challenge（BS2）	
计算意识	前测	CTS2	前、后测量表保持一致

（二）创客教育活动

目前在小学阶段，大部分学校并没有规定正式的创客课时，这就需要教师团队灵活组织创客学习形式。其中最常见的就是每周一两节社团课，但这样的课时量明显不足，学习的间断性也会让学习效果大打折扣。

如何在保持社团课进行的同时，利用其他时间增加创客教育的课时，又不加重学生的负担呢？第一，对于中午留校午托的学生，以自愿报名的方式组建"创客午托班"。第二，"双减"政策实施后，学生的作业负担和课外培训负担大幅降低，课余时间大量增加，这也成为开展创客教育的绝好时段。第三，组织学生参加丰富多彩的科技创新活动和竞赛。这些活动和竞赛可以极大地激发学生的创客活动热情和投入程度，能让创客成果及时得到肯定，从而正向刺激他们在创客活动中保持积极性和持续性。

1. 社团课程活动

社团课程是学校创客教育活动的基本课程，如开设"和机器人玩耍"系列课程、人工智能课程、智能驾驶课程、来自英国的传统"Design Technology"

（设计与技术）课程（东实"妙想"创客实践室是福田区内目前唯一一个引进该课程的创客空间）等，目的是加强学生的设计思维和动手能力。

2. 午托课程活动

提出午托课程，源于教师对学生的观察。在中午留校午托的学生中，总有一些学生怎么也睡不着，他们往往精力旺盛，不肯在教室午睡，被认为是"不听话"的孩子。但是每个人的身体需求是不同的，作为教师，我们不能用同一套标准去要求每个孩子做一样的事情。于是，为了不浪费午睡时间，学校教师便试着组织他们参加喜欢的创客活动，开设了午托创客班。每天中午，教师都会带着这群学生进行创客活动，分组攻克不同的项目。

午托创客班面向三至六年级的学生，每日开放，课程内容较为灵活和丰富，涉及乐高机器人、激光切割、3D打印、人工智能等主题。学校每个学期举行丰富多彩的课外活动，比如STEAM嘉年华、创客学员作品秀、科普展箱进校园、"科学好好玩"趣味大游园、院士进校园讲座、昆虫总动员、鸡蛋撞地球等，午托创客班的学生都会积极参与。此外，学生还积极参加环保演讲比赛、环保宣传月比赛、CCTV创客大挑战比赛、创客科技制作、抛石机、气弓箭、铁丝陀螺、钢球爬坡、电脑现场赛、无人车竞赛、s-w智能无人车三维设计大赛等活动。午托创客班不仅帮助这群精力旺盛的学生学会了合理安排时间，还使其学会了新知识，提高了动手实践能力。

在创客实践室，教师们的办公桌就摆放在教室内，日常教室实行全时段开放，除课程期间100%使用外，学生在午托和晚托时段都可进入教室，取得教师同意后进行科技探索。如今，午托课程成为学校的一大亮点，是学校探索素质教育的成功举措。

3. 特色活动

学校重视展示学生的学习成果，每学期会举办一次"东实创客俱乐部学员毕业秀"活动，让学生汇报展示自己的作品，并邀请感兴趣的师生和学生家长现场观看学生的毕业作品汇报展示，就学校创客教育的开展和学校领导、教师进行交流研讨。

此外，学校积极打造和运营家校创客教育的"线上社群"（如微信群），开通专门的微信公众号和视频号来记录和展示小创客们的成果及成长反思，让学习真正留下痕迹。如此便能利用网络学习空间拓宽师生的学习和创造时空领地，让学习和创造广泛地发生。

4. 拓展活动

一是邀请校外机构到校给学生开展各类科技前沿讲座。例如，2021年4月，由福田高科馆承办的"科普课程进校园"活动，给学生带来精彩的机器人科普；2021年10月，大疆讲师带着无人机与机甲大师给学生带来新奇的技术科普。

二是每学年举办全校参与的STEAM嘉年华活动，开展编程竞赛、创客小讲堂、计算思维挑战赛等活动。例如，2022年5月举办的编程竞赛决赛以现场创作的形式进行，鼓励学生即兴创作，编出水平，赛出创意，最终共有8位同学获得一等奖、11位同学获得二等奖。比赛现场气氛紧张而热烈，梦泽（化名）同学在经过不断调试后，终于解决了难题，脱口而出"太感动了！"；易杭（化名）同学设计的我方战机发射导弹的效果与敌方战机发射导弹的效果混淆了，他觉得又好笑又无奈，专心地修改问题……在键盘和鼠标的噼里啪啦声中，涌现出一个个坚持不懈、努力克服困难的少年。

三是鼓励学生积极参加各级各类科创竞赛，实现以赛促学、以赛促教。在各级各类科创竞赛上，东实学子们均取得了优异的成绩。例如，2021年6月，我校学生作品在福田区第22届3D动画编程竞赛中喜获19项奖励，从700多部3D动画编程作品中脱颖而出。2022年8月，我校学生在"世界机器人大会2021—2022全国青少年电子信息智能创新大赛"中，获得1个二等奖、3个三等奖。2023年7月，3位学生在全国中小学信息技术创新与实践大赛决赛中，获得2个一等奖、1个三等奖，指导教师马宗兵获得优秀指导教师奖。2023年，学校具备认证深圳中小学"明日科创之星"资格的学生实现了从0到10的突破。

精彩纷呈的科创课程和活动，让学生们的科学素养得到极大的发展。曾获得2022年度全国中小学信息技术创新与实践大赛Coding创意编程广东省复赛一等奖、全国决赛二等奖的小睿（化名）同学说："我在学校最开心的事就是上马老师的科创课，在周末最喜欢的兴趣班是机器人编程。当科创成为一种爱好，它的吸引力就并非来自一张张奖状，而是赋予我渴望改变世界的探索欲、善于发现的观察力、解决问题的动手能力。我坚信科创改变世界，让人类的生活越来越美好！"曾获2023年第14届蓝桥杯国赛EV3三等奖的小萱（化名）同学说："从最基础的积木拼搭，到现在学的Scratch、Python，在编程的道路上不知不觉我已经坚持了4年。我喜欢编程，在家一有时间我就会试着编写几段程序。比如我最近编写了一个名叫'见缝插针'的游戏，朋友们玩了都觉得很不错，这使我很有成就感。"曾获得2022世界机器人大赛总决赛"算法编程设计专项赛"一等奖的小沂（化名）同学说："我5岁开始学习机器人，从拼搭到编程，从硬件到软件，编程的世界充满挑战与快乐。从四年级开始，我在创客班跟随马老师学习编程，专业的学习使我的编程技能迅速提升。"在学生的一言一语中，我们能够深切感受到创客教育给他们带来的欣喜变化，这正是学校办学理念"为每一个学生的幸福和发展奠基"的具象化表现。

科创课程是跨学科融合的课程,在这一过程中,有的学生数学好,会负责数据记录;有的学生策划能力强,会承担项目规划;有的学生喜欢做实验,会主要负责项目执行;有的学生语言表达能力强,会负责路演解说……一个项目研究下来,学生们会组成一个"超级变形金刚",且更容易通过合作的经历发现彼此的优点,收获从课本中延伸出来的更多知识。学校课程研究中心主任谭春兰认为,教师均须从"教什么"上升至聆听学生问题,启发学生寻找解决方法,陪伴学生提出解决方案的层面。

在多年日积月累的用心浇灌下,学校创客教育结出了丰硕的果实,打造出"创客教育品牌"。学校先后被评为"全国科学教育优秀实验基地""深圳市创新领跑学校""深圳市中小学优秀创客实践室学校"。创客导师获得国际StarT中心颁发的项目式学习国际赛二等奖、国家级优秀科技辅导教师称号;3门科普课程被评为"福田区品牌课程",2项科普类课题获得市、区级立项,获得1项福田区基础教育教学成果奖项,发表相关国家级学术期刊论文7篇。

我们将创客教育成果在区域内进行辐射与推广(图3-23),得到了众多教师和学校的认可和肯定。例如,2021年11月,校长受邀在香港中文大学(深圳)附属知新学校分享课程建设经验;2022年12月,课程教师马宗兵受邀在惠州学院讲授"和机器人玩耍:让教授慢下来"一课。这些跨校交流实践让

图3-23 学生向来宾介绍学校的创客教育成果

学校的创客教育实现了从引进来到走出去的过程，更多地去和外界进行链接和辐射。

科技指引未来，我们相信，为学生埋下科技创新的种子，将对他们的人生起到不可估量的影响。面向未来，学校将继续坚持课程改革，在创客课程迭代和效果评价上深耕，持续推进项目式学习，且会更加注重学生对真实问题的解决，为培养学生的21世纪核心素养不断奋进。

第六节 "印·艺"课程，让每一颗童心向美而生

艺术教育是国民教育体系的重要组成部分，是学生成长的必要途径，具有立德、树人、启智、育美的综合育人价值。小学是儿童生理和心理快速发展的时期，也是接受艺术教育、增进艺术素养、促进身心健康发展的重要时期。如何夯实学校艺术教育、构建德智体美劳全面培养的教育体系，是笔者一直在思考的重要问题。

不同学生的学习能力、兴趣爱好、发展水平是不一样的，单一、死板的教育模式无法让每一个学生都得到良性的发展，因此需要尽可能让学生在合适的空间中得到适合自己的教育和指导。特别是艺术教育，因其具有强烈的个性化特征，所以要鼓励学生按照自己的独特方式表达自我、感知世界，从而培养独特的审美能力和创造力。

在艺术教育上，笔者始终相信，每一个孩子都有一颗向往美的心。艺术不是为个别有艺术天赋的孩子服务的学科，而是让每个孩子都能享受的美的熏陶。为了每个学生的幸福和发展，我们提出了"让每一颗童心向美而生"，构建了"印·艺"艺术教育课程体系，形成了兼顾普惠及特色发展的音乐课程校本化实施路径，以此着力培养学生感受美、表现美、鉴赏美、创造美的能力，陶冶学生情操、提升艺术素养，丰富想象力、培养创新思维。通过艺术教育立德、启智、树人，实现"让每一颗童心向美而生"的教学目标。

一、课程构建：既面向全体也彰显特色

"印·艺"艺术教育课程的构建基于儿童立场，通过各类艺术课程和活动，鼓励学生大胆尝试、积极体验、敢于探索，启蒙和保护好学生的想象力与创造力。"印·艺"中的"印"来自校训中的"脚印丈量世界"，希望通过该课程在学生心中播下美好的种子，一步一个脚印助力他们形成螺旋上升的经验结构，形成足够丰富的感受、感知及沟通能力，"让每一颗童心向美而生"。

课程分为两个板块：一是普惠课程，也是每一位东实学子的必修课程，包括国家课程、小乐器进课堂、创美课堂、形体律动课堂、新年艺术秀课程；二是特色课程，为有艺术特长的学生提供更多发展的可能，包括合唱、油画、管乐、创美工坊、弦乐、儿童插画、民乐、舞蹈等。

（一）面向全体：落实艺术教育的普惠化

艺术教育不是阳春白雪，而是要惠及每一个学生。我校曾在会议室发生过这样的一幕："一组是50余人的集体表演，节目质量中等但全班学生都参与；另一组是10多个孩子组成的高质量器乐表演。如果是你们，你们会选择哪组节目作为国际文化艺术节的压轴大戏？"笔者将学校艺术节最受关注的节目选择权交给了会议上的教师们。无一例外，50余人的班级集体演出全票通过，成为年度艺术节上的"高光点"。

"选择人多的节目正是将'为每一个学生的幸福和发展奠基'这一办学理念深入人心的体现，我们要关注每一个、发展每一个。而器乐表演本身质量高，孩子们参与表演的机会也会更多，他们拥有更多上舞台的机会。"在笔者的眼里，艺术节是开放性的家校共育活动，要让所有的学生都有机会在这个舞台上绽放自己的光彩，让他们能够被看见、被点赞。

这平常的一次会议，正是学校对每一位学生的看重，突出了"印·艺"课程的普惠思想。普惠课程是全体学生的必修课程，它以课堂为主阵地，以活动为载体，为学生提供不同的艺术实践和体验，综合发展学生多方面的艺术能力。

特色项目的开展离不开扎实的学科基础教学，学校艺术教育以国家课程为本，开好开足国家课程，将音乐、美术、舞蹈、乐器演奏等多种艺术融入课堂，为学生提供生动有趣、丰富多彩的艺术教育教学内容，鼓励学生进行体验性、探究性和反思性学习，拓宽艺术视野，提高艺术素养，使艺术学习更有趣、更容易，使学生获得成功感。

1. 音乐教育："小乐器进课堂"课程

学校重视每一节音乐课，严格按照规定开齐开足音乐国家课程；音乐教育工作组认真督查课程落实情况，定期检查或不定期抽查教师的教学设计，每学期至少听4节课，并做好听课记录。音乐科组定期开展教研，落实教学计划执行情况，研究音乐学科教学思路和工作重点。每学期末，学校组织音乐学科教学质量抽测，抽取部分年级中部分班级的学生，外请专家从理论和实践两方面进行教学质量评价，并及时进行反馈。

本着"让音乐属于每一个孩子"的素质教育理念，学校在遵循学生生长规律的基础上提出"小乐器进课堂"的课程规划。该课程旨在通过每一节日常课堂的熏陶，努力做到人人会演奏一门乐器，提高全体学生的音准、节奏等音乐素养，以及全体学生识谱、演奏等音乐技能，为管乐团等特色项目开展奠定群众基础，并进一步提升全体学生的审美水平和人文素养。音乐科组积极探索如何结合学情及师资特点拓展国家课程，开展符合学生实际的校本课程，培养学生良好的演唱、演奏、听赏、创作的音乐功底及善于探究、比较、发现的音乐思维，有效提升全校学生的整体音乐素养。

"小乐器进课堂"作为音乐教育的普惠课程，按照年级的不同，将手指琴、口风琴、六孔竖笛和口琴引进音乐课堂，丰富音乐教学内容，给学生开辟学习音乐的新乐园。通过多年的实践探索，我们逐渐确定以简单易上手的竖笛作为切入口开展"小乐器进课堂"课程。同时，它也可以被视为一种初级管乐器，通过学习竖笛训练学生的手、耳，进一步提升他们的演唱、识谱能力，为学校管乐团特色项目的开展奠基。

"小乐器进课堂"运用多样化的音乐表现手段，促使学生生动活泼、主动地进行音乐吹奏活动和体验，促进手、脚、耳等的协调发展，激发学习音乐的兴趣，提高学生对音乐的理解、表达和创造能力。更重要的是，培养学生健康发展的心理素质。有家长曾表示："懂一两种小乐器是东实每一个毕业生的看家本领。儿子在校期间就很喜爱口琴、竖笛，现在进入中学，学习压力大的时候，这些乐器成了孩子舒缓压力的工具，给孩子带来了很多欢乐。"

2. 美术教育："小脚印"创美课程

在美术教育上，学校开设了"小脚印"创美课程，这是一门以多学科融合的项目式主题为学习方式、依据学生的特点实现其综合素质提升的课程。学校在遵循国家课程标准的基础上，对低年段的语文、数学、英语、音乐、美术、科学等教学内容进行合理、有效的拓展和融合，设计成多个不同的探究性项目式主题研究活动，让学生在跨学科活动中开展综合性学习，运用语言文字、图像、音效、数学、表演、展览等多种艺术形式进行表达和交流，提高学生感受美、表现美、创造美和鉴赏美的能力。

"小脚印"创美课程秉持"让每一颗童心向美而生"的课程理念，让学生在教师的带领下感受到装饰在生活中的乐趣之美，颜料在美术创作中的色彩之美，以及中华传统文化在生活中的应用之美，最后放眼世界感受中外艺术的多样之美。创美课堂就是让每一个孩子都能够拥有一双发现"美"的眼睛，同时让每一个孩子热爱生活、热爱艺术。

"小脚印"创美课程涵盖五个系列内容，如超轻黏土——印第安人系列、刷子的表情、我的童话世界——重彩棒、我的童话世界——梦幻城堡、黏土彩盘装饰。具体内容可见表3-9。教师通过角色转变打破"传道授业"的传统教

小脚印,大未来

学模式,注重和学生之间的交流;用适当的导入法激发学生的学习兴趣,让学生带着好奇心和学习需求参与学习活动;通过关注每个学生的实际情况,针对性地帮助学生解决学习难点,提升学生参与创美课程的积极性。

表3-9 "小脚印"创美课程内容

周次/课时	课程名称	内容	实施要求
2～4周/15课时	超轻黏土——印第安人系列	①了解什么是超轻黏土,它与普通的黏土、橡皮泥等有什么不同(材料科学知识); ②知道国家与国家之间、不同地域之间、不同种族不同人种之间存在着文化差异,学习并尊重文化差异; ③观察印第安人的五官形象、头发特点,将其概括成简单的几何形状。画出物体的基本形状,并用超轻黏土捏出它的形状(数学简单几何图形概括); ④收集资料,了解印第安人生活的文化背景,了解当地的风俗文化,写一写并分享给大家(国际文化理解与语言表达); ⑤动动手、捏一捏、做一做,在美术教师的引导下进行造型创作(美术雕塑雏形课程)	①知道本学期的学习内容与计划; ②知道国家与国家之间、不同地域之间、不同种族不同人种之间存在着文化差异,学习并尊重文化差异; ③准备材料:丙烯黄金色颜料、油画刷子、剪刀、黑色超轻黏土、强力黏合胶、纸筒、报纸、木板、纸板模具
5～7周/15课时	刷子的表情	①抽象思维培养,将刷子倒过来像什么——刷子的鬃毛像人的头发,刷子的身体像人的身体(想一想、做一做); ②观察身边朋友(动漫人物、动物)的表情,用超轻黏土捏出他们的表情,并表现出来(观察力,数学几何概括); ③搭配漂亮的色彩,将"木版画"中的色彩搭配应用进来(色彩感知力); ④对表情特征的捕捉能力	①观察表情特征,紧扣物象表情,将不同情绪下的表情通过直观的手工方式体现出来; ②准备材料:24色丙烯颜料,超大号、小号、中号、大号油漆刷子及剪刀、24色超轻黏土、强力黏合胶

续表

周次/课时	课程名称	内容	实施要求
8~10周/15课时	我的童话世界——重彩棒	①简单了解什么是重彩棒，知道重彩棒和油画棒的区别，了解油画棒与重彩棒的特性（科学、美术基础知识）；②写一写自己的童话世界是什么样的，由什么元素构成（语文表达能力）；③进一步了解点、线、面在画面中的应用（数学、美术交叉授课）；④感受色彩在画面中的变化（色块关系）；⑤用线与色相结合的方式概括物象的主要特征（美术表达能力）；⑥画一画我的童话故事，并把它讲给大家一起分享（美术表现力与语文语言表达能力）	①能够结合自己感兴趣的童话故事（或自己想象的童话故事）并用重彩棒这种媒介将其表现出来；②准备材料：20cm*20cm油画框、48色重彩棒、卫生纸、刮刀
11~14周/20课时	我的童话世界——梦幻城堡	①尝试不同材料的绘画体验，初步打破学生画画只能在纸上作画的固定思维（综合能力、打破固化思维）；②讲述隔温泡沫板的性质（从物理、化学、科学等多方面分析其材料性质，并进行创作）；③写一写我的童话故事，或者沿用上节课的故事，进行创作（语文表达能力）；④根据不同绘画主题中的人物、植物等形象，将泡沫板分割成相应的形状（数学与美术构图思维培养）；⑤动动手，在美术教师的引导下进行创作	①打破绘画材料常规思维；②感受色彩搭配与应用；③主体模型要大，学生合作完成；④准备材料：10块200cm*80cm*5cm隔温泡沫板、24色丙烯颜料、64色丙烯马克笔、热熔枪、强力黏合胶、刷子、调色盘、水桶、油画笔一套、宽壁纸刀

续表

周次/课时	课程名称	内容	实施要求
15~18周/20课时	黏土彩盘装饰	①了解什么是装饰，为什么要装饰（语文、美术）； ②写一写、画一画，你在生活中的哪些物体上看到过装饰，你觉得装饰重要吗（语文、美术）； ③想一想，如何将一个空空的圆盘装饰得漂漂亮亮，你有什么方法，说出你的方案（解决问题的能力）； ④根据自己的方案，动动手用超轻黏土为盘子做一个漂亮的装饰（美术综合材料）	①通过学过的点、线、面，但不采用画笔，而是采用手工的方式进行创作，进一步打破学生绘画的固化思维，引导学生尝试各种材料（创新思维培养）； ②了解装饰的重要性——装饰让生活更美好； ③准备材料：36色超轻黏土、木盘子、纸盘子、装饰材料、强力黏合胶、纸浆、纸浆染料、糨糊、小木棒等
19周/5课时	整理回顾五个系列内容	①知识串联（学科素养与综合能力提升）； ②作品整理与完善（综合能力提升）； ③布展，进行作品展出（综合能力）	学期汇报，展出各自的作品，评选出优秀作品与最佳创意作品

学校美术教育注重对学生美术核心素养的培养，并结合我国传统文化，对学生进行文化思想的浸润。以二年级重要课程之一的"节日的餐桌"教学为例，该课程在理念上是对"美术核心素养"与"21世纪5C模型"理念的综合体现。该课程既体现了中华民族传统文化，又体现了美术表现能力与沟通表达能力。节日的选择与表现形式是对学生创作能力的直观体现，通过作品的制作和呈现，加强学生的识图能力与审美判断能力。该课程可让学生体验与家人朋友交流分享的乐趣，培养学生热爱生活的思想情感和相互协作的团队精神。

"节日的餐桌"教学

【教学目标】

了解中国节日的饮食文化（有八大菜系），了解南北方饮食文化差异，以及不同节日的代表性美食。感知食物的造型美和色彩美,能运用点、线、色等造型元素,表现节日餐桌中美食的形态与色彩。

【教学重难点】

感知节日的饮食文化;简单表现美食的形态色彩;运用线条和色彩表现生活中食物的特点;对食物细节部分的表现。

【教学方法】

通过图片及作品欣赏、技法展现等方式,引导学生了解中华民族的节日文化,并从美术的角度观察节日的美食造型和色彩,激发创造力。采用视频讲授的方法激发学生的创作兴趣。

【教学过程】

(1) 视频导入。

教学活动:刚刚这个视频让你想起了什么节日?你知道在这个节日中一定要吃的美食是什么吗?

学生活动:思考并回答问题。

设计意图:通过视频感受节日气氛,激发学习兴趣。理解中华民族的节日文化。这是美术核心素养中"文化理解"的重要体现,也是5C模型中"文化传承与理解"的重要体现。

(2) 欣赏感受。

教学活动:不同节日的不同餐饮形式。如春节吃饺子、包子,元宵节吃汤圆,端午节吃粽子,中秋节吃月饼等。

学生活动:了解不同节日的饮食文化。

设计意图:对传统节日的饮食文化有一个初步印象。

(3) 新授环节。

教学活动:教师演示盘中佳肴的画法——先画出基本形状,然后涂色。

观察步骤:观察食物的图片、食物的形状;通过形和色来感受食物的味道。

学生活动:学习画法。

设计意图:启发学生如何概括美术的造型特征,这是美术核心素养中的"美术表现"能力的体现。

(4) 提出问题,视频讲解。

教学活动:提出问题——一桌子的佳肴该如何表现?

教师播放视频,演示节日餐桌的画法:先画出基本形状,然后修饰,最后涂色。

画法步骤:画出桌子及桌上盘子的外形、盘中的佳肴,可以涂色修饰;注

意盘子与盘子间的位置关系,被挡住的部分应如何处理。

学生活动:按要求练习作画,思考并回答问题。

(5)知识介绍。

教学活动:在画的过程中,教师引导学生从多方面进行表现,如肉类,鸡肉、鸭肉、鹅肉、猪肉等;水果类,苹果、雪梨、葡萄、香蕉等;糕点类,面包、点心、三明治等;饮料类,可口可乐、苹果醋、红酒等。同时引导学生从餐桌的外形、餐布的色彩,以及周围环境背景等方面来创作。

学生活动:作画。

设计意图:学生观察与分析,体会构图的巧妙之处。这是美术核心素养中的"审美判断""创新实践"能力的体现,也是5C模型中"创新""审辩思维"能力的体现。

(6)巡回指导。

教师活动:指导学生作画。

学生活动:用线描画出餐桌上每个盘子里的菜并涂色。

设计意图:利用在整体造型和细部刻画方面的练习,培养学生运用线和色的能力。

(7)小组展示分享。

小组进行作品展示,分享自己设计的节日餐桌。

(8)作业布置。

分小组合作,完成一张节日餐桌的绘画。

要求:体现节日特色,包含主体(菜)、背景(桌子)、遮挡关系、构图饱满,用讲故事的方式派一名代表进行分享。

【教学反思】

教材中节日的餐桌场景有时较大,有时又仅仅是一个菜品的呈现,相对比较极端,应额外加入多个菜品通过遮挡关系呈现较好的视觉效果。课堂上,有85%以上的学生可以做到节日与食物绘画相结合,但仍有部分学生不能理解节日文化并将节日文化应用到画面中。课程引导要不断强调不同节日的代表食物,不然画面中的主题不够突出。如可以加一个情境创设,让学生回顾印象最为深刻的节日餐桌。画面效果是美术核心素养最为直观的体现。经过测试,针对画面整体效果,有94.3%的学生能够达到优秀,但仍有5.7%的学生不能完成美术学科素养五项内容的要求。

3. 形体律动课程

随着生活水平的提升和教育观念的转变,融健身、健心、健美为一体,以塑造优美体形及姿态、加强形体美的审美教育课程——儿童形体课程日渐受到重视。经过系统形体训练的学生，一般都身体匀称，举止得体，"走如风，立如松，卧如弓"，充分体现出蓬勃向上的生命活力。因此，学校在一、二年级开展形体课教学，以舞蹈中的基本功训练方法为主要手段，结合音乐效果，针对人的基本姿态进行身体活动练习。通过教学，学生了解和掌握了舞蹈形体的基本知识与基本技能，进而全面提高身体素质，纠正不良体态，塑造健美的体形，形成端正的仪表形象。同时，普及全校的形体课还为后续舞蹈社团课程奠基。

4. 新年艺术秀课程

一年一度的艺术节是学校的系统课程，分为声乐、器乐、舞蹈、语言表演、书法、美术等类别。该课程要求班班参与、人人上台，或全校海选或年级展演，再参加晋级赛，最后挑选出最优秀的节目举行"新年艺术秀大Party"。这样，以"全员参与、全面发展"为主导方针，力求让每一位学生都能享受艺术教育和艺术展示的机会，体验艺术学习的快乐和成功，获得身心的全面发展。

5. "四独"课程

"四独"指的是独唱、独舞、独奏、小主持人四个类别的单项比赛。该课程设置了严谨的评比方案和操作流程，通过全校海选、晋级的方式推选出每个单项比赛的前10名。该课程旨在搭建舞台，为有特长的学生提供多种锻炼和展示的机会，最大程度挖掘学生艺术特长，展示学校健康向上、求真求美的校园文化风气。

（二）彰显特色：落实艺术教育的个性化

作为面向未来、面向全面发展、面向人人的教育，"个性化"是艺术教育最大的特点。艺术教育的个性化，也就是要适应学生艺术发展和审美提升的需要。学校副校长谭春兰老师认为："儿童时期，为孩子们搭建多元平台，让他们感觉学习像呼吸一样自然、愉悦，是我们作为教师的责任。"在东实，学校基于学生需求和课标内容开发出的创新型课程，为的是让每一个孩子都能找到适合自己的跑道。

在艺术教育领域，学校根据本校教师实情和学生已有的艺术水平，开设了管乐、合唱、弦乐、舞蹈、民乐、油画、创美工坊、儿童插画等多种艺术教育特色课程，尽全力让学生拥有自主选择的舞台。

1. 管乐

管乐课程是学校艺术教育特色课程之一。学生通过学习与训练掌握乐器的基本演奏技能、演奏姿势、音乐表现，在合奏中学会协作交流，能够很好地培

小脚印，大未来

养学生的集体意识和团队精神。

2016年9月，学校成立了小脚丫管乐团，下设A、B两个乐团。为使管乐团的学习更加专业化，学校着力打造优秀的教师团队，除校内7名专职音乐教师对全校学生进行乐器专项训练外，另有9名外聘教师，负责管乐团各声部教学工作。整个团队分工明确，每个学生既能展现自己的专长又能互相支撑，相得益彰。学校还定期邀请专家进校园，德国卡塞尔室内乐团总监崔鸿嘉、美国指挥家艾伦·米尔斯、深圳管乐协会终身名誉会长伏虎等专家都曾亲临管乐团进行指导。

学校大力投入管乐团建设，前后共投入约40万元的采购资金用于采购管乐训练所需的定音鼓、单簧管、中音号等器材。在教学用地十分紧张的情况下，为保证训练效果，我们毅然将学校的"海悦楼"四楼教室改装成管乐训练基地，同时腾出4间分声部训练教室。在训练与发展中，学生增强了自信心，提高了个人的演奏能力，培养了团队精神，增强了乐团的凝聚力。

小脚丫管乐团自成立以来，多次参加省、市、区级比赛，曾获第四届香港国际音乐节广东赛区一等奖、第二十届深圳校际管乐节金奖等。乐团每学期都受邀参加各种社会演出，如2019年11月9日，东海实验小学"童心筑梦"管乐专场音乐会在深圳市大剧院音乐厅举行，现场座无虚席（图3-24）。台湾管乐指导者联盟执行长黄健能、深圳市管乐协会会长陶然、管乐协会副会长杨岳军、国家一级指挥颜翅鹏等嘉宾均出席了该活动。此次活动取得了巨大的成

图3-24　小脚丫管乐团在深圳大剧院举行专场音乐会

功,参会嘉宾赞道:"为孩子们点赞,十一支曲子,一气呵成,如行云流水,各美其美,他们的音乐里、眼神中都焕发出自信的光芒,这非常重要!"

在深圳最高级别的音乐殿堂举办专场演出并得到与会嘉宾的高度赞美,这是学校音乐教育成果尤其是管乐团成果的一次精彩展示。如今,管乐A团蓬勃发展,管乐B团初露峥嵘。紧接着,东海实验小学弦乐团也正式成立,共80余名团员。很快,学校将在管乐团和弦乐团中挑选能力较强的80名学生组成东海实验小学管弦乐团。

2. 合唱

"小脚丫"合唱课程旨在通过合唱训练,提高学生识读乐谱、视唱练耳、声乐演唱等方面的能力,培养学生的集体荣誉感,提高学生的团队协作能力,增强他们的自信心。"小脚丫"合唱团成立于2017年,前身是学校的合唱社团,由坪山区原教研员李娟老师任团长,现有团员70人,根据年龄及能力分为正式团员与预备团员。在校领导的大力支持以及指挥李娟老师、钢琴伴奏裴皓楠老师的带领下,合唱团形成了完善的、有计划的训练体制,提升了学生的合唱水平,并不断推出新的作品,定期邀请国内、国际的知名专家莅临指导。

学校编写了校本教材《儿童合唱教程》,并定期组织举办合唱展示活动,如开展班级合唱比赛、举办合唱团新年音乐会等,让全校学生接受美的熏陶。秉持以赛带练的原则,合唱团积极参加国内外各种赛事,获奖良多。2021年,合唱团继管乐团后,再次在深圳市大剧院举办了专场音乐会(图3-25),天籁般的歌声让观众沉浸其中。

图3-25 "小脚丫"合唱团在深圳大剧院举行专场音乐会

3. 弦乐

弦乐课程坚持以音乐审美为中心,坚持弦乐演奏技能与情感表现的统一,坚持面向全体学生和促进个性发展的统一。弦乐训练是一场全方位的艺术之

旅，让学生在享受音乐之美的同时，实现个人修养与综合素质的全面提升。

4. 舞蹈

舞蹈课程是素质教育中的重要方面，有助于增强学生的身体协调能力，养成正确的身体姿势，塑造健美的形体；将音乐和舞蹈结合起来，还能培养学生的审美感知，提高审美情趣和审美能力。2016年，学校组建小脚丫舞蹈团，由谢碧云老师担任团长，现有成员近50人。在团长的带领下，学生通过舞蹈基础和形体训练、舞蹈动作的学习，增强了身体协调能力、舞蹈感觉、形体气质。通过观摩一些舞蹈的录像资料、舞蹈现场秀，教师讲解分析各个舞种之间的渊源与区别，提高学生对舞蹈的理解力和鉴赏力，丰富学生对舞蹈的了解，培养学生的个性，提高音乐修养。小脚丫舞蹈团积极代表学校参与演出和比赛活动，在市、区各类活动中多次荣获一等奖。

5. 民乐

民乐课程让学生通过对民族音乐知识的学习，了解中国民族音乐的发展，掌握琵琶、古筝、二胡、竹笛等民族乐器演奏的基本技能，激发爱国情感，传承民族文化，提高音乐素养和艺术审美能力。

6. 油画

油画课程是学校美术教育的主要内容，与其他绘画形式相比，油画具有较强的艺术表现力和色彩张力，其材料丰富、形式多样，学生能够更容易、直观地表达自己的艺术想法、呈现自己的作品。

油画课程分为低、中、高年段教学实施计划。"油趣绘"以低年段为教学对象，用色彩启蒙学生的艺术世界，将色彩作为情感的表达方式并运用综合材料拓展学生的创作手段，为学生的绘画启蒙打下坚实的基础。"童心油画"以中年段为教学对象，以油画为手段，丰富学生的绘画语言体系，根据学生的特点发展学生的绘画风格，提高审美情趣。"素描·油画"以高年段为教学对象，将素描写生作为培养学生的观察力和造型能力的手段，传授基本油画技法和知识，让学生深刻理解并掌握造型艺术的基本技巧，培养学生的美术感受力。

学校美术教师孙廷帅认为："鼓励创作并不意味着不讲原则和章法，孩子们无拘无束的创作动机需要让渡于审美观念。作为教师，我的使命就是帮助孩子们认识到'什么是公认的美'，并引导孩子们去发现美，进而创作美。"在教学中，不同的美术教师有不同的教学侧重点，如有的教师更注重色彩，有的教师更注重形体，发挥不同教师的特长，油画课堂教学由此更加多元。通过油画的学习，学生对美的理解力和感受力在不断增强。油画社团禹帆（化名）同学说："画画是让我最快乐的事情，是我生活、学习很重要的一部分，我要一直画下去，画出我自己的星辰大海。"

7. 创美工坊

创美工坊课程以手工为主要教学手段，旨在培养学生的观察力、想象力和动手能力。在该课程中，学生需要结合各地的传统艺术特色，通过艺术实践的形式将平面的点、线、面、色彩等元素融入立体的作品中，尝试用不同的创意材料、不同的艺术形式表现美、创造美。

8. 儿童插画

儿童插画课程以插画形式为统领，以主题创作为主要学习内容，以培育学生自主手绘能力为主要目标。在该课程中，学生可以个人或集体合作的方式完成插画作品。

艺术教育的情感性和审美性是独特的，学校面向所有学生设计差异化艺术教学活动，力求让每位学生都能学有所获，既不只关注有艺术特长的学生，也不实行"大锅饭"和"平均主义"。通过艺术教育的输入和输出，学生会经历自我表达的过程——既是主动分享情感体验的过程，也是尊重他人审美情趣的过程，渐次领略到"我眼中的世界""别人眼中的世界""我眼中别人的世界""别人眼中我的世界"四重境界，逐渐拥有文化与美的欣赏能力、接纳多元性的能力、审美判断的能力，感受到"美的存在"，能理解作者或作品的"情感的表达"，体会到艺术蓬勃的生命力，从而成就更为健全的人格。

学校艺术教育特色项目的扎实开展，既面向全体又尊重个性，为学生提供更多个性化发展的可能，形成"一生一特色"的良好态势，实现"每一个人"都被看见、被链接、被关注，助力"让每一颗童心向美而生"。

二、文化引领：让每一颗童心向美而生

1. 建设优美的校园艺术环境

学校重视校园艺术氛围的营造，充分发挥每一处教育空间的育人功效，各个楼层的走廊、楼梯、过道、教室外墙都被设计成会说话的艺术展示区。不同学科的艺术教师负责不同的教学楼，定期维护、更换作品，充分发挥传统文化（壁画、京剧脸谱、雕刻）的育人功效。到了学校的音乐节、文化艺术节等，相关科组教师会将一年来课堂、社团收集的各种风格的学生艺术作品，按照素描、油画、插画、创美等不同主题，分区域展示在校园中，让每一位学生都能受到艺术的熏陶，让每一颗童心得到美的滋养。

此外，学校将以海艺楼的重建为契机，建造音乐厅、增加功能教室等艺术教育场所。现有艺术教育工作室10间，基本达到艺术教师一人一间独立工作室，实现"一师一室一特色"的建设目标。学校也将继续加大对艺术教育的投入，同时加大教育科研力度，让教育科研更好地引领艺术教育的发展。

2. 创建不同类型的艺术社团

社团是对课堂教学的拓展和延伸，让学有所长的学生张扬个性，培养学生的艺术创造能力。学校现有近70个社团课程，于每周三下午第二节课准时开课，这也是学生们最快乐的时光。学生社团参与率为100%，给学生带去一片属于自己的天空，让学生充分发挥自己的兴趣爱好和特长，从而达到实现人的全面发展的目的，为学生的精彩人生擦亮底色。

3. 举办校内外艺术展演活动

学校每年都会组织全校学生开展各种大型的艺术活动，如音乐展演、作品展演等。例如，新年音乐秀分声乐、舞蹈、器乐等多种形式进行，分别设立"四独"个人赛及班级团体奖项；新年音乐会举办管乐、弦乐、民乐等专场，给学生提供展示才艺的舞台，让他们在活动中锻炼成长；且经常组织学生音乐社团参加市、区各种形式的文艺演出和比赛活动，邀请专家和表演团队进校园，通过喜闻乐见的形式让学生感受音乐的魅力，让音乐走进校园。

此外，学校重视艺术教育走进社区，为社会的和谐发展贡献力量。笔者坚信，"一个学校的存在价值和意义，就是要提升学校所在社区的文明程度，让艺术教育活动走进社区、商场、公园，与社区共创美好家园，共创美好世界。"如2022年2月，学校的师生油画展在东海城市广场开幕，展出了来自学校刘平石、潘登、孙廷帅三位教师带领的油画社团的师生作品。画展现场吸引了大批家长、学生、社区居民前来参观，现场人潮涌动。

4. 打造"码书"库

在完成国家课程内容的基础上，学校教师根据自身特点进行校本课程自主研发。例如，现已基本形成音乐类的器乐演奏、歌唱技巧、视唱练耳、美乐欣赏等特色课程，并将课程做成"码书"推送给学生，以便反复学习。

多年来，东实致力于打造艺术教育新高地，无论从顶层设计，还是从师资、硬件的配置上，都把艺术教育放到一个重要位置，扎实上好每一堂艺术课，用爱心浇灌每一颗艺术的种子，让每一个有艺术特长的学生都有更大的舞台，让每一个学生都向美而生、向阳而行。随着"印·艺"艺术课程的发展，2021年，学校被评为第四批广东省中小学艺术教育（音乐）特色学校。

三、案例：我的展览我做主

美术教育作为艺术学科的重要内容，对于学生形象思维的构建具有不可替代的价值。然而，传统的美术教育往往局限在课堂内，多采用教师范画、学生模仿的单一教学方式，尽管在一定程度上提升了学生的绘画能力，但是很难激发学生的创作兴趣，也不利于学生审美情趣的培育。为此，结合校园环境，笔者决定采用校园美术展览的形式丰富学生的课余文化生活,将展览作为学校美术教育教学成果的展示平台,既起到美化校园环境的作用,也在无形中陶冶了学生美的素养,增强了学生的成就感,培养了学生的欣赏能力、学习能力。更为特别的是,校园美术展览以学生为主角,让学生发挥奇思妙想,全程参与展览的设计,实现"我的展览我做主"的教学目标,充分培养和展现学生"当家作主"的意识和能力。

(一)STEAM理念下的校园美术展览

开展校园美术展览并不容易,我们经过一系列的简单实践,发现存在各种问题:第一,学生被动参与,美术展览多由教师牵头主导,学生仅提供作品,很少参与展览的策划环节。第二,学生覆盖不足。受展览室空间限制,展览作品优中选优,美术能力不够突出的学生很难获得展览机会,从而使校园美术展览成为少数特长学生的表彰会。第三,展览手法单一。作品多按照年级、班级、画种等方式排列,缺乏布展逻辑,未采用环境氛围渲染手段,使学生对展览的认识仅停留在"作品上墙"的粗浅层面。

为更好地开设校园美术展览,我们又探索了基于STEAM理念的校园美术展览,寻求"学生被动参与"的解决途径。首先,面向全校师生发布策展志愿者征集令,构建由学生、专业教师、行政人员组成的校园美术展志愿者团队。学生覆盖各个年级并结合个人兴趣、特长和意愿,专业教师覆盖语文、数学、美术、科学等相关科目,行政人员应涵盖后勤、德育、科研等部门。其次,由学生志愿者召开头脑风暴会,各抒己见,共同探讨解决问题的办法。专业教师和行政人员列席会议,但不主动发言,仅对学生提出的方案给予技术性和可行性方面的帮助指导。

例如,鉴于学校在校学生达2000余人,很难在封闭空间内同时展出所有学生作品,但如果将作品分隔在学生所在班级教室内展出,又无法达到共赏共鉴的展览效果。针对这一难题,校园美术展志愿者团队经过共同商讨,给出了解决方案。

项目团队的学生志愿者经过商讨提出,可以利用楼道、教学楼外墙进行布展。但后勤教师指出,日晒刮风下雨会造成作品破坏,且夏季多雨,楼道内较为潮湿,不利于作品的长期保存。这需要学生们进一步对油画加涂保护层、对国画进行装裱。对此,科学教师指出,2000余份作品加涂保护层工作量十分庞大,且价格较高。随后,美术教师为大家讲解油画保护层和国画装裱的技术,再由科学教师为大家讲解背后的原理。之后,学生志愿者想到可以在作品外加套透明塑封袋,这样既不影响欣赏,也便于操作,价格也比较低廉。大家一致认为，此方法可行。得到认可后，数学教师带领几名学生志愿者开始对比网购平台所出售的各种透明塑封袋的质量、价格和折扣，制订采购方案。绘画作品加套透明塑封袋后，利用楼道、教学楼外墙进行布展的方案可行，展出2000余幅作品的场地限制问题由此迎刃而解（图3-26）。

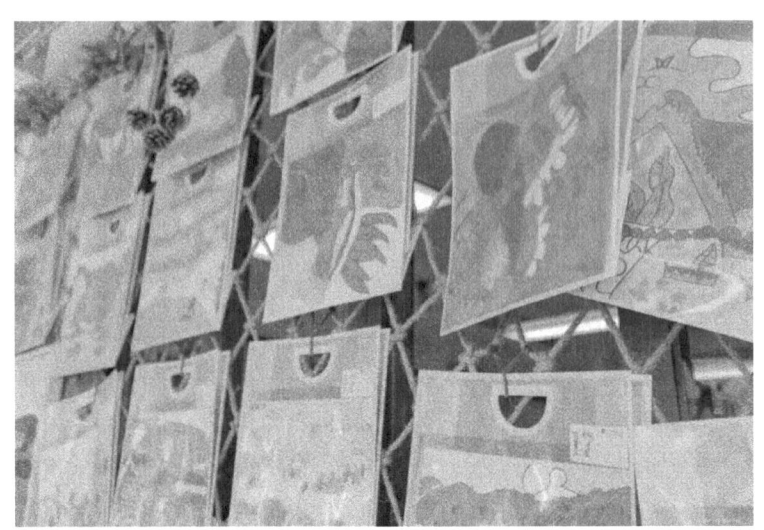

图3-26　加套透明塑封袋的绘画作品

此外，为提升展览效果，学生志愿者赴城市专业美术馆开展游学活动，以借鉴其先进做法。结合校园实际，我们从两方面进行实际操作：一是展览主题和动线的设计；二是作品周边装饰物的设计。对于第一方面，学生志愿者商议将校园美术展览主题定为"无处不童年"，并在语文教师的帮助下，撷取古诗词中的若干名句作为题眼，向全校同学征集作品。对于同学们提交的美术作品，团队向美术教师请教作品的明暗、线条和色彩风格，因地制宜地为作品布展。对于第二方面，在科学教师的指导下，采用麻绳网和无痕钉来固定作品，既保证作品稳定牢靠，也不损伤墙面。同时，美术社团的同学利用课余时间，采用干草、树叶、石头、蛋壳、木筷等材料制作装饰物放置在展览作品周围，并把绘画中出现的物品（如风筝、剪纸等）以实物或照片的形式摆放在展览空间内，营造了与展览风格相统一的环境氛围。

对于学生来说，校园美术展览是一次全新的体验；对于学校而言，这是探索校园美术展览的一次成功尝试，并值得继续深入实践，推广应用。我们发现，STEAM理念下的校园美术展览的具体实施需要注重以下四点：

第一，充分调动学生的积极性。在校园美术展览的全过程中，应始终贯彻"以学生为主体"的理念，鼓励学生广泛参与策展环节，发挥各自的长处，在贡献个人力量的同时也能收获成长。要调动学生积极性，可从这三个方面着手：一是问题异构，即把校园划分为若干展区，每个展区由一个学生志愿者项目团队负责，所有团队共享教师资源，使学生同时受到团队内合作与团队间竞争的双向驱动；二是比较优势，即合理配置学生志愿者项目团队的学生构成，既要涵盖在各个相关学科领域成绩出色的学生，也要涵盖热心志愿工作、有想法、肯奉献的学生，使学生在合作中取长补短，各自发挥比较优势；三是过程评价，探索将校园美术展策展纳入校本课程、综合性实践，按照学分制的方式进行管理，强化项目团队内部的学生互评权重，设置全校师生对校园美术展策展效果的评价环节，完善过程性评价机制。

第二，明确教师职责范围。在校园美术展览的策展环节，专业教师和行政人员负责提供必要的知识、技术和资源支持，但尽量避免主动干涉学生的思考过程。对于学生提出的可行性建议，教师首先应结合学科背景，为学生讲清背后的原理或为学生提供深入学习的资源，其次应帮助学生设计实施方案，辅助学生完成实施过程。对于学生提出的非可行性建议，教师应给出原因并分析改进的方向。教师应充分把握研究型、项目化、合作式学习活动的要求和内涵，既要在专业知识方面下功夫，也要在问题发布、协调组织和过程评价等方面发挥作用。

第三，发挥家委会联动作用。家长是孩子人生的第一任老师，对学生的价值观、思维方式和情感意志都具有潜移默化的影响。校园美术展览的策划实施过程，应尽可能取得家长的理解与支持，纠正家长"分数至上"的错误观念，引导家长为孩子的想象力和艺术教育提供宽松空间。家委会作为学校和家长沟通的纽带，在召集、教育和沟通方面具有重要的家校联动作用。一方面可以结合"校园开放日"等活动，邀请家长入校参观美术展览；另一方面可以推荐家庭作品参展，增进学生与家长间的交流和互动。

第四，善于挖掘社会资源。长期以来，美术展览都由专业机构策划布展，并在专业场馆举办。为加深学生对美术展览的理解，应事先组织项目团队的学生志愿者赴专业美术馆游学，并联系馆内工作人员讲解座谈，传授办展经验。同时，对于一些学生创作灵感受限的问题，可以组织学生赴公园、博物馆等文化场所采风。此外，还可以联系所在社区，鼓励周边居民在"校园开放日"走进校园观展，由展览作品的作者主动讲解。

（二）"我是校园设计师"艺术走廊设计项目

学校走廊是校园文化建设的一部分，它既担负着通行的功能，又是师生最常活动、交流的场所。作为极具传播力和影响力的"第二课堂"和"墙上媒体",学校走廊发挥着重要作用,因此学校要加强走廊文化建设,使每一面墙壁会"说话",让每一处环境都能育人。

为解决走廊"光秃秃"的问题,我们又发起了"我是校园设计师"艺术走廊设计项目,让学生通过项目式学习的方式,参与学校走廊的文化设计。学生通过观察与学习多个地方的艺术走廊,了解艺术长廊在校园文化中的重要作用,了解校园文化对学生艺术学习所起到的至关重要的作用。该项目紧紧围绕学科核心素养开展,切实培养学生的语言表达能力、逻辑思维能力、美术创作与表达能力、小组探究与合作能力。

在项目策划和实施中,学生通过"蓝图设想—思维导图—完善计划—展示评价—绘制成品—与设计公司共同实施—完成目标—复盘蓝图设想"的实施方案,实现了自己因地制宜地设计出心目中的东海实验小学专属艺术走廊这一愿望。

蓝图设想中,有的学生提出植物主题走廊,"我的走廊有一块草坪,左边有一朵小花,小花旁有一棵大树。树上结了好多果子,大树旁有向日葵、喇叭花等。天空很蓝,草地绿油油"。有的学生则提出"海洋世界"主题走廊,"我的走廊里有一条大船在海上巡游,有很多海鸥在空中飞,很多鱼在海里玩耍。有一条大鲸鱼在海里游荡,他的身子是彩色的,下面还有一些海藻"。一个个充满童趣的设想,体现了学生的七彩个性。蓝图设想好后,学生根据自己的想象绘出设计初稿(图3-27)。

图3-27 学生的设计初稿

设想完成后,学生通过小组讨论确定6~8个走廊设计主题,如动物保护主题、中华美食主题、学习环境主题、海洋世界主题、游乐场主题、科技幻想主题、森林保护主题,根据主题绘制思维导图,完善细节。例如,"画中奇遇——'蓝'梦想"主题走廊中,以学生想要成为画家的梦想为主题,运用蓝色的主调,通过走廊的巧妙设计,生动展现学生梦中那份天真无邪的想象力和天马行空的创造力。最后,学生根据思维导图,绘制走廊设计完整稿(1米左右完整稿),经过进一步完善后,由设计公司按照学生的设计方案进行施工。

"我是校园设计师"艺术走廊设计项目以主题、模块为展现形式,通过学生提出设想、教师指引、设计公司执行,实现走廊艺术化,打造特色化艺术展厅。同时,艺术走廊不局限于大区域,也应注重利用小空间,打造艺术展厅区域化的"微展厅",实现"校园处处都是展厅",让美浸润校园。例如,通过楼道拐角处、每间教室的外墙、洗手间的外墙的设计,打造普惠化艺术展厅。而这些普惠化艺术展厅的作品,是通过"作业作品化"的形式落地的。我们主张尊重差异与个性,给予学生创作的支持与引导,挖掘学生作品中好的部分,让这部分成为可展示的艺术作品,保证每位学生都能有自己的作品进行展示,真正让所有学生在发现美、创造美的过程中得到艺术熏陶,并增强自信心。

学生的世界充满着生命的活力,洋溢着灵性和智慧。"我是校园设计师"项目的开展,促进了跨学科项目式学习的校本课程体系的完善,推动创美课堂增加不同类型的课程,为教师和学生搭建了一个共同成长、展示风采的平台。

第七节　阳光体育,让世界成为学子的运动场

"有健全之身体,始有健全之精神。"百余年前,近代中国教育先驱者蔡元培先生提出了"完全人格、首在体育"的教育思想。他对体育教育的真知灼见,至今仍影响着一代又一代人。体育,承载着国家强盛、民族振兴的梦想,是培养健全灵魂与国之栋梁的基础。毛泽东在《体育之研究》一文中曾指出:"体育一道,配德育与智育,而德智皆寄于体,无体是无德智也。"培养全面发展的人才,关注青少年体质健康,要发挥体育在立德树人、人才培养中的育人功能,以彰显体育独特的育人价值。

近年来,我国青少年体质健康问题日益严峻,其中超重和肥胖现象严重,近视率持续增加,速度和力量素质增长缓慢甚至趋于停滞。这一系列问题不仅影响了青少年的日常生活质量,更对其未来的身心健康构成了潜在威胁,因此提升青少年体质健康水平已成为刻不容缓的任务。为推动体育事业改革发展,提高青少年的体质健康,政府陆续出台了相关政策文件,不断推进学校体育教学改革。教育部在《关于进一步加强中小学生体质健康管理工作的通知》中,

提出了要"保障学生每天校内、校外各一小时体育活动"。2020年出台的《关于全面加强和改进新时代学校体育工作的意见》，指出教学改革是加强和改进学校体育、美育工作的关键，聚焦教会、勤练、常赛（展）是教育教学改革的核心。《关于全面加强和改进新时代学校卫生与健康教育工作的意见》提出，基于"健康第一"的教育理念为孩子的健康和发展奠基。体育强则中国强，在中国式现代化道路上，我们正从体育大国向体育强国奋勇迈进。

体育一直是笔者重点关注的课程，"让世界成为东实学子的运动场"是笔者的体育教育理想。为实现这一理想，笔者决定多措并举，以特色体育引导学生发现、享受运动乐趣，促进学生强健体魄、博学健美，不仅"文明其精神"，也要"野蛮其体魄"。在体育教育的改革中，笔者带领团队构建了健康本位"1+N"的体育模式，切实把"教会、勤练、常赛（展）"落实到日常的体育工作中，提供丰富多彩的体育课程活动，有玩有学，并在课程实践过程中融入激励评价奖励机制，激发学生的运动热情，培养学生的运动习惯。

游泳、田径、篮球、击剑……分门别类、不同层级的体育教育，正逐渐形成鲜明的东实体育校本特色，在提升学子体质健康水平，健全其人格、锤炼其意志方面发挥了重要作用，也发扬了体育精神。我们打造的"健康知识＋基本运动技能＋专项运动技能"的体育育人模式，在为学生提供多项体育运动的同时，发掘学生的潜力并加以培养，在学习、训练中陪伴学生成长。不仅是"育人"，更是"育全人"，这是笔者一直以来所秉持的信念。我们对于体育的热爱从校内延展到了校外，在区级、市级、省级，乃至国家级的体育赛事场上大放异彩。

一、学生体质健康现状调查

在探索适合本校实践的体育模式过程中，学校体育科组组长吴鹏老师带领团队对本校2017年、2018年、2019年学生体质健康现状进行了调查，并与深圳市福田区小学生体质健康测试数据进行对照分析，以更好地了解本校学生的体质健康情况，不断改进和优化体育教学内容。

学校2017年在校人数为1609人，实测人数为1595人；2018年在校人数为1798人，实测人数为1784人；2019年在校人数为1998人，实测人数为1976人。测试全部采用经教育部认可的电子智能测试仪，按照《国家学生体质健康标准》严格执行。

根据《国家学生体质健康标准》评定等级，2017年、2018年、2019年，本校学生体质健康综合评价（表3-10）和福田区小学学生数据对比显示，本校学生体质健康三年平均优秀率为5.25%，高于福田区的4.31%；平均良好率为27.15%，低于福田区的32.59%；平均及格率为64.82%，高于福田区的57.92%；平均不及格率为2.78%，低于福田区的5.18%。

表3-10 学校三年学生体质健康综合评价

测试时间	总人数	实测人数	优秀率	良好率	及格率	合格率	不及格率
2017年12月	1609	1595	10.22%	35.42%	50.72%	96.36%	3.64%
2018年12月	1798	1784	4.65%	20.96%	72.81%	98.43%	1.57%
2019年12月	1998	1976	1.77%	26.06%	68.98%	96.81%	3.19%
三年平均	1802	1785	5.25%	27.15%	64.82%	97.22%	2.78%

针对学生身体形态（指身体的外部形态和特征，指标采用身高、体重和BMI指数），调查显示，BMI指数标准平均分达到90.49分以上，说明学生发育水平良好。但是，本校学生的肥胖率较高，一年级10.67%、二年级11.08%、三年级15.51%、四年级14.43%、五年级14.10%、六年级14.42%。尤其三年级学生肥胖、偏重的人数较多，肥胖率是所有年级中最高的。这一现象值得引起我们的重视，研究应如何控制学生的日常饮食，均衡营养，加强锻炼。

针对学生身体机能（以肺活量作为反映身体机能的生理指标），调查显示，一、二、三年级男、女生肺活量成绩均低于全区，差异性显著；四年级男生低于全区，差异性不显著，女生低于全区，差异性显著；五年级男、女生均低于全区，差异性不显著；六年级男生高于全区，差异性不显著，女生低于全区，差异性显著。整体上，本校女生心肺功能低于福田区整体水平，需加强心肺功能的锻炼。

针对学生身体素质，学校安排了50米跑、坐位体前屈、一分钟跳绳、一分钟仰卧起坐、50米×8往返跑等测试。其中，本校学生50米跑成绩并不理想：一年级男、女生50米跑用时均高于全区，差异性不显著；二、三、四、五、六年级男、女生50米跑用时均高于全区，差异性显著。针对此测试结果，学校应加强学生50米起跑的练习，使他们适应电子枪声发令（科学处理电计时和手计时的差异较大，近0.3秒），准确评价学生成绩。

以调查结果为依据，我们始终坚持"健康第一"的理念，构建起学校、家庭、社区"三位一体"的健康教育模式，落实"两个一小时"（即在校锻炼一小时、在家锻炼一小时），从而让学生养成经常锻炼身体的良好习惯，提高学生的自我保健能力和体质健康水平。同时通过家长自身积极健康的生活方式和良好锻炼习惯，以实际行动鼓励学生多参加体育锻炼，增强健身意识，加强锻炼行为。此外，在大数据时代，学校应积极利用互联网、App等现代化技术手段，建立和完善督导及奖惩机制，学校应确保学生体质健康监测工作落到实处。

二、"1+N"体育模式构建

对于促进学生的全面发展，体育有着不可替代的作用。在体育教育改革中，东实以健康本位为导向，以课堂教学为主阵地，把握"教会、勤练、常赛（展）"的改革核心，不断探寻各种途径和方法，解决中心城区体育运动场地小的先天不足与体育资源相对丰富的矛盾，实现助力每一位学生健康成长的目标。

学校大胆打破校园围墙的边界局限，探寻体育育人的新模式。一是向外，打破围墙限制，向学校周边社区、学校、场馆借用场地扩大运动资源；二是向内，利用AI赋能，借助家长力量，布置体育家庭作业，激发和培养学生运动兴趣与坚持运动的习惯。经过探索与实践，学校构建起健康本位"1+N"体育模式（图3-28），这一校本模式围绕"凭'借'破困局，思'变'谋发展"的核心思想，解决了学校体育教学的困境，全面改进学校体育教育。

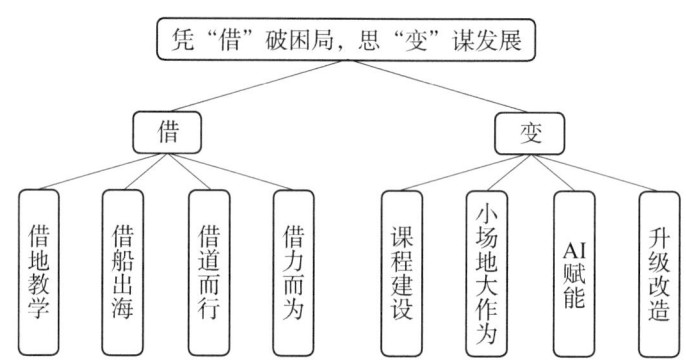

图3-28　健康本位"1+N"体育模式

（一）凭"借"破困局

学校主张打破空间束缚，让小场地发挥大作用。

1. "借地教学"，突破困局

向社区、公园公共资源、周边兄弟学校借用场地，与校外击剑馆、足球场、游泳馆等专业场馆建立合作关系，使学校的体育运动不再受困于师资、场地与边界的限定，拓宽运动方式和渠道。

2. "借船出海"，以赛促练

对学校运动场地进行改扩建。没有田径场，学校就主动求变，到周边兄弟学校的场地，与兄弟学校的训练队合练，以赛促练，教学相长。

3. "借道而行"，提升体质

为落实校园"阳光一小时"的锻炼计划，每天早上，组织中、高年段学生绕着校园周边人行道跑操，扎实、有效推进体育锻炼，促使学生体质测试成绩优良率逐年上升。

4. "借力而为"，创造机会

借助校外人力资源、场地，开设体育社团活动，同练共赛，激发学生运动热情。目前，学校开设了田径、击剑、游泳、足球、篮球、体质提升等社团，为学生创造体育运动机会。其中，体质提升社团是专门针对体质检测不达标的学生而设立的。"社团成立的初衷就是让每一个孩子都拥有健康的体魄，通过社团，孩子们的体质会得到提升。"体质提升社团的带队教师之一邓梓浩表示，很多学生在体质检测合格后，还会问能不能继续留在社团里。

（二）思"变"谋发展

健康本位"1+N"体育模式旨在打破场地不足、资源利用不足的瓶颈，学校充分整合资源，拓展体育运动的多元渠道。

1. 固底板：构建"大体育"课程体系

2021年9月，在师生的欢呼中，伦敦奥运会击剑冠军雷声来了。这是雷声第二次来到东实校园。学生们热情高涨，在互动环节不断提问，雷声亦予以积极回应，向同学们分享挑战运动极限、追求卓越的奥林匹克精神，并亲自上阵，指导东实学子进行击剑练习。而这仅仅是学校一堂优质课程上发生的事情，是课程建设的一部分。

为了促进学生的个性化发展，学校针对不同学生的特点，推出了体育普惠课程、特需课程、优质课程，形成"大体育"课程体系。该课程体系秉承以学生为中心的思想，丰富教学内容，为学生提供锻炼的平台，提高学生参与度，培养学生运动的习惯。该课程落实"教会、勤练、常赛（展）"学校体育改革的核心目标，坚持以研促教，落实"教会"；通过体质提升特需课程、高质量的体育大课间活动，落实"勤练"；举办赛事，以赛促成长，落实"常赛（展）"。

其中，特需课程以击剑、游泳、足球、篮球、体质提升等社团的活动为主要内容。以体质提升社团为例，该社团开设的是以"健康第一"这一教育理念为统领，以肺活量、跳绳、50米跑、仰卧起坐、跳绳等体质达标项目为主要学习内容，以培育健康的东实学子为主要目标的课程。该课程每年为一个周

期，教师会对上一年未达标的学生进行登记，列出未达标项目并有计划地帮助未达标的学生提升体能。自体质提升课程落地以来，学校学生的体质合格率增长了5%以上。

此外，2021年，学校积极探索了"零点体育课"形式，并在三年级以上年级进行了有效实施。"零点体育"是一项源自国外的体育教学课程，在每天第一节文化课之前，让学生选择自己喜欢的运动项目进行体育锻炼。"零点体育"主要通过体育运动让学生大脑做好准备，为一天之中的学习奠定基础。由于这节课安排在第一节文化课之前，所以被称为"零点体育"，又叫学习准备型体育课。通过一年的实践，三年级以上的学生体质健康程度进步明显，学生对体育运动的、文化课学习的兴趣更浓了，上课纪律也更好了；班级文化课成绩进步非常明显，有的学生从落后到领先，有的学生由领先到更加领先，优势逐渐扩大。

2. 谋创新：借助AI科技赋能课内外体育活动

学校利用线上科学技术，布置体育家庭作业，落实校外锻炼时间，让学生自主选择时间、场地进行体育锻炼，教师、家长对学生的运动情况及时评价与奖励，让体育锻炼成为学生的日常习惯；组织线上校园体育赛事，举办课内外体育赛事，延长体育锻炼时间。

3. 聚合力：形成"校家社"协同育人模式

陪伴是最好的教育。学校加强家校联动，形成教育合力，邀请家长参与体育活动，激发学生运动的热情。例如，在学校每天跑操的方阵中，除了学生、教师之外，笔者和各班家长也是其中的一员。这是家长积极参与学校体育教育的见证和缩影，也表明学校教育影响着家庭教育。另外，实施体教融合举措、整合社会资源，可为学生提供更多感受体育运动魅力的途径与机会。

三、体育文化特色品牌打造

随着"1+N"体育模式的推行，学校体育教学改革取得了一定的成效，学生、教师、学校共同成长、共同提升。

学生在各类各项比赛中崭露头角，成绩斐然。例如，谢鸿菲获得广东省健美操锦标赛规定动作女子单人操预备组第一名，胡继中获得广东省"体彩杯"U11组100米蝶泳第三名，黄苑昕获得2021年世青赛亚青赛选拔赛U8女子佩剑第3名。2021年，学生团队获得福田区田径运动会小学组团体总分第一名，获得深圳市中小学生田径运动会暨广东省中学生运动会选拔赛小学组女子总分第二名。2022年，学校运动队被选送参加深圳市中小学生田径运动会，荣获团体总分第三名。一批又一批东实学子在运动场上跑出了一个个奔腾的"脚印"，也从此树立了终身体育、终身运动的意识。

在2021年深圳市中小学生田径比赛暨2022年广东省中运会田径选拔赛女子400米项目中，学生巫雅琪跑出了1分0.97秒的好成绩。这一成绩达到了国家二级运动员标准，让学校体育科组组长吴鹏感到惊讶和自豪。谈到运动给自己带来的改变，巫同学曾表示，"最大的变化是让自己拥有了一技之长，打开了我人生中的另一种可能性"。"每次当我想放弃的时候，我就会想起我的'吴爸爸'，想起他在炎热的夏天陪我们训练而湿透的运动衣，想起他在严寒的冬天陪我们跑步矫健的身姿，想起他在暴雨的天气和我们一起跑楼的坚定脚步……风雨无阻的坚持，老师能做到，我也要做到！"巫同学口中的"吴爸爸"就是吴鹏老师。在学生的心目中，吴鹏老师是"父爱"和"父严"的集合体，他会根据学生的时间调整自己的训练计划，一整个暑假都待在学校里，等着学生"抽"出时间来训练；他也会为了学生一个不到位的动作，不厌其烦地纠正上百遍，直到学生能高标准完成。

在体育科组各位教师的齐心协力下，科组团队逐渐壮大，如今已有17位体育教师，包括11位专职体育教师和6位兼职体育教师，师资力量雄厚。教师课题"人工智能技术下的学校体育赛事模式研究——以小学跳绳赛事为例"被选为深圳市教育学会"十四五"规划研究课题。

正因为坚持"学生第一、健康第一"的信念，学校体育科组才能突破天气、场地、时间等重重限制，坚定不移地高质量实施健康课程。这些辛勤的汗水最终都换来了闪亮的荣誉。学校先后获得"广东省篮球推广学校""广东省中小学教育创新成果二等奖""大湾区年度体育特色学校""深圳市田径传统项目学校""深圳市篮球传统项目学校""深圳市击剑训练基地""福田区体育突出贡献单位""福田区中小学幼儿园基础教育教学成果型项目奖"等称号。

学校一直秉承"为每一个孩子的健康和发展奠基"的核心理念，不断实践、不断创新，遍寻途径和方法，高举"健康第一"的办学旗帜，确保每一位学生的身心都能得到良好的发展。在这样的教育下，东实学子们时刻具有运动意识，课余时间在家练，假日去公园练，打破了时间和空间的界限，真正做到了"让世界成为东实学子的运动场"。

"无体育，不东实"，让体育运动成为习惯，让体育精神滋润身心，让学生在东实体育教育的这块园地里，百花齐放，争奇斗艳，美美与共，各美其美。体育教育已然成为学校一个亮眼的教育IP，而东实也成为深圳体育教育改革创新的生动示范和鲜明样本。

四、案例：小学AI跳绳课程

面对大数据时代，体育教学需要改革创新，利用数据更好地帮助学生成长。在思考如何改进体育教育时，笔者将视角瞄准当下的人工智能技术，尝试利用人工智能技术提高学生的身体素质。为此，我们开展了"人工智能辅助跳绳"课程研究和实施。跳绳强调身体的协调配合，对于提高学生的灵活性、协调性和耐力、节奏感有显著效果，还可以培养学生不畏困难、不懈努力的优良品质。

人工智能辅助跳绳课程（又称"AI跳绳课程"）是一门社团性质的课程，它以AI跳绳为特色，以跳绳的各种练习方法为主要学习内容，以发挥体育的多元育人价值为主要目标。课程坚持健康第一的思想，通过人工智能的支持，以任务型学习法为主要学习方式，运用"学—练—赛—评"一体化教学理念，旨在帮助学生通过国家学生体质达标测试中的跳绳测试。AI跳绳具有携带方便、场地简单、随时可练、数据反馈的特点，是学生十分喜爱的项目之一。

课程目标包括运动能力、健康行为、体育品德三个方面。在运动能力上，帮助学生掌握所学的基本跳绳、个人花样跳绳的主要动作要领。在健康行为上，促使学生进行花样跳绳的自主锻炼，形成自我技能提升的阶段目标，乐于与他人分享自己的感受和体会，并与他人融洽相处、共同练习。在体育品德上，在"学—练—赛"过程中，促使学生能积极参与、公平竞争、遵守规则，很好地调控自己的情绪。学生在学习和比赛中，能克服困难、团结互助、奋发向上，享受比赛的乐趣；能文明观赏校级及以上比赛，正确评价比赛情况。

（一）课程内容

以跳绳学习方法和方式为主要教学内容，以三、四年级学生为主要对象，每学期为一个周期。

课程主体内容周期分为两个阶段：第一阶段是每学期的第一周，内容包括制订课程单元计划、周计划、月计划、学期计划，拟定课时安排和指导教师课程安排；第二阶段是每学期的第二周至第十八周，内容为本阶段每周进行一次（周三下午）训练。

课程拓展内容周期分为两个阶段：第一阶段是每学期的第一周，内容根据课程设计布置家庭作业，包括学生课余锻炼的规划和具体要求；第二阶段是每学期的第二周至第十八周，内容为每天对上一节课所学内容进行强化，按时按量完成家庭作业。

此外，该课程为不同水平的学生研发配套课程、作业、比赛，内容科学。

操作流程简化,家长可通过App获知学生的日常安排,学生也可获得系统化的课程学习与指导。该课程可协助教师进行数据管理,达到提质增效的目的。

(二)课程大纲

该课程面向小学体育水平二的学生(三、四年级),每周1课时,共18课时,每课时40分钟,课程需要在操场进行授课。具体课时内容如表3-11所示。

教学方法采用任务型教学,以体测结果为导向,包括"学—练—赛"的教学环节。

表3-11　AI跳绳课程大纲

课程主题	课时	类型	课程内容	课程目标
基本知识与技能	2	专项知识	跳绳技术学习及人工智能设备使用知识	能够掌握跳绳的基本知识和技能;能够正确使用人工智能设备
	1	跳绳准备	跳绳准备姿势与身体姿态;调整跳绳至适合长度	了解拿绳、握绳等常规技术动作;保持跳绳时身体的正确姿势
	2	基本跳绳	单人基本跳法:开合跳、并脚跳、左右甩绳等	能够说出单摇跳不同方法的动作要点;掌握单摇跳脚下变换动作的跳法
	3	个人花样跳绳	勾脚点地跳、编花跳、双摇跳、双脚交叉跳	学习和掌握四种跳法;提升在各种花样跳绳时保持身体的正确姿态和动作的能力;培养学生不畏困难的品质
战术运用	2	战术运用	①30秒编花计数跳比赛;②组合花样跳绳:配合手法与步法变化组合小套路	灵活掌握不同跳法组合动作;培养学习创新意识及合作能力
体能	1	体能提升	连续纵跳、曲线变速跑、单摇跳绳	发展速度、力量、耐力等素质;培养学生吃苦耐劳的精神
跳绳嘉年华	2	展示	利用人工智能设备组合跳绳进行个人和集体展示	掌握多种跳法,体验跳绳的乐趣;结合人工智能做到"学会、勤练、常赛(展)"

续表

课程主题	课时	类型	课程内容	课程目标
跳绳嘉年华	2	比赛	利用人工智能进行有条件限制的对抗性比赛：男女生擂台赛、个人竞速跳绳	通过比赛激发学生跳绳积极性；培养学生团结协作的精神
	2	规则与裁判方法	学习各类跳绳规则及编排跳绳比赛	能够积极参与跳绳的活动，体验运动员、裁判员等不同角色
观赏与评价	1	观赏与评价	欣赏花样跳绳比赛；学习比赛技巧与规则，在比赛中遵守规则，服从裁判；对跳绳动作效果进行正确评价	认识和了解跳绳的历史、国内跳绳名人、著名跳绳团队等；提高对跳绳的学习兴趣

（三）课程评价

AI跳绳课程注重过程性评价和总结性评价相结合的评价手段。过程性评价，即根据学生的过程性表现，采用人工智能跳绳等信息化手段进行记录。总结性评价，即聘请第三方公司对学生进行体质达标检测，以体测的跳绳测试结果为主要评价内容。

（四）课程赛事

2022—2023年，学校成功举办四轮校内线上跳绳比赛——小学AI跳绳赛事。AI跳绳赛事是学校基于"人工智能技术下的学校体育赛事模式"的研究成果。人工智能技术下的学校体育赛事模式是一种全新的学校赛事，借助手机App功能，让参赛学生随时随地比赛，实现"三全五无"（全员、全场景、全时段、无物力、无人力、无财力、无场地、无聚集）的人工智能赛事模式。这样的比赛模式可以自动统计成绩，无须投入大量人力，有助于突破传统学校体育赛事模式的壁垒。

经过四轮比赛的实践，学校研究出了可行性较高的小学AI跳绳赛事方案。

1. 赛事组织架构

赛会主席：由校长担任，负责领导和组织各部门工作，确保赛事顺利进行。

赛事管理员：指派一名体育教师担任，负责管理"体智云"系统，赛前使用"体智云"按赛事方案编辑并发布AI跳绳赛事详情；赛中配合各班级的班主任、体育教师监督促进学生参与赛事工作，配合班主任向家长、学生解答"体智云"在使用上的问题；赛后下载赛事数据统计，整理获奖名单。

赛事领队：由各参赛班级的班主任、体育教师担任，负责促进学生积极参与赛事的工作。

赛事后勤部：负责配合执行赛事奖励办法的相关事宜。

2. 赛事内容

小学AI跳绳赛事分为两个项目，一个是1分钟跳绳的个人竞技赛，另一个是以班级为单位的团体目标赛。团体目标赛为班级所有学生在赛事时间内每天进行不限次数的1分钟跳绳，学生累计的总数为班级总成绩，其中每人每天最多累计1000次，不限挑战次数。

3. 赛事流程

赛事分为赛前、赛中、赛后三个环节，具体如图3-29所示。

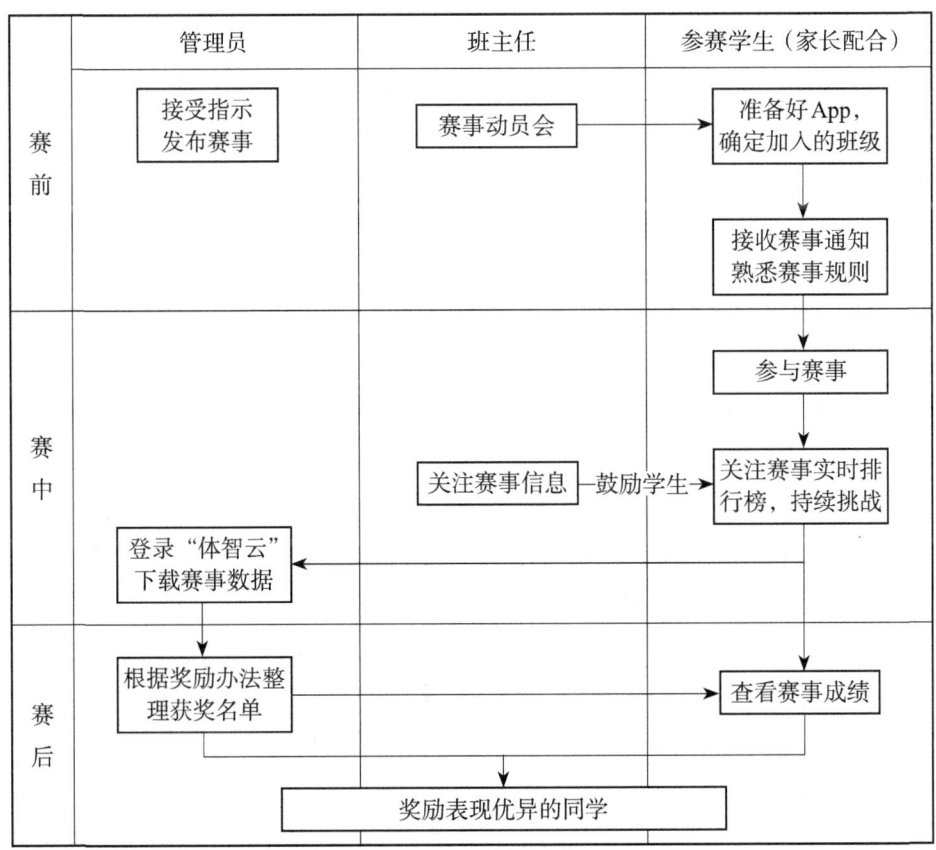

图3-29 小学AI跳绳赛事流程

4. 赛事设计

（1）内容及时间安排。

比赛项目：班级团体赛、1分钟跳绳个人竞技赛。

比赛周期：3个月。

比赛时长：先开展班级团体赛，为期7天；再开展1分钟跳绳个人竞技赛，为期3天，合计共10天。

（2）数据统计内容。

参赛者基本信息统计：姓名、性别、年龄、学校、班级。

个人信息统计：累计参与天数、累计参与次数、累计运动时长、项目成绩、排名。

集体信息统计：参与人数、累计参与人次、累计运动时长、团体项目成绩、排名。

（3）奖励办法设置。

班级团体赛：按名次录取前3名，表彰大会颁发荣誉证书，视情况以体育器材作为奖品。

1分钟跳绳个人竞技赛：按名次依次设置前10%为特等奖、20%为一等奖、20%为二等奖、20%为三等奖；表彰大会颁发荣誉证书，视情况以体育器材作为奖品。

App线上排行榜：通过App进行线上排名。

总的来说，小学AI跳绳赛事具有几大优势：

第一，办赛成本低，真正落实"常赛（展）"要求。赛事中，管理员教师利用手机App设置赛事条件一键发布，赛事自动生成开展，相较于线下赛事也满足了无需人力组织、无需物力支持、无需财力保障、无场地限制、无需参与者群聚的条件。

第二，赛事容量大，参赛人数不受限制。学生和家长只要打开手机App即可了解赛事信息并参与赛事，全体学生都可以随时随地参与赛事。根据参赛人数不受限制的特点，可轻易地将赛事复制至全校同时举办或多校同时举办。

第三，学生可多次参赛，激发学生的挑战兴趣。比赛期间，学生可以不限次数参与比赛，发挥失常的学生可以再次参与比赛争取更好的成绩。同时，赛事排行榜实时更新，刺激学生不断挑战。实践结果显示，个人赛有33.95%的学生参与次数达5次以上，其中学生参与次数最多达24次。

在学校AI跳绳赛事实践过程中，赛事参与人次远高于以往的线下跳绳赛事，每轮赛事的参与量最高达8662人次，人均参与量最高达26.59人次。其中1分钟跳绳个人竞赛全年级平均成绩为154.40次/分钟，已远超《国家学生体质健康标准》中同年级的满分标准（男生137次、女生149次）。在AI跳绳赛事的训练和激励下，学校2019级四年级部分学生参与深圳市中小学全员跳绳比赛，取得了参赛全员平均174.31次/分钟的优异成绩，在有年龄劣势的情况下，获得了市跳绳比赛小学组的第16名。这都表明了AI跳绳赛事在小学实施是有效的、可行的。

然而，目前"体智云"等应用于学生AI体育运动的平台的技术仍不能完全满足学校体育工作的需要。例如，赛制设定不够灵活，需要加强AI体育赛事在公平性、严谨性上的建设，如加入人脸识别技术，减少跳绳比赛可作弊的漏洞、新增男女分开竞技的选项等，提高科学性；需要新增"双摇跳绳""双人跳绳"等跳绳项目；新增"家庭（亲子）"与"学校"的参赛单位；建立学校与学校之间联合办赛的板块等。因此，学校在未来会继续深入研究、拓展AI体育项目。开发学生喜闻乐见的AI体育项目，举办各式各样的AI体育赛事，以保持学生对AI体育赛事的新鲜感与参与热情，提高学生的运动热情；结合线下赛事，保障学生校内、校外各一小时的体育活动，让体育运动随时随地发生。

第四章

学为中心,争当教改排头兵

> 课堂教学质量是学校教育的生命线,改变一所学校,要先从改变课堂做起。李政涛在《活在课堂里》一书中写道:"教师的使命,在课堂;教师的生命,也在课堂。"教师要活出自己的课堂,关键在于建立起教师自身生命与课堂之间的有机关联,使课堂更具活力,更加生动、深刻。

第一节 游戏思维:重塑小学语文合作学习

英国哲学家席勒在《审美教育书简》中说:"当人充分游戏的时候才是真正的人。"儿童天生热爱游戏,他们会将好奇心和探索欲、想象力和创造力、问题解决能力、沟通能力等融入游戏。可以说,游戏融入了儿童对种种可能性的追寻和开发,让他们能够在更自在的空间里表达自我、学习新知、发展技能。游戏教育以游戏的方式来培养学生的各种能力,通过创造一种自由、轻松、愉快的环境,激发学生的学习兴趣和动力,其主要特点在于趣味性、互动性、实践性。

如果我们把教学看作一场游戏,那么学生才是游戏的主角,在特定的学习情境中经历学习过程,通过参与、互动和探索来获取知识、技能和价值观;教师则是游戏的主导,负责设计、引导和管理这个学习过程,确保游戏化学习既有趣味性,又有品质和深度。"双主"并行,让学生在游戏中充分发挥自己的主体性,"玩"出学科核心素养。多年来,我们一直致力于探索游戏化教学模式,尤其是在语文学科的应用上颇有建树。经过21年的实践和探索,学校语文学科形成了具有特色的游戏化教学模式,用游戏思维重塑了语文合作学习。

一、解决合作学习中的真实问题

《义务教育语文课程标准（2001年版）》早就明确强调"积极倡导自主、合作、探究的学习方式"。但在实际的小学语文课堂中，合作学习常流于形式。具体表现为：第一，有合作无内容。缺乏明确的学习目标和任务，或任务过于模糊和刻板，缺少挑战的趣味性和实质性的合作内容，合作学习走向形式主义。第二，可合作无方法。缺乏引导和培养学生合作能力的有效管理和方法，致使学生缺乏合作学习应具备的态度、技能、方法。第三，能合作无体验。缺乏以小组为单位的学习成果反馈，团队集体目标意识不强，成员之间缺乏评价机制，导致小组合作无法形成闭环。

基于此，笔者带领学校的语文项目组采用游戏思维重塑语文合作学习的内容、工具、路径，加强学生在学习过程中的沉浸感与交互感，增强其自主构建语言实践的体验感，使其在语文与生活的连接中达到学习中"乐"的最高境界。

自2001年语文课标颁布以来，学校语文教师陶红松对小组合作学习做了尝试，如聚焦将简单分组等同合作学习的问题，以识字学文课为主要课型，探索合作学习策略。2012年，学校成立福田区陶红松教与学方式转变工作室，以区级课题"小学低年段语文课堂小组合作策略研究"为抓手，逐步探索游戏元素在合作学习中渗透的原则、方式、内容、路径。

从2012年至今，此项研究历经了五个阶段：第一，2012—2013年，研究了7种课型的合作任务设计和组织方式，分别是识字学文课、阅读教学、朗读教学、语文园地、口语交际、单元整合、课外书阅读。第二，2014—2016年，在组织合作时添加"疑问、挑战、情境、竞争"等游戏元素，设计了拼音、字词、句式等系列基础游戏，并将之灵活运用于课堂教学。第三，2017—2018年，将游戏化合作学习拓展到课外书阅读，与基础游戏构成语文课程游戏化雏形。第四，2019年，在工作室已有成果的基础上，学校将游戏思维贯穿于小学语文课堂合作学习的全过程，深度破解"有合作无内容、可合作无方法、能合作无体验"的"三无"难题，从而解决体验感不强、交互性不够、动机不足、效果不好的问题。第五，2020—2023年，提出"让学生创造着长大"，带领全校语文教师创设与社会生活密切相关的真实大情境，并设计大任务，将游戏元素渗入其中，以便开展基于小组合作的项目式学习。在富有趣味性和挑战性的任务驱动下，学生完成一个又一个的"大创作"。

二、"双主"并行，游戏即学习

（一）课程理念：游戏即学习

学习是学生的必需，游戏是学生的最爱。将合作学习游戏化，就是把学生的"必需"变成他们的"最爱"。游戏即学习，就是将"疑问、挑战、情境、自主"等游戏元素融入合作学习中，将学习活动游戏化，提升学生的学习兴趣和学习品质。游戏即学习，不是以教师为中心，而是以教师为游戏主导、以学生为游戏主角，实现"双主"并行。

笔者始终认为，学习不是严肃、静止的，而是可以向"好玩"处发展的。因此，不应把游戏化学习看作玩玩闹闹，而应注重让学习真实发生，让语文核心素养培养目标落地，进而让学生呈现饱满的学习状态。游戏化合作学习不以知识为主要目标，而以知识为媒介来提升核心素养。在富有趣味性的游戏情境中、在任务的驱动下，学生实现"做中学""玩中学""创中学"，不仅"玩"出学的趣味，更"玩"出学的品质、创意和深度。

（二）课程目标：任务驱动，"玩"中提素养

在美国教育家大卫·库伯的体验学习理论支撑下，学校以提升学生语文核心素养为目标，通过设计游戏化情境、小组合作学习驱动性任务，以游戏建立情境中的对话和共享，增强学生的个人学习体验；并在落实必备知识技能的习得中，培养学生的关键能力和必备品格。简单地说，就是"任务驱动，'玩'中提素养"。

具体来说，就是将其分解为四个目标：第一，让学习有趣。用游戏化的学习活动激发学生内在动力，把紧张单调变为轻松愉快。第二，让练习量足够。通过合作方式增加单位时间内的人均练习量。第三，用游戏突破教学难点。通过多层次的富有趣味性的语文活动，将抽象的、逻辑性强的知识点作有趣分解，为学生的认知提供阶梯，促使学生自发地探索学习要领，激活思维，提升学习质量。第四，用游戏促进智力和非智力因素发展。通过游戏本身具有的形象、生动、创造等特点，促进学生记忆力、观察力、思维力、注意力、想象力、交往力等智力因素的发展，增强学生间的情感，又可通过竞赛使学生获得满足感和成就感。

这就要求语文教学不能再采用传统教学方式，而是以小组为单位，进行基于任务群的探究式体验活动；不是一开始就进行复杂的多人合作，而是进行动作分解，让学生在最近发展区提升沟通、协调、交往的能力；不是简单地将合作任务抛给小组，而是给出细致的合作流程和学习框架；不是将知识割裂，而是设计大情境、大任务，让学生综合运用知识达成大目标，解决大问题。从一

年级到六年级环环相扣,难度逐渐升级,打造一个"大"的闯关游戏。

(三)课程原则:"玩"出意义、层次和深度

1. "玩"出意义:以提升素养为目标,设计教学活动

游戏化学习需要合作,但坚决反对追求表面热闹的伪合作,所有的游戏活动应直指核心素养的提升。活动有合作任务,也有细致的合作流程;指向知识掌握,也要经历探究过程。如复韵母游戏"拼音跑跑跑",是让学生在游戏中放大复韵母的发音过程,体验两个元音相碰的过程,以掌握发音方法。

2. "玩"出层次:找准最近发展区,作好动作分解

小组合作学习有同伴相互支持,可激发学生的学习兴趣。然而,如果一开始就让五六个人聚在一起讨论,很可能是"鸡同鸭讲"一团糟;如果一开始就把一个复杂任务摆在学生面前,那他们也是无从下手的。为此,合作学习需要从动作分解开始。

3. "玩"出深度:逐步升级游戏,让学生创造着长大

一是在基础游戏中学习合作。低年段学生从玩基础游戏起步,这些游戏包括识字游戏、句式游戏等。在专著《语文游戏36计》中,每一类游戏都附有详细的设计和课例,旨在引导学生在合作中学习合作,在探究中学习探究,并在失败中培养乐观的游戏精神。

二是在进阶游戏中学习创作。针对不同年级的游戏应具有层次性,以保持学生的学习活力。在进阶游戏中,活动分为两个序列(图4-1),将知识技能

图4-1 进阶游戏序列

作为发展核心素养的手段,让探究与创造成为每一位学生的学习和生活方式。在游戏过程中,教师应适度干预并及时纠偏;游戏结束后,教师应及时总结成果,做好闭环工作,以便更好地开展新的活动。

以拼音游戏为例,该课程是对国家课程的校本化创新实施。它旨在通过游戏活动的形式,让学生在快乐中探索学习汉语拼音的方法和发音规律,并在饶有趣味的练习中掌握汉语拼音。其创新点主要体现在:首先,游戏不再是单纯的调节课堂气氛的"餐前点心",而是成为富有游戏趣味的学习活动,让学生经历探索和学习的过程;其次,游戏化学习不仅能够消除重复学习的枯燥感,还能有效突破教学的重难点;最后,将小组合作学习管理策略与游戏化学习相结合,使学习既有趣味性又有秩序,从而保障学习效率。同时,通过游戏化学习,学生还可以培养合作能力、规则意识、学习能力,并提升自己的综合素养。

三、"一核四法三资源"体系

学校以"一核四法三资源"为课程支撑体系,开发"基础游戏—进阶游戏—巅峰游戏"三大游戏模块,构建了游戏化语文合作学习课程体系(图4-2)。其中,基础游戏基于教材主要在校内开展,进阶游戏在课内课外联合开展,巅峰游戏基于生活主要在校外开展。该体系运用小组学习的组织、合作、展示、评价四大方法,以游戏化内容、工具、教培三大资源作为课程支撑,让探究与创造成为学生的学习和生活方式。

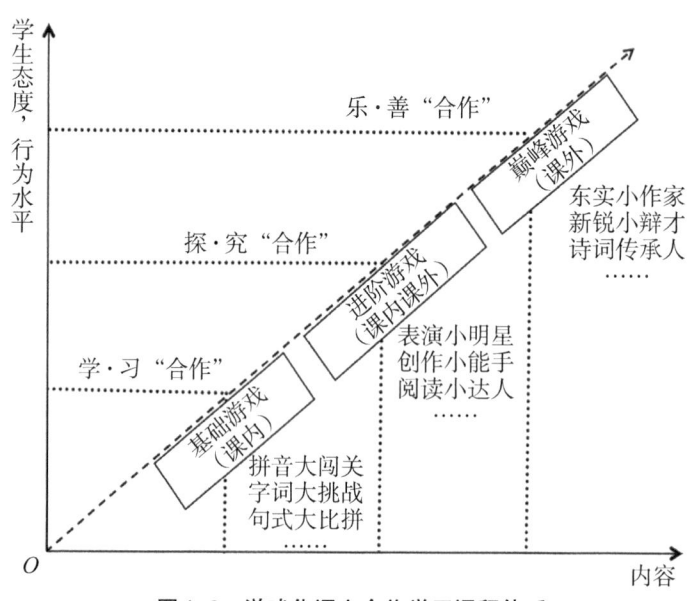

图4-2 游戏化语文合作学习课程体系

（一）基础游戏中学习合作

小学一、二年级学生从玩基础游戏开始，在基础游戏中先学习两人间的沟通技巧，再学习四人小组合作等内容。

基础游戏主要有拼音游戏、字词游戏、句式游戏三类，参考《语文游戏36计》。其中，汉语拼音课可用教师自主研发的学具"乐陶陶拼音游戏牌"玩桌游（表4-1），一对同桌一副拼音牌，两人合作进行游戏。在复韵母的学习中，我们设计了"拼音跑跑跑"、听音找牌、看牌发音、拼音接龙、音节速配等2人组系列游戏，让学生经历"跟教师学—和同桌练—接受检测"的完整学习过程。"拼音跑跑跑"让学生探究复韵母发音的原理，先是教师带着学生"跑"两个复韵母，再是同桌之间合作"跑"其他几个。接下来就是学习效果检测，检测方式也是系列的通关游戏：听音找牌是听音辨形，看牌发音是见形发声，拼音接龙是整体记忆，音节速配是拼读游戏。这些游戏从认读到记忆，再到运用，难度逐渐升级，每一步都具有挑战性，每一步都在学生当下的最近发展区。更重要的是，每一款游戏都是学生全体参与、全体进行反馈。

表4-1 "乐陶陶拼音游戏牌"内容

阶段	目标	游戏方式	学习进度
基础游戏	辨识、认读、整体记忆	听音找牌、看牌发音、拼音接龙	从单韵母开始，所有类别的拼音字母
		"拼音跑跑跑"、拼音组合、舌随手动	复韵母、鼻韵母、整体认读音节
		跳来跳去的声调、声调帽子	声调
进阶游戏	声韵拼读	拼音钓鱼、前方后方、音节速配	学声母和部分韵母
巅峰游戏	灵活组合	词语速配、句子速配	学完所有的拼音

（二）进阶游戏中探究合作

随着学生能力的提升，他们需要不断接受新的挑战。游戏要根据小学六个年级的不同学情实现一步步进阶，以保持学生的学习活力。为此，学校逐步形成了"语文游戏化学习课程图谱（图4-3）"。

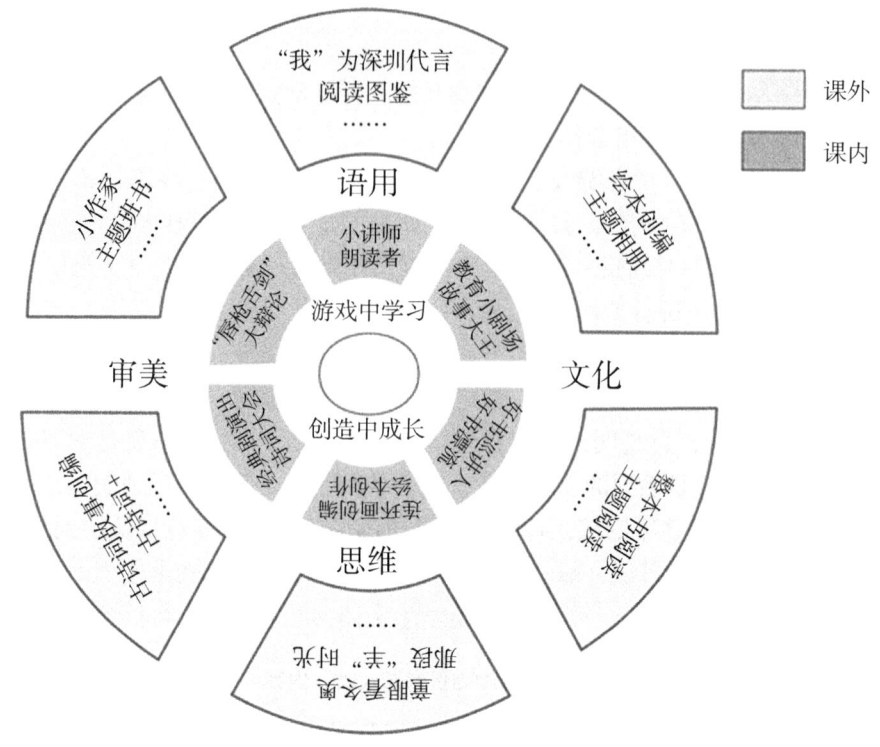

图4-3 语文游戏化学习课程图谱

我们始终基于大情境设计大任务,让学生合作学习完成"大创作"。在活动中融入游戏的元素,如情境、挑战、排行榜等,学生经过多途径、多形式、多种类的自主阅读后,以小组形式定期通过线上和线下的渠道进行碰撞和交流、梳理和归纳、提炼和评判、品鉴和创造。在这个过程中,学生的高阶思维能力自然就得到发展。

进阶游戏分为两部分:一部分是依据国家教材在校内开展的校内活动,另一部分是基于现实生活在校外开展的校外活动。校内活动基本根据教材内容进行拓展:教室小剧场,全班学生分成几个小组,每个小组合作表演一个故事;诗词大会,以小组为单位组织,包括在九宫格中找古诗、看图画猜古诗和读故事用古诗等游戏,表现不同则积分不同;连环画创编,将语文书中的民间故事或经典故事改编成连环画,这实际上给内容缩写练习增加了游戏的元素,激发学生的创作欲望和团队协作精神。校外活动基于当下社会生活开展:主题相册《欢乐中国年》,学生做生活中的小记者,通过拍照并配上文字,记录民间习俗;探寻古诗词背后的故事,读懂古诗背后的人及其个人的人生故事,小组合作共同研究一位诗人的作品,并用儿童语言把古诗词背后的故事写出来、讲出来;"童眼看冬奥",学生分组从不同的角度读冬奥、看冬奥、写冬奥,并完成一本小组《冬奥纪念册》。每一个活动，由于游戏元素的融入，有效激发了学生的热情；由于小组合作，学生在学习路上不孤单。

（三）巅峰游戏中乐善创作

巅峰游戏主要有两个：一个是书面表达的巅峰，小组合作编写"班书"，个人独立编写童书，优秀者将获得"东实小作家"的殊荣，并得到学校资助将个人作品印制成书；另一个是口头表达的巅峰，"唇枪舌剑大辩论"，做"新锐小辩手"。

"主题班书"一般是项目式学习的成果。全班围绕一个大主题，每个小组负责一个小项目——也是"主题班书"中的一个章节。拿到项目后，组长主持组内成员分工写文章、找图片、画插图、做视频等。整本书的规划，包括前言、后记都由学生毛遂自荐主动承担。例如，2017届六年级（1）班学生整理的两本班书《童眼看冬奥》《探寻古诗词背后的故事》。

"东实小作家"是基于主题班书的编写基础上，个人梳理自己小学阶段的优秀作品，提炼主题，梳理章目，然后依靠自己或借助外力进行编辑、排版等环节，最后制作成书。

"唇枪舌剑大辩论"是小组和小组之间就某个话题，各执一方观点的言语交锋。赛制由全班学生共同制定。班级以小组为单位抽取话题和观点，然后通过一到两周的准备和演练后，在班级正式开赛。评点和打分由全班学生共同完成。

总之，在小学六年的学习时间里，语文学习就是一个"大"的闯关游戏，环环相扣，难度逐渐升级。学生将以游戏精神来一场发现、运用、创造知识的探险之旅。

四、系列游戏化合作学习方法

为了让合作学习高效进行，我们设计了游戏化学习系列方法，并运用于教学实践中，取得良好的教学效果。

（一）组织方法

合作学习作为一种有效的教学策略，能够促进学生之间的互助学习和思维碰撞，但也可能给教师带来一些教学秩序上的焦虑，如担心课堂纪律失控、学生参与度不均、教学任务无法完成等。在这种情况下，许多教师对合作学习望而却步。为降低教师的疑虑和担忧，经过摸索与实践，我们研究出简单易行且效果明显的"三板斧"：口令法、击掌法、评价法。

口令法主要管七嘴八舌的口，让几十个学生在同一时间发出同一声音，切断原来的话题，立刻能让全班进入下一个环节；击掌法不仅管口，还能管东摸西摸的手；评价法管的是大脑和情绪。组合运用"三板斧"，能够让小组合作和游戏化学习灵活而有序地进行。

（二）合作方法

如果游戏化合作学习的路径不够清晰，或者操作难度过大，就会影响其实施的顺利性和效果。因此，小组合作学习要想取得实效、惠及每个学生，需要作任务分解和流程分解。如小组建设（图4-4），每个小组都要有自己的组名，以增强归属感和集体感。小组人数由少到多，先是同桌两人合作学习，然后发展到四人，后期根据需要可增加至六人及以上。小组内部应有明确的分工，合作学习时各司其职。同桌合作时分A、B角，人数为四到六人时，设立小组组长（如图4-4，四人小组中的"A"为小组长，六人小组中的"1"为小组长）。组长最重要的责任就是组织小组内部学习，主持小组对外的展示。六人小组是三人同桌，前后共六人为一组。为了让小组组长更好地组织合作学习，应让组长坐在第二排的中间，就是常说的"C位"。

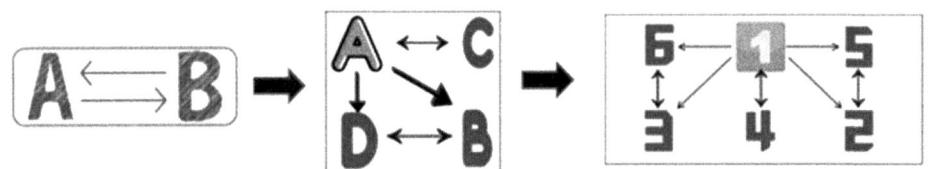

图4-4　小组人数分解动作

在小组学习上，合作学习内容由浅入深，一年级时互读字词和课文等；中年段设定分级目标，如语文园地的"读正确、说发现、来拓展"等；高年段可以做主题项目式学习，如合编《北京冬奥纪念册》。在合作形式上，有常态的异质合作、转组的同质合作、组际的交流合作等；在合作过程中，给出清楚的合作流程，比如独立思考、组内交流、组内分工、小组演练等。教师在教学过程中应找准学生的最近发展区，以游戏任务为导向，以小组合作为手段，通过细致分解合作目标及流程，让学习活动具备可操作性。

此外，合作任务也要分解。在语文教材中，每个单元的"语文园地"都围绕本单元内容进行复习巩固、拓展运用。低年段的"语文园地"主要包括识字加油站、字词句运用、展示台、日积月累等栏目。小组合作就是设定三个流程：一是"读正确"，要求把该栏目内容读得正确、响亮；二是"说发现"，说明它们有什么共同点或不同点，找出其中的规律；三是"来拓展"，根据这个板块的字词或句段的共同点，自己再说几个类似的字词或句子，通过三级任务完成读、思、辨、说的言语实践自我构建过程。

（三）展示方法

展示，即小组合作学习成果的反馈环节。在学生眼里，展示就是一场游戏，能够满足他们爱表现、爱表扬的心理需求。真实、自主、自信、有序的展示既充满挑战的乐趣，又能达成提升学生综合素养的目标。展示既能小范围的在语文课上进行，也能经层层推选面向更大群体进行。

在语文课上，小组交流后抽取小组走上讲台，分享他们的学习成果，带领全班同学学习。为了让展示取得实效，我们总结出一系列的方法：明确展示的流程，让展示有章可循；台上台下互动，人人都是展示者；开展小组竞赛，对各组表现随时评分；注重站台、发言、展示协作方面的培训，使展示有模有样。

在实践中，我们独创了跨级走班式巡讲流程（图4-5）。开展好书推荐、古诗故事等覆盖全校的阅读分享，从小组初赛到班级复赛再到跨级巡讲，就像通关游戏一样充满挑战趣味，让人欲罢不能。尤其是跨级巡讲，让高一年级的同学走入低一年级的教室宣讲。巡讲利用午读的30分钟，让东实学子获得宣讲舞台。听众作为评价者之一，要选出优秀分享者晋级东实小讲堂精英赛。

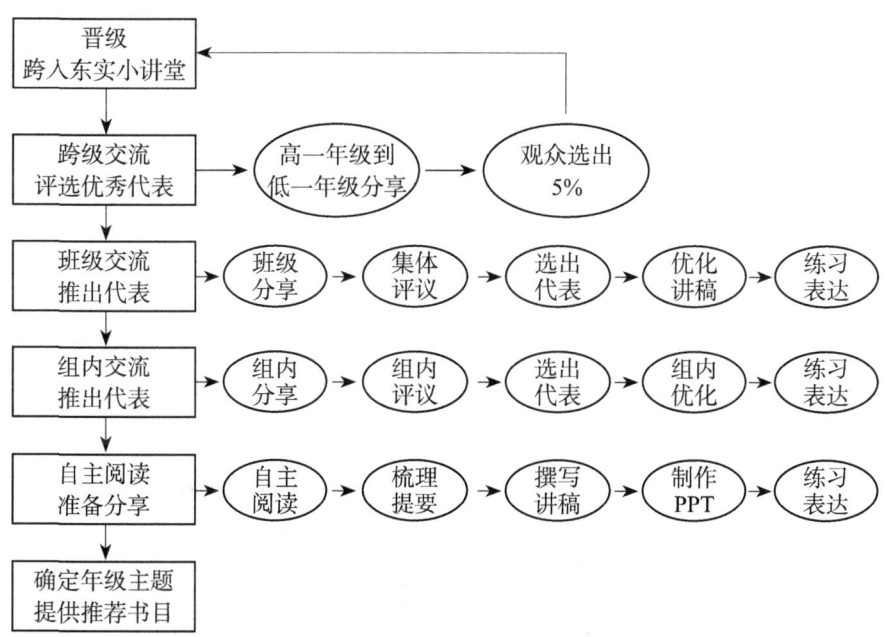

图4-5 跨级走班式巡讲流程

（四）评价方法

采用"积分制+班级流通币"的方式，学生通过挣学分获取奖励。流通币取名为"苔花币",由学生自己设计。"苔花币"数目对应的是学生的学分,学分的多少,决定学生能够享受怎样的待遇。

"苔花币"有三种兑换形式:一是青铜型,商品上架,超市自选;二是铂金型,货品拍卖,价高者得;三是钻石型,苔花富翁,个人定制。

在评价内容上,聚焦学生的核心素养;在评价主体上,师生互评。全班共同制定制度,学生参与学分统计,将个人得分和小组综合表现相结合,强调团队的重要性;在评价方法上,将结果性评价和过程性评价相结合,以学生六年的学习成长曲线为基点,培养学生自主学习与合作探究的能力。

五、研发小学语文游戏化学具

拼音是小学一年级的学习难点,为了增强学生的学习兴趣和互动性,让拼音学习更立体化,陶红松老师研发了"乐陶陶拼音游戏牌"并设计了一系列的玩法。为了让《千字文》的学习更加生动、有趣,陶红松老师带领团队又研发了游戏学具"千字文跳跳棋"。通过视觉、听觉、触觉等多种感官刺激,激发学生学习热情,增强他们的记忆力和理解力,提高交流和合作能力。"乐陶陶拼音游戏牌"和"千字文跳跳棋"已获得国家专利。

有了游戏学具的辅助,小组合作学习的内容更充实、体验更丰富。一方面,游戏学具具有直观性、互动性,能够帮助学生将抽象概念转化为具体形象,从而更深入地理解知识。通过共同操作游戏学具、讨论和解决问题,学生可以共同探索知识,拓宽学习视野。另一方面,学生通过亲手操作游戏学具,可以亲身体验知识的学习过程,加深对知识的理解和记忆。有趣的游戏学具有助于激发学生的学习兴趣和热情,激起学生的创新思维。

六、开展教师游戏化教学培训

一是搭建分享平台。利用网络开设陶红松工作室博客、利用新媒体平台创设"玩转语文乐陶陶"公众号,发文400余篇;开设视频号,发视频100余条;创刊《小脚印》,发行18期。

二是应各地各校要求,开发语文游戏化合作学习的教师培训课程。培训课程时长为1~6小时,采用的是"讲座+工作坊"的方式,深受一线教师欢迎。通过讲座,阐述如何建设小组、如何设置合作难度,以及合作学习的闭环(展示和评价)的重要性;通过角色交互的体验方式,模拟小学课堂,让听课教师化身为学生进入到游戏化学习中,站在学生的角度感受小组合作策略运用的效果;通过工作坊的形式,让学员在教师和学生角色中来回切换,并学以致用,当场设计并实施,在合作中体验合作的管理精髓,在游戏中感受游戏化学习的魅力。

七、游戏化教学模式达成效果

第一,学生实现了知行合一,语文素养显著提升。实验期间,我们发现经常开展语文合作学习的班级形成了浓厚的学习氛围,学生的学习兴趣高涨,自信心和语言创造力显著增强。以2017届六年级(1)班学生为例,该班的语文素养明显高于同年级的其他学生。学生从早期每学期仅完成8篇习作都感到困难,到后来热爱写作,每学期能写20余篇作文。到了六年级,更是获得了全面的丰收。在2022年深圳市"我最喜爱的课外书"演讲和古诗词朗诵比赛中,全区共有7个参赛名额,该班通过校际PK获得了2个参赛资格,并且都荣获了深圳市一等奖。在全国鲲鹏科幻创作大赛中,有2人获奖,其中1人撰写了近7万字的长篇科幻小说。毕业前,班级合作编写并出版了2本书籍;全班有81%的同学编辑了个人童书,其中10人的童书得到了学校资助并印制成书。

第二,教师转变教学,专业高效发展。工作室主持人陶红松老师所带成员大都成长为区域骨干教师,其中3人成为区级工作室主持人,2人升职为学校业务副校长,1人成为福田区语文教研员,获得国家级奖项10余人次、市级奖项20余人次。项目组成员与同级教师比较,专业能力优势明显:主持或参与了课题研究16项,其中国家级1项、省级3项、市级3项。

第三,研究成果卓著,辐射影响面广。工作室成员覆盖20余所学校;出版的专著《合作学习设计与实践》《玩出精彩的课堂》《语文游戏36计》,均可作为教师合作学习教学的工具书;研发的游戏学具"乐陶陶拼音游戏牌"获国家专利,用于拓展型语文游戏活动。

近五年来,学校频繁接受来自全国各地教育界同仁的参访交流,组织区域性教研活动10余场。学校教师常到广东省、广西壮族自治区的各县区送教下乡,课例和讲座均被其他地方学校广泛学习和参考;曾在美国纽约开办汉字游戏公开课,应邀到北京、香港、重庆等10余个城市讲学200余场,带队设计了500余课时的视频、教学PPT,且让教学设计在教育资源平台共享等。在学校教师指导下,以学生为主创编写了一套校本教材,指导学生写书38本。

第四,社会认可,媒体宣传。工作室主持人陶红松老师被多个部门邀请兼职,如中国教育技术协会教育游戏专业委员会理事、广东省教育学会继续教育专家、深圳市继续教育专家库成员、深圳市城市学院特聘讲师等。北京大学教授、中国教育技术协会副会长尚俊杰教授为其专著《语文游戏36计》作序。教育部全国中小学教材审查委员、全国语文教师继续教育研究会副理事长杨再隋教授,于2015年在武汉观摩项目组语文游戏化课堂教学、听取主持人的专题报告后予以较高的评价。10余家媒体宣传报道了项目组语文游戏化学习

的改革和创新成就,其中《中国教师报》长篇介绍了拼音游戏,《晶报》发文《在"玩"中学,让游戏课程点亮童年》。

第二节　审辩思维:在对话中闪光

当前数学教学中存在一些偏差,如教学浅表化,过分追求"有趣"而偏离数学本质,从而让学生失去对数学严谨性和逻辑性的认识;又如教学过于枯燥深奥,或者过分强调"刷题",学生感到学习压力大、兴趣低。如何在教育性和游戏性中找到平衡,让学生在有趣的学习中发展"思""辩"能力,在"思""辩"中寻找到学习的乐趣?这个问题值得我们深思。数学学习的意义远不止于掌握数学知识本身,更重要的是构建素养导向的课程体系。教师需要关注学生的需求和发展,培养学生数学核心素养,让学生真正喜欢数学、理解数学、掌握数学。

从2018年起,我们就开始在低年段开发"思""辩"趣味数学课程,以国家课程为蓝本,寻根溯源找到每节课的"思""辩"能力培养点,鼓励学生进行个性化表达,针对逻辑思维和空间想象能力等素养点开发校本课程,促进学生核心素养的发展。并且,引入数学游戏测评、数学能力测评等,将评价目标指向学生核心素养培养。

一、课程背景:聚焦核心素养,发展关键能力

"有趣"不应该成为数学教学的目标,游戏本身不是目的,其设置应促进学生爱上数学学习从而更好地锻炼学生思维,才是我们的本质追求。在教育性和游戏性中找到平衡点,让学生在享受有趣的学习过程的同时,发展"思""辩"能力;在"思""辩"过程中寻找到学习本身的乐趣,是"思""辩"趣味数学课程研究的重点。

"思"即思维,"辩"即审辩。教师要有意地"唤思"设计,引导学生聚焦"启思",通过教与学过程的高质量"论辩",提升学生多方思维、提问质疑、想象思考、逻辑推理、语言表达等"思"与"辩"的能力,用辩证的眼光看待问题,在审辩中思考,全面构建数学知识体系。

"思""辩"趣味数学课程针对第一学段的学生,寻找数学学习提升点,以学生的逻辑性语言表达训练、数理关系可视化呈现以及数学推理游戏强化训练为主要学习内容,以数学"思""辩"能力培养为目标,旨在帮助低年段学生夯实数学学习基础,为数理思维的培养搭建台阶,为中、高年段的数学学习助力。

聚焦第一学段，一是低年段数学学习的价值被低估，教材内容看似简单，但其背后体现的数学思想方法却是中、高年段数学难点突破的基础。如果没有清晰地认识到这一点，教学就容易浅表化，只重视知识习得，忽略学生关键能力的有效培养。学校在对中、高年段数学学习困难学生的持续跟踪和实证研究中发现，中年段是数学具体形象思维向抽象逻辑思维过渡的关键期，部分学生没有有效建立数学知识网络结构、掌握数学思想方法。随着年段的提高，知识难度、信息处理量、运算量急剧增大，受单一思维定式的影响，不善于举一反三的学生，学习效率将会下降，数学学习易出现断崖式滑坡。

二是低年段不能只留纸笔作业，那应如何保证学生学懂、学透，达到减负提质的效果呢？关键在于聚焦核心素养，发展关键能力，如思考力、判断力、表达力等。语言是思维的外显，通过显性的语言能力培养让学生的数学思维可视化，帮助教师有效诊断学生数学学习过程中出现的数学思维漏洞，在能力培养的薄弱之处发力。学校考虑到低年段学生数学学习心理，在"思""辩"的同时，力求借助趣味性的数学活动，如数学阅读积累、数学项目游戏、趣味表达作业、操作性练习等，提升学生数学学习兴趣，让学生的数学学习充满乐趣又有意义。

二、课程理念：为每一个孩子的幸福和发展奠基

"思""辩"趣味数学课程与"小脚印"数学游戏课程一脉相传，都注重学校课程理念的贯彻实施，使课程的推进跟踪落实到每一个孩子，真正实现人人参与，"为每一个孩子的幸福和发展奠基"。

课程目标是提升学生的"思""辩"能力，使学生在遇到问题时能进行多维分析，同时用辩证的眼光看待问题，全面构建数学知识体系，会用数学的眼光观察，会用数学的思维思考，会用数学的语言表达。在趣味数学游戏的触动下，学生提升学习兴趣，开发学习力。

本课程强调学习中心、师生关系中心和发展中心，通过整体的教学设计，围绕教学目标、过程、方法、评价、作业设计，打出一整套组合拳；基于学生核心素养发展，构建思考力、判断力和表达力的学力模型；聚焦低年段学生数学学习的痛点，指向中、高年段学生数学学习难点的预防。

三、课程设置：五大核心覆盖学习全过程

（一）课程结构

"思""辩"趣味数学课程从审辩思维素养的概念界定中提及的五大能力的培养出发，由显性的国家课程、校本课程和隐性的评价课程三部分组成（图

4-6）。按国家课程的扎实落地，校本课程辅助教学的思路进行总体设计，从思维训练的立足点出发，体现新时代素质教育的要求。

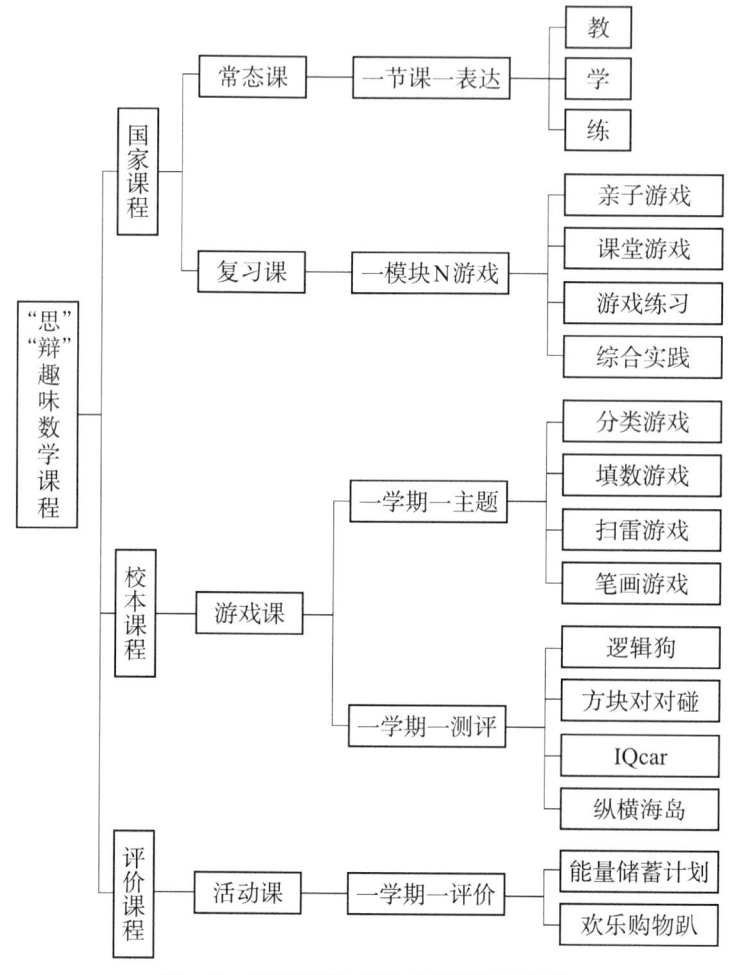

图4-6 "思""辩"趣味数学课程结构图

国家课程主要为常态课和复习课的重构，常态课中通过"一节课一表达"，围绕核心问题，借助课堂的"教"、课堂的"学"、课后的"练"，强化学生对数学本质概念的理解；复习课则以"一模块N游戏"为切入点，对知识进行单元整合，通过亲子游戏、课堂游戏、游戏练习和综合实践活动四个方面进行强化实施。

校本课程主要以数学主题游戏的形式推进，"一学期一主题"改编自传统数学游戏，通过游戏进课堂的方式推进，配套进行对应能力训练；"一学期一测评"则精选数学桌游，以假期自学、返校后为期两周的游戏挑战赛为主线，在师生互动、生生互学之间实现全员通关。

评价课程是以"能量储蓄计划"启动为开端,以"欢乐购物趴"活动举办为节点,进行"一学期一评价",通过能量值的量化跟踪,记录每个学生数学学习的成长轨迹。

(二)课程内容

本课程以北师大版一、二年级数学教材为主要教学内容,以"一节课一表达""一模块N游戏"进行课堂教学的重构,从基础到复习再到提升,贯穿于整个常态教学与学科教研,同时辅以"一学期一主题""一学期一测评"的游戏课程进行教学内容的有效补充,提升学生的操作能力、空间观念、推理能力和应用意识。"思""辩"趣味数学课程五大核心如图4-7所示。

图4-7 "思""辩"趣味数学课程五大核心

1. 一节课一表达

常态课中挖掘数学"思""辩"点,对学生进行能力培养和训练。

课堂的"教":梳理运算算理、数形结合辅助理解、借助模型建立联系等方式,帮助学生进行数学学习方法的建构。

课堂的"学":培养"课堂小老师",在足够的输入过后给学生提供输出的机会并给予反馈评价。

课后的"练":通过单元整合,针对辨析点、疑难点、出错点、生长点等教学"思""辩"点,以表达作业的形式切入。

通过作业内容、目的、要求、范例、提交形式几个维度,让学生明确学什么、怎么练,把自己的思考有条理地表达出来。

2. 一模块N游戏

对学年知识按类别进行整合,融合考点设计课程,在游戏过程中消化和巩固知识难点。

亲子游戏:以周次、单元或知识模块为主线,设计亲子游戏,提出"周末亲子数学时光"的概念，让学生在游戏过程中巩固单元知识，感受数学学习乐趣的同时，增加与家长之间的沟通联系。

课堂游戏：用数学游戏对教学内容进行包装，力求在生生游戏互动中让学生通过游戏策略的提炼，自主构建数学概念网格图，深化对数学知识的理解。

游戏练习：该课程通过对作业内容、作业形式、作业模板进行游戏嵌套包装，改变学生的课后练习模式。例如，拓宽作业内容的范围，实现作业体验的丰富性；借以动代静、以画代写、以变破守、以疑代解等方式改变作业形式，培养学生的发散思维；或者借助传统游戏闯关的嵌套进行包装，增加游戏评价等，提高学生完成课后练习的积极性。

综合实践：该课程通过活动设计，给学生提供一个相对独立的学习生态化空间，让学生在整个活动中具备支配权，以自主探究和选择去推动活动的开展。活动开始时，教师以引导者的身份切入，在活动过程中作为旁观者关注活动进展，活动结束后组织分享。

3. 一学期一主题

在国家课程训练的基础上，以审辩思维素养的考查为主线，以传统数学游戏为载体，考查学生综合运用多方思维、提问质疑、想象思考、逻辑推理、语言表达等"思""辩"能力。

4. 一学期一测评

终评结构由80%的日常测评、10%的能力测评、10%的游戏测评组成，每学期一次的"数学游戏测评"是考查学生数学思维能力的一个指标。通过系列活动的推进，发展学生操作能力、空间观念、推理能力、应用意识，让学生从"会玩"的天性走向智慧的"慧玩"。

5. 一学期一评价

设计贯穿整个学期的数学游戏特色评价机制，将学生在课程参与每一阶段的进步都进行可视化，同时融入认识人民币和四则运算的相关知识，让学生在评价中学习，在生活数学的渗透中学习。

课程的五大核心内容覆盖学生学习全过程，课程推进落实的每一个细节，涉及课程内容的设计、活动开展的方案、课堂推进的路径、学生学习的引导、教学组织的形式、学习效果的反馈、课程落实的评价。

四、课程实施：三个维度实现课程的有效性

围绕课程五大模块开展实施，学校从学生思维构建、国家课程优化、校本课程设计三个维度推进课程有效实施。

（一）学生思维构建

课程通过情境创设，抛出核心问题引领课堂，要求学生收集相关信息，根据信息之间的联系对问题进行思考并提出假设。学生在生生互动补充中对不完整的学习生成提出质疑，在合作交流中对假设进行验证，促进其对数学概念的分析、组织、生成和创造，从具象操作的动手到抽象概念的大脑构建，促进数学思维认知的更新（图4-8）。

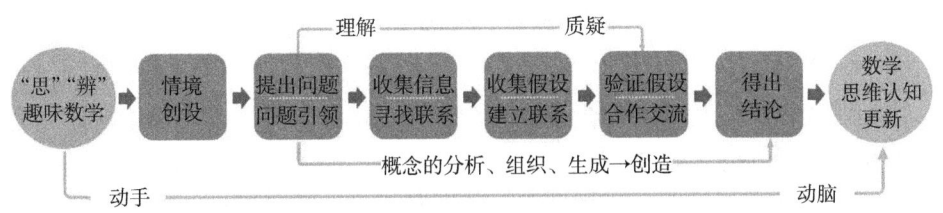

图4-8　数学结构思维构建的基本路径

（二）国家课程优化

数学学习是一个顺应的过程，思维的萌发、生根、开花、结果都是基于已有知识和经验的重组。这种重组的过程不仅有助于学生巩固和加深对已有知识的理解，还能够促进学生的创新思维和问题解决能力的发展。

"一节课一表达"聚焦教学的辨析点、疑难点、出错点、生长点进行表达内容的筛选，通过以动代静、以画代写、以变破守、以疑代解的模式对教材原有的问题进行改编，再辅以说、画、做、演、写，帮助学生实现数学思维的可视化呈现，帮助学生将一个个零散的知识点进行强化与沟通，建立数学网络式结构（图4-9）。

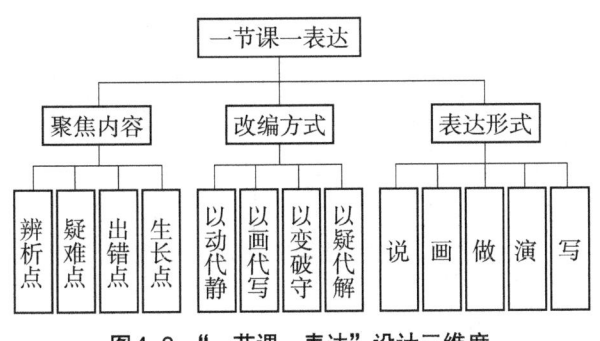

图4-9　"一节课一表达"设计三维度

（三）校本课程设计

1. 数学游戏课堂设计的五要素

要教"有道理"的数学，好的课堂设计自有其"道"。在经过多次的课堂观察跟踪记录后，我们发现：游戏课堂通过融入游戏元素和互动性质，对学生注意力的把握至关重要。基于科学学习的三条基本原理，我们从以下几个维度进行游戏课堂的设计，实现教学游戏的有效性。

第一，在游戏目标（教学目标）维度上，减少信息干扰，厘清教学层次。

第二，在游戏规则（操作要求）维度上，语言简洁、动画呈现、教师示范。

第三，在游戏方式（课堂组织）维度上，同桌合作、四人合作、独立完成、全班分享，搭建学习社区，营造冲突、竞争与合作的交往需求。

第四，在游戏道具（设计要求）维度上，一是学习单——便于书写、讨论、分享；二是样式——色块、图形区分，有效抓住注意力；三是内容——添加易错点，制造冲突；四是玩法——加大随机性，丰富讨论素材。

第五，在游戏名称（教学结构）维度上，采用有意思的名字、同款系列名称。

2. 数学主题游戏项目开发路径

数学主题游戏项目开发路径如图4-10所示。基于学生数学思维发展水平的考虑，"一学期一主题"的内容在众多传统游戏中进行项目筛选得出，最终确定四个学期项目为：分类游戏、填数游戏、扫雷游戏和一笔画游戏。针对不同的项目，进行学习内容的剖析、教学点的提炼，确定教学目标。围绕教学目标以模块教学的方式进行教学案例的设计，并结合数学游戏课堂设计五要素细化教学组织后，推进课堂教学，再通过多次磨课优化教学设计，最后根据课堂推进的情况确定游戏难度，配套设置每日一题打卡小册，进行强化训练。

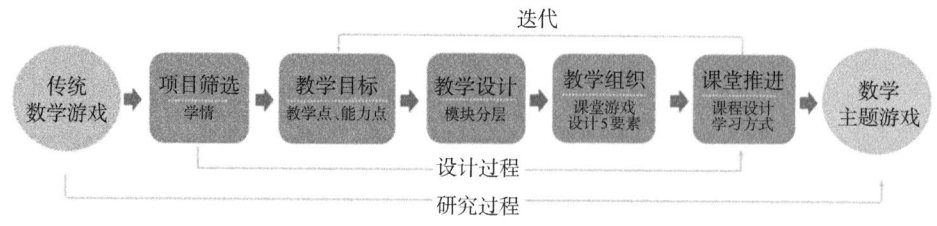

图4-10　数学主题游戏项目开发路径

3. 游戏学习的合作模式

通过实证研究证明，团队合作对学习水平较弱的学生帮助很大，基于学习科学认知负荷理论，合作学习能降低小组中个体的大脑在工作记忆上的负荷，成员通过共享工作记忆，使认知负荷保持稳定。因此，四人小组内以优带差是当前较好的学习方式。我们将数学学习能力较弱的学生均匀分布在各组，按点攻破，并以榜样的力量，在小组内采用以面带点的形式铺开，扩大优生的影响力。同时通过挑战环节小组通关人数，制定额外加分项，促进组内成员的融合，实现学习方式的转变，达到生生共学（图4-11）。

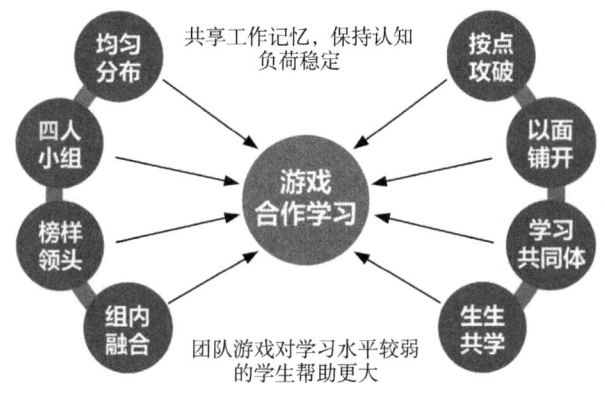

图4-11 游戏学习的合作模式

4.数学游戏测评活动方案

"一学期一测评"作为学校数学综合测评的重要组成部分，已经具备成熟的测评方案。本课程在原有测评方案的基础上丰富了活动的内容，并在多次尝试中提炼出活动开展的操作流程（图4-12）。

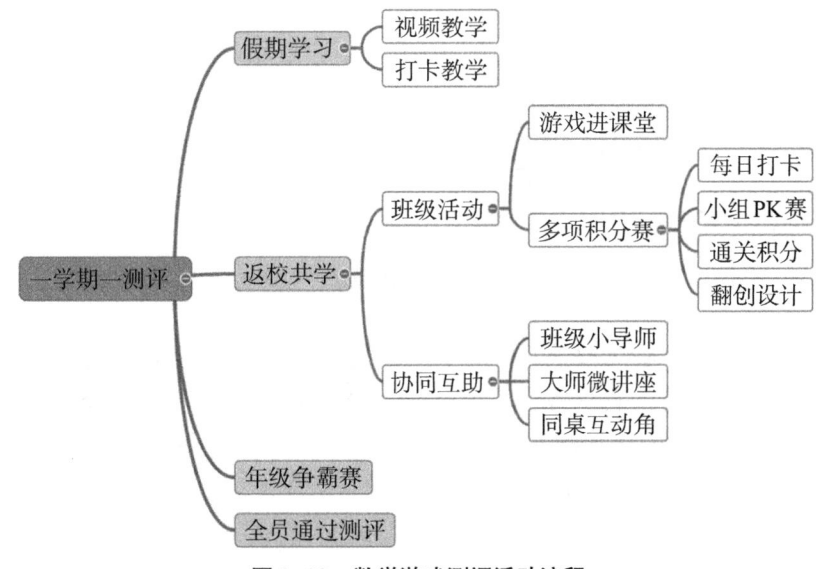

图4-12 数学游戏测评活动流程

5. 系统的量化评价机制

"一学期一评价"在课程实施过程中，对每个学生的数学学习情况进行量化跟踪。一年级学生刚入学时采购存钱罐，然后发布能量储蓄计划，对学生在学校和家庭教学学习情况进行量化跟踪，开展长达一学期的能量储备兑换。学期中，通过能量之星的评比进行阶段性评价，分维度记录每一位学生的具体表现，以便进行有效干预。学期末，根据每个学生积攒的总能量值，通过欢乐购物派对活动，让学生在自我评价中实现自我管理，在自我管理中实现自我成长。

（四）低年段数学作业体系

在"双减"政策下的数学教学中，我们聚焦"思""辩"点，为学生的学习提供更有价值的资源以及更精准的指引。同时，随着课程的实施迭代，对低年段的作业设计从数量意义上做的减法转为内涵价值上的加法，实现学生学习效能的乘法。从作业设计、内容、评价三个维度提炼出学校低年段数学作业体系（图4-13）。

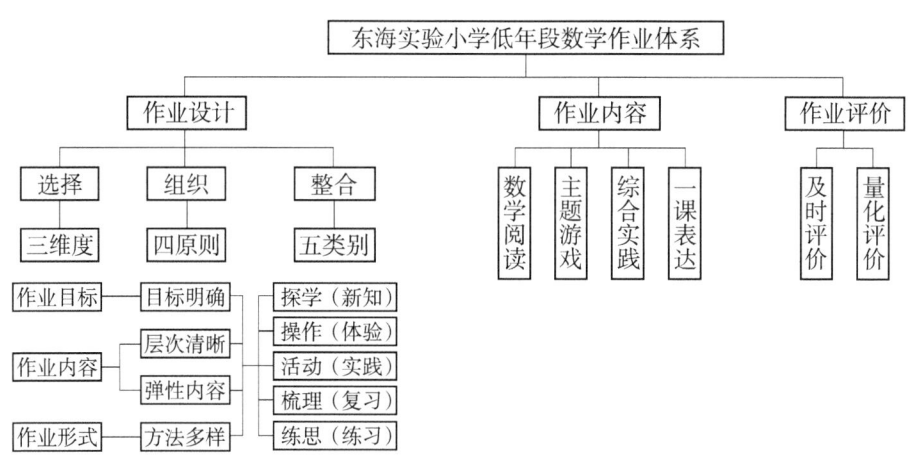

图4-13　低年段数学作业体系

"思""辩"趣味数学课程（第一学段）以国家课程校本化实施为主线，回归数学本质，将语言训练作为突破口，探索学生"思""辩"能力形成的路径，同时结合校本课程的开发与实施，全方位地构建了课内、课外都能投入使用的数学教学资源，力求课程成果成体系、全覆盖、易推广。

五、课堂评价：教师与学生双本位

（一）教学评价

从教师提问有效性、学生课堂参与度、游戏化教学设计有效性三个维度设计量表（表4-2、4-3、4-4），进行课堂观测和教学效果评价，改进课程成果。

表4-2 教师提问有效性观测表

序号	教师提问					学生候答时间	学生回答					教师理答			
	教师提问（以原话为准）	指向		层次			学生回答（以原话为准）	回答方式				理答方式			
		清晰	模糊	识记	理解、应用	综合分析评价			无应答	集体齐答	个别回答	讨论汇报	负向反馈（打断、代答、不理睬）	重复答案	正向反馈（鼓励、称赞）	追问

表4-3 学生课堂参与度观测表

教学环节	教师讲解用时	学生发言用时	学生操作用时	该环节总用时	学生用时与总用时之比

表4-4　游戏化教学有效性观测表

教学环节	教学目标	游戏目标	游戏名称	游戏规则			游戏学具设计		游戏方式		
				语言描述	视频动画	教师示范	内容	设计点	全班合作	小组合作	独立完成

（二）学生评价

通过对学生日常表现积分记录，进行量化跟踪，针对典型学生表征类型优化教学方式。以图4-14学习习惯积分记录为例，从某班学生的学习习惯积分调查情况来看，上课讲话、擅自离位、课前说话、没交作业等情况占比较多，整体上待改进的内容较多。教师根据此数据，在教学方式上进行优化，如加强课前准备；与学生共同讨论并制定课堂规则和奖惩机制；课上增强课堂的互动性和趣味性；课后及时跟进学生的作业完成情况；与家长保持沟通，定期向他们反馈学生的课堂表现和作业情况等。

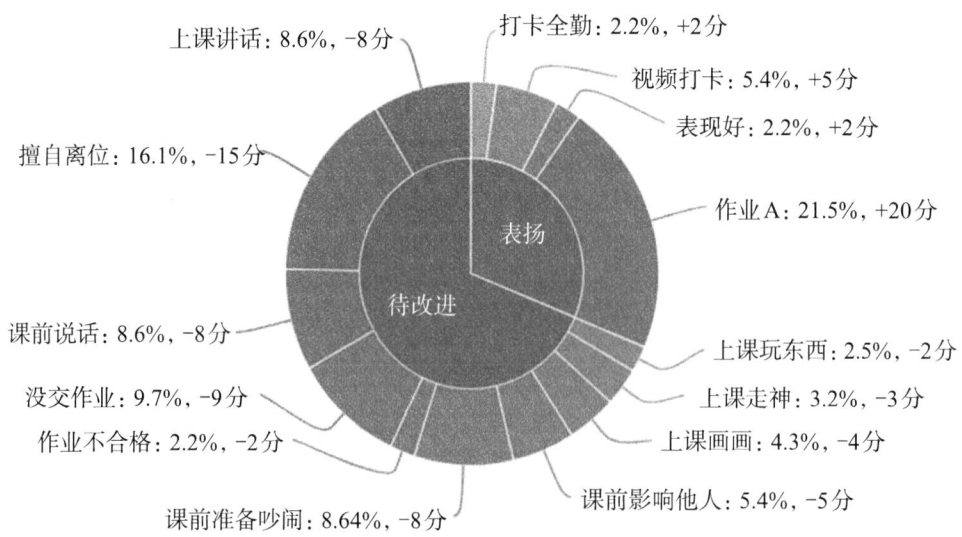

图4-14　学习习惯积分记录

六、课程成果：实践推进，理论检验

经过四年多的研究，在一次次实践中调整推进，我们明显看到该课程目标与2022年版新课标数学核心素养培养要求提出的"三会"一致，课程作业体系的构建也与"双减"政策的指导精神如出一辙，这进一步肯定了本课程的价值。

（一）课题引领

课程开发整体规划后，笔者一路紧跟，并安排团队中的教师相继主持或参与课题的研究。研究课题主要有：2018年，深圳市教育科学研究课题"基于数学核心素养培养的小学数学游戏课程体系构建与实施"（已结题）；2018年，福田区教育科学规划课题"探索基于培养学生创新意识为目标的小学数学游戏开发"（已结题）；2018年，广东省教育科学规划课题"YTL小学数学游戏课的开发与实施——以深圳市福田区区域研究为例"（已结题）；2019年，福田区教育科学"十三五"规划课题"以数学游戏助推学困生转化的有效性研究"（已结题）；2020年，深圳市教育科学研究课题"基于STEAM教学理念的'创美课程'构建的实践与研究——以小学低年段学科融合为例"（已立项）；2021年，福田区教育科学规划课题"基于审辩思维素养的小学数学游戏化教学研究"（已立项）；2021年度广东省中小学教师培训中心专项科研课题"学习科学与游戏化视域下的小学数学教学研究"（已立项）。这些课题的研究引领着本课程研究成果向纵深发展。

（二）课程推广

随着实践推进，"思""辩"趣味数学课程从在实验班试点到向年级发散，再到姊妹学校的铺开使用，扩大了学生的参与面，同时课程也在迭代中不断完善。经过几轮迭代，连续四届学生参与本课程的学习，课程实施推广趋于成熟，另有3个实践基地参与课程实践。对学生和家长们进行随机问卷回访的调查结果显示，74.48%的学生"特别喜欢""思""辩"趣味数学课程，22.76%的学生表示"喜欢"；82.07%的家长认为，该课程对学生的数学学习"帮助很大"。从数据可以看出，该课程得到了学生与家长的普遍认可。2021年，"思""辩"趣味数学课程被评为福田区品牌课程。

近年来，学校的"小脚印"数学游戏课程带给学校的发展可谓喜人，如全国首个游戏化教学试验区落户学校，"小脚印"游戏课程成功申报深圳市好课程，并获广东省第二届中小学特色学校建设成果三等奖、广东省基础教育教学成果二等奖、深圳市基础教育教学成果二等奖等荣誉。而"思""辩"趣味数

学课程作为"小脚印"数学游戏课程体系的重要支撑，也带动了"小脚印"数学游戏课程的发展。例如，2022年参加广东省中小学创新教育成果奖评比获得二等奖。近年来，课题主持人及团队成员先后到香港、青岛、杭州等地做学术报告40余场，接待全国各地教育参访团近百个，课程辐射影响力逐渐增强。

为形成整体性、一致性的课程体系，笔者将带领团队继续研发"思""辩"趣味数学课程的中、高年段版本，以提升思考、判断、表达等学习力作为数学目标。在教学效果上，让一、二年级的"思""辩"趣味数学课程帮助学生学会说，三、四年级的学习成果可视化帮助学生学会提问、学会反思，五、六年级的项目式学习帮助学生学会在真实的世界中用数学的眼光看、用数学的思维想、用数学的语言说，为持续发展学生核心素养保驾护航。

第三节　跨学科思维：指向学科核心素养

我们为什么要注重英语学科的学习？《义务教育英语课程标准（2022年版）》开宗明义地指出，英语"是国际交流与合作的重要沟通工具，也是传播人类文明成果的载体之一，对中国走向世界、世界了解中国、构建人类命运共同体具有重要作用"。随着全球化的持续推进，国际交流、文化交流和商业交流越来越频繁，掌握英语能够为学生提供更广阔的视野和更多的机会。义务教育阶段注重英语学科的学习，是符合国际教育趋势、适应社会发展需要、满足学生个人发展的必然选择。

在现在的小学英语实际教学中，存在一些普遍性的问题：第一，过度侧重于纯语言教学。在新课标的引领下，英语教学尽管有所改变，但一些课堂仍过度重视纯语言教学，如记单词、做对话、背语法等。然而，新课标的设计更加注重培养学生的词汇积累、英语思维、实践应用以及语言技能，减少了纯粹语法知识的灌输。第二，情境创设的真实性不足。有些英语课堂虽然试图通过创建情境来引导学生使用语言，但这些情境往往缺乏真实性，难以有效提升学生在生活情境中的语言运用能力。如创建情境时可能没有充分考虑到学生的文化背景，导致情境与学生生活脱节；情境中的语言难度过高或过低，不符合学生的语言水平，导致学生无法有效参与；学生在情境中缺乏情感投入，等等。事实上，要创建具有真实性的英语课堂情境，教师需要充分了解学生的需求、文化背景和语言水平，设计或利用符合学生实际生活的情境。第三，忽视全面素养的培养。许多英语教师往往过于注重语言知识的教学和应试技巧的传授，忽视了对学生文化品格、思维品质和学习能力的培养，这种教学倾向可能导致学生虽然考试成绩优秀,但在实际生活中难以将所学的知识应用于解决实际问题,缺乏与生活的紧密联系。

新课标强调,要"加强横向学科的有效配合,各门课程用不少于10%的课时开展跨学科主题学习,以更好地培养学生应用知识解决实际问题的能力"。因此,我们需要重视以学科大概念为核心,使课程内容结构化;以主题为引领,使课程内容情境化,促进学科核心素养的培养落实。

英语学科教学是东实的重点科目。作为一所面向国际化的学校的校长,笔者一直积极推动小学国际化教育进程,致力于培养具有全球胜任力的学生。多年来,笔者带领学校英语科组不断探索新的教学模式,从早期麦惠梅老师独创的"双本阅读"教学到现在基于KB教材《剑桥国际少年英语》的跨学科教学,都指向了学生的英语学科核心素养养成。正如麦惠梅老师所说的:"课没有最好,只有更好。"在英语课程教学上,学校秉承办学理念,帮助学生更好地适应全球化时代的需求,提升学生的综合素质和全球胜任力,给他们心中埋下走向未来的种子。

一、课程载体:以KB教材为校本

教材在课程教学中是学生学习的主要材料,是教师进行教学的主要依据。它们不仅提供知识和信息,还引导学生学习、促进学生自主学习,并适应不同学生的需求。同时,教材可以作为评估学生学习成果的工具。因此,在英语课程教学中,选择什么样的教材尤为重要。

目前,在国家课程教材的基础上,深圳市采用沪教版小学牛津英语教材。考虑学校实际和学生需求,为更好地培养学生的语言能力、思维品质、文化意识、学习能力,使素养能力与学校培养具有全球胜任力的学生的目标相呼应,东实构建了以国家课程和校本课程为主的英语课程框架。其中,校本课程分为校本拓展课程和实践活动课程,而校本拓展课程采用的就是KB教材。这套教材专为儿童设计,旨在通过生动有趣的内容和互动式的学习方式,激发学生英语学习的兴趣。

(一)语境真实

语言能力是英语学科的基础,也是英语学科核心素养的核心,涉及语言知识、语言意识和语感、语言技能、交际策略等。为符合语言学习的本质需求,激发学生的学习兴趣和动力,促进学生的全面发展,我们需要在真实的语境当中培养学生的语言能力。而KB教材提供了大量真实的语境,能够帮助学生培养和提升使用语言的能力。在KB教材中,每一课的第一部分都是一个完整的听力语篇，听力语篇在课堂的初始就能把学生带进一个真实的语境里，让学生知道这一个主题即将要讲什么，语篇的主人翁们在这个主题下做了什么事情。学生通过真实的情境，真切地感受到主人翁们是如何运用语言的，进而深度学习单元主题和单元内容。

  首先，在真实的语境中培养语言能力，能够使学生在实际情境中运用语言进行理解和表达。其次，语言习得是一种在自然交际环境中使用语言的潜意识过程。真实语境是语言习得和语言能力形成的重要基础。经过实际情境下的反复练习，在真实语境中学生可以更加自然地运用语言。这种自然的语言运用过程有助于语言能力的培养。其次，真实语境通常与学生的生活密切相关，能够激发学生的学习兴趣和动力。当学生面临与自己生活相关的语言问题时，他们更愿意积极、努力地解决问题，这有助于提升他们的语言学习效果。最后，在真实的语境中培养学生的语言能力，不仅有助于提升学生的语言理解和表达能力，还有助于培养学生的思维能力、审美情趣和人文素养。这种全面的培养方式更加符合英语学科核心素养的培养要求和培养具有全球胜任力学生的目标。

（二）主题丰富

  KB 教材的每一册书都设置了不同的学习主题，例如 KB5 围绕前置单元"Welcome to our Ezine"设置了八个主题单元——Time for television、People at work、City life、Disaster、Materials things、Senses、Natural world、World of sport，涵盖了人与自我、人与社会、人与自然三大范畴。

  第一，多样化的主题能够吸引不同学生的兴趣点，使他们更加主动地投入学习。当学生对所学内容感兴趣时，他们的学习动力和效果都会显著提高。

  第二，通过接触不同的单元主题，学生可以接触到更广泛的知识领域，从而拓宽他们的知识视野。这种跨学科的学习有助于学生建立更加全面的知识体系。一些单元主题涉及多个学科的知识，如科学、历史、文学和艺术等。这种跨学科的学习有助于学生将不同学科的知识联系起来，从而形成更加全面的认知结构。

  第三，丰富的主题通常包含不同的观点和信息，这要求学生进行筛选、分析和评价。这种过程有助于培养学生的批判性思维能力，使他们能够独立思考和解决问题。在变化的主题中，学生需要适应不同的学习环境和要求。这种经历有助于培养他们的适应性和灵活性，使他们能够更好地应对未来的挑战。

（三）任务驱动

  培养学生的语言学习能力，其中关键一步是要以任务驱动的形式进行。例如，KB 教材里的八个主题单元中，每个主题单元都有任务驱动的板块。如学生在学习某个单元时，需要参加电子杂志比赛，学生对每一期的电子杂志要选择出不同的主题，再根据选择的主题展开自主学习，进行不同方面的探索，最后形成报告。在这个过程里，学生通过完成电子杂志的任务来主动进行英语学习和实践语言，改变了被动地接受知识的情况，提高了自身的语言实践能力和应用能力。

通过任务驱动的学习方式，学生成为学习的主体。他们需要自主学习关于主题的不同方面的知识，包括历史、人文、风俗、地理等，并且自主地分析问题、寻找解决方案、完成任务。这种主动性有助于培养学生的自主学习能力。学生还需要将所学的知识进行整合和运用，以解决实际问题，这有助于培养他们的知识整合能力和跨学科学习能力。

在完成任务的过程中，学生需要面对各种问题和挑战，需要运用所学的知识和技能来解决问题。这一过程有助于培养他们的解决问题能力和创新思维。此外，与传统教材内容相比，KB教材的这种任务驱动形式更加有趣，能够吸引学生的学习兴趣，学生可以通过完成任务来体验成功的喜悦，从而增强学习英语的兴趣和动力。

（四）文化交融

文化意识是英语学科核心素养之一，涵盖文化知识、文化技能、文化情感和文化行为。英语学科作为培养国际化人才的基础，特别强调培养学生的跨文化认知。通过学习与实践，学生能够深入洞察不同文化的魅力，从而拓宽国际视野，并坚定对自身文化的自信与自豪。因此，在英语教学中，笔者一直要求各英语教师必须将文化意识的培养放在首要位置。

KB教材有一个很明显的特色，就是将古代和现代的文化进行交融，实现文化与文明的传承。例如，KB5中有一个故事连载，上一课带着主人翁认识古埃及文化和文明，下一课带着主人翁认识玛雅文化和文明。整套教材学完后，学生能以故事的形式认识到中西文化的差异，通过不同课时学习不同的文化。

（五）CLIL板块

KB教材里的每一课都包括不同的板块，如Listening、Reading、Singing、Phonics、Speaking、Writing、Story、CLIL等。不同的板块拓展不同的语言知识，培养学生不同的能力。其中的CLIL板块，是真正实现跨学科学习的板块。该板块用英语教授科学、地理、历史、艺术、体育、自然知识等内容，让学生用英语接触更广阔的世界，拓宽思维领域，从而促进语言和学科内容的双重学习。使用CLIL板块进行英语教学，能够很好地落实新课标提出的"各门课程用不少于10%的课时开展跨学科主题学习"的要求。与传统英语课堂相比，

CLIL板块不仅仅关注语言，更要关注语言和学科内容双焦点，既强调提高学生语言能力，又致力于发展学生对主题知识、跨文化内容的认知和理解。

例如，KB5教材的八个单元分别有不同的主题CLIL板块，涉及历史、科学、地理、艺术等内容。这打破了学科间的界限，旨在培养学生的跨学科素养，且其中的情境更贴近真实生活，能够帮助学生形成综合运用所学知识解决实际问题的能力。

二、课程实施：三大策略齐施，活用KB教材

有了合适的教材，我们就需要深入研读教材，理解其编写目标和教学意图，这样才能确保在教学过程中不偏离主线；同时创造性地使用教材、使用多样化的教学方法，鼓励学生积极参与课堂，引导学生主动思考、探究和实践，增强学生的学习体验，从而提高教学质量和教学效果。在使用KB教材进行教学的过程中，英语科组主要采用了三大教学策略，分别是单元整体教学、基于CLIL教学法的跨学科教学、阅读策略教学。

（一）单元整体教学

《义务教育英语课程标准（2022年版）》在"课程实施"部分明确提出要"加强单元教学的整体性"，"要建立单元内各语篇内容之间及语篇育人功能之间的联系，形成具有整合性、关联性、发展性的单元育人蓝图"。小学英语单元整体教学是一种注重整体性思维和综合能力培养的教学模式，是指将英语学科的教学内容以单元为基本单位进行教学，每个单元都有一个明确的主题，围绕该主题对教学内容进行整体规划。它建立在"整体教学"的理论基础之上，强调语言是一个整体，语言学习应促进学生听说读写能力的全面发展。

单元作为承载主题意义的基本单位，对单元主题意义的准确把握既是教学的起点，也是落脚点。为了更好地使用KB教材，在单元整体教学思想上，我们采用"基于主题意义的一个单元"的形式，通过将知识点、能力要求、教学资源等有机地联系在一起，形成合理的教学结构。在主题意义的基础上进行每一节课的内容设计，最终完成一个单元的教学后，学生可以理解在某个主题之下所涵盖的意义，而并非碎片化的知识。如此，帮助学生建立知识之间的联系，实现跨学科知识的融合，实现知识、能力、情感和品德的全面发展。

例如，KB5中的"Natural world"这一单元，主题是人与自然，通过化石让学生了解过去自然界中动物的生存条件，了解科学家们是如何分析恐龙的灭绝原因。在这一单元的教学中，我们需要让学生认识自然界造成动物濒临灭绝及灭绝的原因，引导学生思考如何保护大自然和保护动物。

要实现保护大自然和动物这一主题意义的整体结构，我们需要将这一单元分为七节课，第一节课是"What's in our natural world"，让学生知道自然界中有什么；第二节课是"Doing different things in the natural world"，告诉学生在自然世界中做不同的事情；第三节课是"Actions to protect the wild animals"，告诉学生人类的一些行动对野生动物的影响；第四节课是"Actions to protect the natural world"，人类做了什么行动去保护大自然；第五节课是"Helping the endangered animals"，让学生知道人类是如何帮助和保护濒临灭绝的动物的；第六节课是"The animals in the ancient time"，让学生了解古代的动物是什么样子的；第七节课是CLIL板块的"Animals Extinction"，让学生通过化石等去了解古代的动物，以及现在濒临灭绝的动物面临什么问题等。学习完整个单元，学生收获的不仅仅是对大自然、动物的了解，而是通过学习动物不同阶段的情况，认识到动物与自然界是息息相关的，从中思考自然界、动物、人类三者之间的关系，即保护动物就是保护大自然，保护大自然也就是保护我们的生存环境。

基于主题意义的单元整体教学强调发展学生的核心素养，通过精心设计的逻辑关联、层层递进的学习任务，引导学生深入体验学习的乐趣与价值，让他们在深化对单元主题理解的同时，不仅获取了知识，还能提升能力、拓展思维、塑造品格。这一过程不仅促进了语言学习的深化，更实现了课程育人的全面发展。

（二）CLIL教学

CLIL板块是KB教材的单元教学重点。作为一种内容与语言整合教学法，CLIL教学强调语言技能的"即学即用"。在教学过程中，我们课前要先确定跨学科主题，接着通过多模态、多形式、多资源的方式，设计出不同的活动，如让学生听歌、看视频、阅读、讲故事、玩游戏等，激活相关主题的背景知识；课中，让学生经历学习理解、实践应用和迁移创新三个不同的阶段；课后，引导学生真正用本课学到的知识去解决生活中一个真实的问题，做出一个项目。

以"Plants"这一CLIL板块主题为例，该内容为科学领域的知识。第一部分是学习并了解植物构造的组成部分，以及不同部分的作用和经济价值、食用价值等；第二部分是学习种植植物，了解种植的整个过程。这是一个理论学习与实践学习相结合的教学过程，学生通过最后的实践来检验课堂学习的效果。

如何教学生种植植物呢？在课前，我们让学生观看视频，初步了解该主题的背景知识，激发学生的实践兴趣。在课中，我们引导学生亲身体验种植，在真实的情境下用英语学习不同学科的知识，在真实的环境中去实践，以此形成

自己的成果。在课后，我们要求学生根据主题内容独立完成一个项目，如在课余时间种植自己喜欢的植物，每天记录植物的变化。

通过跨学科学习解决真实的问题，学生可以培养自己分析问题、提出解决方案、实施并评估效果的能力。这种问题解决能力对于他们的未来学习和发展至关重要。并且，当学生将知识应用于实际问题时，他们需要进行更深入的思考和探索。这种深度学习有助于他们更全面地理解知识，形成更加稳固和持久的学习记忆。

（三）阅读策略教学

当前，许多教师在实施阅读教学的过程中，存在仅停留在阅读理解阶段的现象。教学内容往往仅停留在文本阅读的层面，缺乏对文章深层含义、作者意图和背景知识的深入挖掘。为避免此种现象，我们采取阅读策略教学，注重教会学生如何用策略进行阅读，不只是读懂一篇文章，而是懂得面对不同的文章用不同的策略去阅读，把一本厚厚的书读成一本薄薄的书，或者把一篇纷繁复杂的文章变成一则思路明确的故事梗概。

所谓阅读策略教学，是教师对学生进行英语阅读策略的指导。教师根据学生的年龄特点，通过练习培养学生的阅读策略，并逐步使学生能有目的地选择和运用阅读策略。

第一种策略针对虚构类文章（Fiction）。我们带着学生找出这类型文章的五个重要元素，分别是人物（Character）、环境或地点（Setting）、事件（Events）、问题（Problem）、解决办法或结果（Solution）。其中，通过问题驱动、图片环游等不同表现形式，让学生更好地整理出五要素的内容。此外，我们还会通过"Character、Sitting、Beginning、Middle、Last"，或者通过"Who、Where、When、What、How"的方式来整理故事内容。不管是哪种形式，最终都是为了让学生了解故事的核心内容。

第二种策略针对非故事类文本，如说明文、议论文等。我们指导学生采用不同的阅读策略，如找出文章的中心思想，找出文章的事实、佐证、因果关系，利用比较与对比的方法（Compare and Contrast）等。例如，让学生把主要内容整理成表格的形式，搭建起语言框架，然后让学生用英语将全部信息表达出来。又如，利用韦恩图（Venn Diagram）——由两个圆圈组成，中间有重叠的部分，先带着学生把重要的或关键的信息整理出来，知道两件事物之间的不同点和相同点，然后引导学生用语言将之表达出来。凡此种种，都是为了让学生能够流畅地有逻辑性地输出故事的核心内容，提高英语表达能力和理解能力，最终提高阅读素养。

三、课程成效：师生共同成长，形成学科特色

英语课程承载着启迪智慧、拓宽视野、培养跨文化交流能力的重任，通过指向核心素养的KB教学，实行跨学科教学实践，东实的英语教学改革给学生、教师、学校都带来了显著的积极影响。

在学生层面上，一方面，各年级学生积极参加不同类型的比赛，如演讲比赛、知识比赛、拼读大赛、CCTV的风采大赛等，成绩斐然。另一方面，学生的思辨能力得到了很好的提升，由英语教学实践活动拓展开的模联社团成为深圳市优秀社团，国际理解课程获得深圳市教育教学成果奖二等奖。更重要的是，学生的持续性发展较好。离开东实后，他们在初中、高中，乃至大学的学业成绩优秀，如每年学校学生进入深圳外国语学校的人数在全市名列前茅，不少学生申请到哈佛大学、普林斯顿大学、加利福尼亚大学伯克利分校等国际名校就读。

在教师层面上，一是在教科研方面取得了很好的成效，以阅读、CLIL教学等与教学改革息息相关的内容为主题的课题研究正如火如荼地进行。学校英语科组获得"福田区优秀科组""深圳市优秀科组"的称号，教师积极参与各级各类竞赛，展现东实教师的风采。二是学校英语教学成果在对外交流方面成绩卓越。一方面，每学期，学校英语科组都会开展主题研讨课，邀请市区兄弟学校的教师到校听课，互相交流、分享。另一方面，学校英语教师经常受邀到各省、市、区学校进行KB教材教学、国际理解课程教学的经验分享，受邀地包括湖南、江西、山东等省外地区，以及肇庆、珠海、广州、东莞等省内地区。此外，学校主动承办大型英语教学研讨会，如2020年12月，学校和外语教学与研究出版社联合举办"2020外研社·剑桥外语特色课程教学研讨会"，以《剑桥国际少儿英语》的课堂教学以及相关的测评方法为主题，以专家讲座、现场研讨课及说课、专家说课工作坊等多种形式开展。

学生并非一个等待被填满知识的罐子，教师也并非单纯的知识灌输者，师生二者皆是怀揣着无限可能、等待被点燃的火种。通过互相启发和激励，教师能够点燃学生内心的热情，引导他们主动探索知识，发展自己的能力；同时，学生也能够激发教师的创造力和教学热情，使教学过程更加生动、有趣和富有成效。这种相互点燃的关系，让东实的师生共同在知识的海洋中遨游，发现自我、探索未知，实现自我超越，真正践行着"脚印丈量世界，阅读绽放未来"。